YOUTH CULTURE THEORY

청소년문화론

곽미정 김명수
노상은 이영희
장기수 전대성
현영렬 홍희석
공저

양성원

머리말

최근 문화의 개념이 더욱 중요해지고 있다. 문화란 인간의 삶속에 녹아있는 유형·무형의 생활양식이며 인간의 정신적 사고의 영역이 반영되는 중요한 영역이다. 문화는 인간의 사회발전과 역사를 통해 변화해왔고 문화를 향유하는 방식을 통해 예술뿐만 아니라 미디어, 대중문화 형성에 기여해왔다. 한마디로 문화는 인간의 삶을 반영하는 산물이라고 할 수 있을 것이다.

현대사회에서 청소년 문화가 더욱 중요해지는 이유는 다양한 문화를 체험하고 누려야 하는 청소년 시기에 적절하고 다양한 문화가 부재하다는 것에 있다

우리나라 청소년들은 과중한 학업·취업 등의 경쟁구도에서 문화의 중요성과 가치는 그 중요성에도 불구하고 간과되는 경향이 있으며 시간의 부족으로 간편한 스마트폰 문화가 더욱 빠르게 전파되고 있다.

그러나 청소년들이 청소년 시기에 누려야 하는 다양한 문화의 영역에 대한 경험은 청소년 발달 과도기상 중요하다. 또한 청소년들의 진로와 적성을 탐색하고 경험할 수 있는 중요한 영역이다. 따라서 이 시기를 통한 문화경험은 청소년의 성장과정에서 반드시 누려야 하는 경험으로 잠재적 성장의 가치로 평가받아야 한다.

이에 본 청소년문화론에서는 청소년 발달의 이해와 인간의 심리학적 특징을 다루고 청소년문화의 특징과 다양한 청소년 계층 및 여가에 대해 논하였다. 또한 현대사회 청소년 문화의 논의로 긍정심리 및 C-P-N-D의 소개를 통해 창발적 에너지의 중요성, 지역축제 등을 통해 보다 확산적인 건강한 청소년 문화를 다루고자 하였다. 우리나라에서 향후 청소년문화가 새롭게 조명되고 보다 창의적이며 확산적인 문화로 자리메김되는 것에 본 교재가 작은 가이드가 되었으면 하는 바람이며 보다 확장적이고 창의적인 다양한 문화의 경험을 통해 청소년의 삶의 질이 더욱 풍성해지기를 기대해 본다.

본 교재에 도움을 준 박석근, 최창현교수에게 감사의 마음을 전한다.

2020년 2월

저자 일동

차 례

제4장 성과 사랑, 긍정심리의 이해

제5장 인터넷 문화

제6장 청소년 또래집단

제11장 현대사회와 청소년문화

제12장 지역사회개발 거점으로서 골목 축제문화 재조명

제 1 장

문화의 특성

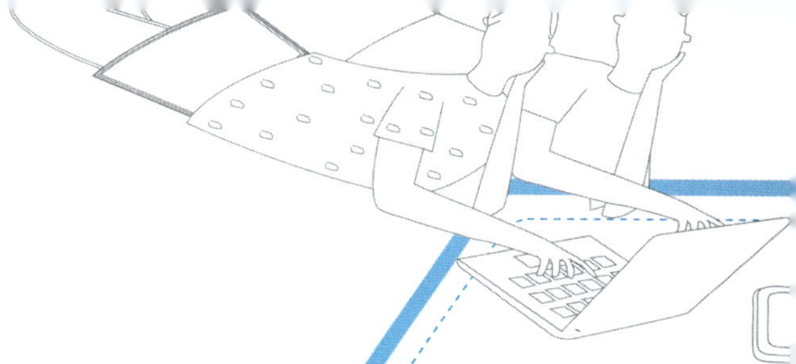

제 1 장 문화의 특성

1. 문화의 다양한 구분

문화의 종류에 대한 다양한 구분을 해보면 다음과 같다. 먼저 문화의 유형과 속성을 알아보면 물질문화와 정신문화, 행동문화로 구분했을 때 물질문화란 정신적 문화 요소가 표현되어 가시적 형태로 유지되는 문화로 자동차, 컴퓨터와 같이 물질과 관련되거나 소비문화 등을 생각해볼 수 있다. 반면 정신문화란 인간의 정신적 상태로 유지되는 문화로 가치, 신념 등이 있을 수 있는데, 가치와 신념이 물질문화에 반영되는 경우도 많다. 반면 행동문화는 우리의 구체적인 행동이 이루어지는 절차나 방식에 관한 문화로 법, 민속, 관습, 제도 등이 이에 해당하며, 이에 비하여 정신문화는 학문, 종교, 도덕, 가치관 등 정신적 창조물을 지칭하는 것이라 할 수 있고 이것은 인간이나 집단이 갖는 상징이나 의미와 가치를 의미한다.

한편 핵심문화와 주변문화로 구분한다면 핵심문화는 전통있고 사회적으로 영향력 있게 유지되는 문화인 반면 주변문화는 특정 소집단, 혹은 하위계층이거나 소수 마니아에 의한 문화라고 할 수 있다. 그 외에도 집단 구성원 간의 관계를 유지하는 형태인 규범적 문화와 형이상학적 사유형태로 심미적 문화가 있다.

1) 다문화 사회의 문화

'다문화주의'라는 용어는 캐나다와 호주에서 1970년대를 전후해 본격적으로 사용되기 시작하였으며, 정부의 새로운 정책이나 사회운동의 목표를 지칭하여, 이후 캐나다, 호주, 미국, 유럽 등의 선진국들에서 의회의 토론이슈, 정당 공약, 중앙 및 지방정부의 조직 설치와 예산의 근거, 학문적 분석, 대중매체, 상업적 영역 등에서 급속도로 확산되었다(임정빈, 2010).

세계화의 조류 속에서 우리나라도 고령화 저출산과 노동력 공급 부족을 해결하기 위하여 외국인 노동자 유입을 허용하면서 우리나라는 다문화 사회로 이행하게 되었다. 더욱이 국제결혼증가로 다문화 가정을 이루는 결혼 이민자는 급속도로 늘어나고 있는 추세이다. 이에 우리나라에서는 외국인 노동자, 결혼 이민자, 새터민, 1인 외국인 가족을 포함한 외국인이 함께 거주하고 있다.

우리사회는 이제 다문화 시대의 도래를 맞이하여 단순한 차원의 정책문제뿐 아니라 향후 나아가야 할 한국사회의 방향을 제시해야 하는 사회 및 정책적인 문제를 안고 있는 실정이다. 즉, 다문화주의 개념의 등장으로 민주주의의 확산과 다양한 인종의 정체성이 복잡하게 얽혀 있는 국가들에서는 국민들을 어떻게 하나의 '국민'으로 통합시킬 것인가에 대한 논의가 제기되고 있으며, 이는 곧 국가 이데올로기(ideology)로의 다문화주의의 채택을 의미한다(강휘원, 2006).

그러므로 우리나라에서 바라보는 다문화주의는 이제 민주주의의 확산과 더불어 단일민족으로부터 다양한 인종에 대한 정체성에 따른 국민통합의 이념정립이 필요하다. 그러나 이와 같은 이념정립의 문제는 많은 어려움을 가지고 있는데, 이에 대하여 이용승(2004)는 다음과 같이 언급하고 있다. 즉, "오늘날 다문화주의는 국가, 인종, 민족 등의 거시적인 차원에만 국한되지 않고 사회내의 소외계층이나 소수인종, 세대 간 갈등과 성역할의 차이 등과 같은 미시적인 문제를 포함하는 매우 광범위한 주제이다(이용승, 2004)."

이와 같이 다문화 사회에 관한 정의는 학자마다 다양하나 주류사회의 전통이나 관습, 문화에 기반을 둔 다수집단의 정체성과 이에 포함되지 않는 소수집단의 정체성 간의 평화스런 공존을 추구하는 것을 다문화 사회이며, 이러한 다문화 사회는 소수집단의 정체성을 존중하고 고유문화가 독자적으로 전개되는 시공간을 인정하고 수용하는 단계까지 포함하고 있다(강휘원, 2006).

그러나 현재 우리사회에서 통용되는 다문화주의의 의미를 다원적인 국민성과 '다르게 평등하게 사는 것'으로 두 측면에서 설명하고 있다(송종호, 2007). 이에 다문화, 다원주의는 문화적 존재로서 개개인이 타인의 기준에 의해서 부당하게 평가받지 않으며, 한 사회 내에서 존재하는 각 하위집단과 구성 집단들의 신념에 대하여 상대성을 동등하게 인정하고 존중하는 것(김광억, 1998; 문경희, 2006)으로 정의하고 있다. 즉 개인의 고유한 삶에 대한 의미와 가치를 존중받고 이러한 긍정적인 자기존중의 삶이 실현되는 것이 다문화주의라 할 수 있다(김경아, 2008).

이러한 현실에 비추어 세계화의 조류 속에서 한국은 고령화 저출산과 노동력 공급부족을 해결하기 위하여 외국인 노동자 유입을 허용하면서 우리나라는 다문화 사회로 이행하게 된 가운데, 국제결혼 증가로 다문화 가정을 이루는 결혼 이민자는 급속도로 늘어나고 있다. 이에 청소년의 다문화에 대한 이해도가 더욱 중요하게 되었다. 이에 대한 다문화연구는 다양하며 다문화감수성, 다문화에 대한 태도, 친사회적 행동, 가정생활건강성 등이 다루어지고 있다.

2) 문화의 속성

문화의 속성으로는 그 자체가 하나의 실체로 다음과 같은 특성을 지니고 있는데, 상호 유기성, 역사성, 상대성, 공유성, 학습 가능성, 변화 가능성이 있는데 이를 살펴보면 다음과 같다.

(1) 상호 유기성

상호 유기성이란 서로 다른 문화가 그것을 구성하는 요인들 간에 상호 유기적 관계를 이루면서 나타나는 문화라고 할 수 있는데, 문화의 특성상 상호 영향을 주면서 제2의 문화가 만들어지는 특성을 뜻한다.

(2) 역사성

역사성으로 문화는 오랜 역사적인 과정 속에서 인류가 창조해 낸 산물이며 사회와 인간과의 교류나 예술성에 의하여 만들어진 축적물이라는 뜻으로 오늘날의 문화는 단시간에 이루어진 것이 아니라 인류문화를 통해 축적되어 온 창조물이라는 것이다. 이것은 음식문화에서 많이 찾아볼 수 있으며 자연환경과 음식의 보관문화 등에 의하여 만들어지는 김치, 치즈, 햄과 같이 인간과 자연과 환경을 통해 만들어진 문화가 있다. 우리가 문화를 흔히 사회적 유산(social heritage)이라 지칭하는 것은 바로 이러한 이유라고 할 수 있으며 고전문학 등에는 이러한 문화가 내포되어 전승되며 다음세대로 이어져 새로운 문화를 창출하는 예라고 할 수 있을 것이다.

(3) 상대성

상대성이란 문화가 절대적인 기준에 의하여 창출된 것이 아니라 다수의 많은 사람들의 생각과 가치와 행동이 반영된 총체적인 유형과 형태라는 것이다. 예를 들면 의복문화를 들 수 있는데, 다양한 나라의 다양한 의상은 그 시대 사람들의 미와 예의 기준이라고 할 수 있으며 문화를 상대적으로 반영한 것이라고 할 수 있다.

동양의 한복과 서양의 드레스나 혹은 특별히 예의를 갖출 때 입는 의복이나 혹은 캐쥬얼, 청바지 이러한 것들은 사람들이 나름대로의 사고방식과 행동양식을 가지고 살아가는 삶의 총체적 모습을 담고 있는 것이며 따라서 문화 역시 다양한 형태를 띠고 있는 것을 나타내주고 있다. 따라서 어떤 문화이든지 그 나름의 고유성과 독창성,

역사성을 가지고 있으므로 타문화를 자기 시각에서 가치평가하지 않는 것이 중요한데 오늘날 강조되고 있는 문화상대주의라고 한다. 특히 다문화시대의 도래에 따라 문화의 다양성과 상대성을 무시한 채 자기 민족 중심적으로 문화를 동화하고 흡수시키고자 할 때에는 많은 사회적 부작용을 감수해야 하며 그에 대한 사회적 위험이나 비용은 예측하기 어렵다.

(4) 공유성

공유성이란 개인 단독으로 문화를 창출하는 것이 아니라 개인과 사회와 문화가 함께 상호작용하여 만들어진 것이 문화라는 개념에서 공유성의 의미가 있다. 개인은 사회적 존재이며 태어날 때부터 사회와 상호작용하게 된다. 그리고 예술의 개념은 이와 같은 것을 토대로 새로운 시각에서 창조되어지는 특성이 있다.

(5) 학습 가능성

문화는 한번 형성되면 전파와 흡수의 효과에 의하여 다양한 사람들이 접하고 확산될 수 있는 가능성을 지닌다. 그러므로 유익하고 좋은 문화를 창출하는 것은 문화 창출에 관여하는 사람들의 중요한 책무이기도 하다. 우리사회에 잘못 전파된 공격성을 기반으로 하는 일부 게임 등은 이러한 책무성보다는 시장성을 겨냥한 것이라 할 수 있고, 판단 없이 받아들였을 때의 사회적 파장은 나이가 어리고 인지기능이 약할 수록 그에 대한 피해는 크다.

(6) 변화 가능성

변화 가능성이란 문화가 유지되거나 전승될 때 고정적인 것이 아니라 상황과 상호작용하면서 변화하게 될 수 있다는 것을 의미한다. 오늘날 업그레이드라는 의미가 될 수 도 있고 새로운 창조의 개념으로 두 문화가 접변하여 다른 새로운 문화를 창출하는 것을 의미한다고 할 수 있다.

3) 문화적응

(1) 문화의 정의

문화란 Maretzki(1977)에 의하면 관습, 믿음, 전통, 삶의 양식을 의미하며, 이것은 결혼생활에서 매우 중요한 것이라고 하였다. Berry(1991)에 의하면 본디 문화적응(acculturation)의 개념은 Redfield와 Herskovits(1936)에 의하여 소개되었다고 하면서, 문화적응이란 두 집단 간에 이미 가지고 있던 문화적 경험에 의하여 이차적으로 서로 다른 문화를 지닌 개인집단들이 지속적인 직접 접촉을 통하여 발생하는 현상들에 대해 이해하는 것을 의미한다고 하였다.

(2) 문화적응

문화적응에 대하여 Berry 외(1990)에 의하면 '문화에 적응하는 개인 혹은 집단이 주류사회와 관계 맺는 방식'이 문화적응이라 하였다. 즉, 문화적응의 개념은 서로 다른 문화를 가지고 있는 사회나 집단이 문화적인 접촉의 상황에서 등장한 개념이라고 할 수 있다. 또한 채정민 등(2002)은 문화적응을 서로 다른 문화 속성을 지니고 있는 개인이나 집단이 하나의 사회를 형성하며 살아갈 때 각자 새로이 정립하게 되는 문화적인 정체성 및 심리적인 적응의 결과라고 정의하였다.

(3) 심리적 적응

이에 대하여 Searle와 Ward(1990)는 문화적응이 정서나 감정의 심리적 적응과 행동에 관한 사회문화적 적응이 있다고 보았다. 또한 Berry 외(1988)에 의하면 문화적응의 과정에서 각각의 개인이 경험하는 변화의 범위는 크게 5가지 범주로 나눌 수 있는데 즉, 신체, 생물학, 사회, 문화, 그리고 심리유형으로 구분할 수 있다고 하였다.

첫째, 신체변화는 낯선 거주지역에 따른 낯선 사람들과 새로운 기후를 접하면서 일어나는 변화를 뜻한다. 둘째, 생물학적 변화로는 낯선 음식의 접촉과 이에 따른 건강

상태의 변화를 뜻한다. 셋째, **사회적인 변화**로는 새로운 사회적 관계를 형성하면서 갖게 되는 변화를 의미한다. 넷째, **문화적 변화**는 정치, 경제, 종교, 언어, 기술 그리고 사회의 제도적인 변화를 뜻한다. 다섯째, **심리적 변화**로는 가치, 태도, 신념, 그리고 정신적인 건강의 변화를 뜻한다. 그런데 이와 같은 문화적응은 관점에 따라 약간씩 상이할 수 있다.

즉, Berry(1976)에 의하면 **동화주의모델**이 적용되는 사회에서는 주류사회의 문화를 받아들이게 되고, 다문화주의모델을 적용하고 하는 사회에서는 모국의 문화도 유지하면서 새로운 문화를 동시에 받아들이고 참여하게 된다고 하였다. 그러나 Berry(1980)는 이러한 문화적응의 과정이 모든 이주자들에게 균등하다고 보지는 않았다. 즉, Berry 외(1987)에 의하면 문화적응의 과정이 **자문화와 타문화** 간의 성격과, 개인적인 열의와 희망에 따라 상이하다고 하였다.

이것은 **문화적응의 방식**을 통해 삶을 유지해 가는 과정에서 개인의 힘은 소멸되기도 하고, 개인의 삶이 확장되기도 하므로 정신적인 건강에는 어떠한 측면에서 긍정적인 작용을 하기도 한다. 그런데 이때 주류인 문화가 만일 타문화에 대하여 개방적이지 않다면, 이주자들은 종종 자신의 가치에 대해 회의를 느끼게 된다.

따라서 Nwadiora와 McAdoo(1996)에 의하면 이러한 현상은 결국 더 큰 사회에 소수집단이 순응해야만 하는 압력으로 작용하게 될 수 있다고 하였다. 또한 이에 대하여 Davis(1978)는 **문화적응**과는 달리 **동화**(assimilation)의 개념을 소개하면서 이것은 소수집단인 이민자의 욕구와 달리 현지 사회가 그들의 기준과 가치에 따라 소수 민족을 흡수하고자 하는 지배적인 다수민족의 노력이라 정의하였다.

(4) 문화접변과 상호작용

홍미기(2008)에 의하면 Hurh와 Kim(1988)이 언급한 **문화접변**(acculturalism)의 개념에서 보듯이, 이는 이들 스스로 문화적인 수용과 유지관계에 있어서 스스로 가치판단을 하여 움직이는 것을 의미한다고 하였다. 그런데 양계민(2004)은 이에 대하여 문화적응이 원칙적으로 중립적인 용어로 상호작용하는 두 집단 모두에게 해당하지만 실제적으로는 어느 한 집단이 다른 집단에 비해 많은 변화를 겪는 경우가 많다고 하였다. 이에 Berry(1990)는 서로 다른 문화의 집단 혹은 사회가 지속적이며 직접적으로 문화에 접촉하는 것이 문화접촉이며, 이러한 상황에서 적응과 관련한 문제를 문화적응(Acculturation)이라고 하였다.

이러한 개념에 대하여 Berry(1991)는 Redfield, Linton, 그리고 Herskovits(1936)에 의해 문화적응의 개념이 처음 소개되었다고 하면서 다음과 같이 개념을 정의하였다. Berry의 문화적응은 첫째, 단순한 학습의 개념이기 보다는 전략적인 변화를 통하여 심리와 문화적인 적응 전반을 다룰 수 있는 장점이 있다. 둘째, 다양한 영역을 걸쳐 심리적인 문화적응을 다루게 된다. 셋째, 시간의 흐름에 따라서 순차적으로 이루어지게 되는 일련의 과정들을 체계적으로 다룰 수 있다.

(5) 변화의 과정

Berry(1997)는 문화적응을 종합적으로 개인차원과 연관하여 집단차원의 개념으로 다루었다. 그는 문화적응의 과정이 각기 다른 문화집단 사람들의 장기간 접촉을 통한 '변화의 과정'이라 하였다. Berry(2005)는 이 중 특히 특정 구성원들의 태도나 행동이 수정되는 심리적인 문화적응을 통하여 태도, 신념, 가치 그리고 정신건강의 변화가 이루어지며, 문화적응은 개인의 삶을 확장시켜 정신건강에 있어서 긍정적인 효과가 있다고 하였다.

그리고 Berry(1997)는 이주민의 문화에 대한 적응과정을 통하여 문화적응 전략인 통합, 동화, 분리, 주변화가 발생한다고 보았다. 즉, 문화적응의 각 하위 유형을 살펴보면 첫째는, 통합으로 이것은 기존에 개인이 지닌 문화 정체성과 새로운 문화 정체성 간의 조화를 의미한다는 것이다. 둘째는, 동화의 개념은 자신의 고유한 문화 정체성의 일부를 포기하고 새로운 생활문화양식을 선택하는 것이라 보았다. 셋째는, 분리로 이것은 기존의 자기 자신의 문화 정체성만을 유지하며 새로운 문화와 상호작용을 친밀하게 하지 않는 것이다. 넷째는, 주변화로 이는 기존의 자신의 문화정체성에 대한 거부와 동시에 새로운 문화의 무관심 모두의 특징을 지니는 것이다.

그런데 이러한 과정에서 중요한 것은 문화적응에 대한 스트레스가 발생할 수 있다는 것이다. 이에 대하여 Cherry(1978)는 스트레스가 개인에게 부과되는 요구가 즐거운 것인지 그렇지 않은지에 관계없이 그와 같은 요구에 대해 나타나는 보편적 신체적 반응이라고 하였다.

2. 문화의 기능과 변동

1) 문화의 기능

문화는 개인의 심미와 예술성을 추구하는 욕구충족뿐 아니라 개인의 사회화의 가능성을 가지고 있는데 사회화란 개인이 특정 사회가치를 내재화하는 과정에서 생길 수 있다. 또한 문화를 통해 사회구성원은 특정한 가치를 선호하기도 하고 윤리적 상대성에 의하여 윤리의식의 기준으로 삼기도 하므로 문화의 역할은 크다. 이와 같이 문화는 행동의 준거성이 되기도 하고 사회변동의 원동력이 되기도 한다. 세대 간의 변화와 차이는 바로 이러한 문화의 차이에서 비롯되는 경우가 많다.

2) 문화의 변동

따라서 문화는 하나의 영속적인 형태로 유지되지는 않으며 한번 형성된 문화라 하더라도 주변의 문화와 상호작용하면서 융합되거나, 흡수하거나, 충돌하거나 하는 과정을 통하여 변화를 가지게 된다. 문화에 대한 용어는 다음과 같다.

(1) 문화전계

문화는 앞 세대로부터 다음세대로 전달되고 전수되는 특성이 있다. 문화는 단시간에 형성되거나 극한 변화를 가지지는 않으나 세대 간에 따라 자연스럽게 변화하면서 전수되는 특성이 있다.

(2) 문화의 접변

문화의 접변이라는 용어는 특정한 문화가 다른 문화와 접촉함으로써 제3의 문화를 이루는 현상을 뜻한다. 문화는 이와 같이 무형이라 하더라도 어떠한 특성을 가지는 것이며 또 주변의 문화와 만나 또 다른 독특한 문화를 형성할 수 있는 가능성을 가지고 있다.

(3) 문화결핍

문화결핍이란 출신 가정의 사회적 · 경제적 지위가 상대적으로 낮은 환경에서 비롯될 수 있는데 그 시대가 보편적으로 누리는 문화에 노출되지 못하여 균형감 있는 문화감각을 기를 수 없는 상태가 되는 것을 의미한다. 따라서 행동 형성의 준거가 되는 문화적 요소가 부족하거나 박탈되어 있는 상태는 문화결핍(culture deprivation)이라 하며 이는 개인의 성장과정에 반영되어 사회성이나 개인의 적성을 찾는 것이 지체될 수 있다.

(4) 문화지체

문화지체에 대하여 오그번(W. Ogburn)은 종교, 가치관 및 사회제도와 같은 비물질적인 문화는 도구나 기술 등 물질적 문화보다 전파와 변화의 속도가 일반적으로 느리다고 하였다. 예를 들면 신기술이나 이에 의한 문화의 전수는 빠른 반면 특정 가치관과 같은 사고가 일반대중에게 어필되고 반영되어 정착하기에는 더 많은 시간이 소요된다는 것을 의미한다. 오그번은 문화지체 요인에 대하여 기술, 지식, 경험 같은 비물질 문화에 있어서의 개혁의 결여나 타성과 문화에 대한 저항은 문화지체의 요인이 될 수 있다고 하였다.

(5) 문화이식

문화이식이란 특정 지역 혹은 특정 집단의 지배문화가 다른 지역이나 집단에 급속히 전파되는 현상을 의미하는데 이러한 경우는 강제적인 방법이 동원되는 경우에 많이 발생할 수 있다.

3. 문화의 구성

1) 문화의 구분

(1) 주류문화와 하위문화

주류문화는 지배문화라고 하기도 하며 이는 하위문화에서 하위문화란 상위의 주류문화의 한 갈래라고 볼 수 있는데 이는 특정 지역이나, 세대, 성별, 직업 등 한 사회의 하위집단을 이루는 집단에 의해 공유되어 나타나는 문화를 의미하고 있다. 이러한 하위문화들은 보다 거대한 범주로 아우르는 상위의 문화에 포함될 수 있다. 하위문화의 이해는 한 사회 내에 존재하는 집단의 생활양식이나 사고방식을 이해하고자 할 때, 혹은 특정 집단 간 차이를 인식하고자 할 때 매우 유용한 개념이라고 할 수 있다.

2) 문화의 구성

(1) 문화체계(cultural system)

각 사회 집단의 문화는 전체로서 하나의 통합된 체계를 이루고 있다고 볼 수 있는데, 한 사회의 문화를 이해하기 위해서는 그 사회의 역사, 사회, 자연 환경, 가족생활, 언어생활, 거주 구조, 정치 및 경제 체계, 종교와 예술 등 다양한 요인에 대한 이해가 필요하다.

이러한 문화를 구성하는 요인들은 상호 관계가 있으며, 문화의 역동성을 이해하기 위해서는 다양한 사회문화를 조합하여 관계성을 아우를뿐 아니라 인과관계에 대하여 포괄적으로 바라볼 수 있는 안목이 필요하다.

(2) 문화특질(cultural trait)

문화특질이란 한 문화가 가지는 특성을 나타내 줄 수 있는 문화 특질이라고 하는데 더 세부적인 기본 단위로 구성될 수도 있으며 구분하는 형식에 따라 지역, 시대, 계층에 따라 분류하여 살펴볼 수 있으며 문화인류학적 차원에서 본다면 더 흥미있을 것이다.

(3) 문화복합(cultural complex)

문화복합이란 많은 문화 특질들이 더 작은 문화들로 나누어 생각할 수 있는 반면에 문화복합이란 다양한 문화들이 서로 관련을 맺으면서 문화복합 현상을 형성 하고 있는 특징이 있다. 문화특질에 따라 문화복합은 다른 양상을 보일 수 있으며 그 구분이 모호한 경우도 많이 있다. 예를 들면 일본의 문화가 우리나라의 어느 시대의 어떤 문화를 배경으로 복합적으로 형성되었는지 명확한 구분이 어려운 것과 같다. 문화특질들과 조화를 이루는 것이 문화복합이라고 이해하면 될 것이다.

4. 청소년문화의 관념체계와 적응체계로서의 개념

1) 관념체계와 적응체계로서의 문화

(1) 관념체계로서의 문화

관념체계로서의 문화는 문화를 인간의 정신과 사고로 보는 관점으로 모든 문화는 눈에 보이는 가시적인 부분에 국한하는 것이 아니라 인간의 정신작용을 통하여 물질이나 행동에 반영되는 것을 의미한다.

따라서 문화는 인간의 사고나 정신이 반영되어 예술적 차원의 목표를 가지고 개인적이거나 집단적인 지향점을 가지고 만들어지는 창조적 과정이라고 할 수 있다. 대중문화도 문화의 일부분이며 문화의 개념의 이해에 대하여 차후 부시맨과 특수한 오브제에 대하여 살펴보기로 하겠다.

(2) 적응체계로서의 문화

적응체계로서의 문화란 문화를 인간과 자연의 상호작용 결과로 얻어지는 인간의 삶에 대한 편의의 향상과 그 과정으로 보는 체계간의 상호작용으로 보는 관점이다. 따라서 사회적이며 인간의 인지적인 기술의 표현으로 기술의 성장과 생활양식의 개선을 뜻한다.

(3) 상징체계로서의 문화

상기의 관념체계 및 적응체계로서의 문화는 또 다시 사회적 상징체계의 문화를 형성하게 되는데 다음의 내용을 통하여 이에 대하여 생각해 보자.

5. 상징체계로서의 문화

문화란 각 개인 혹은 집단이 나타내는 행동 유형과 그 집단의 커뮤니케이션 방식으로 그 시대와 계층과 문화의 표방하는 바에 대한 상징적 양식이다. 이것은 집단의 경험과 해석과 행동에 대한 공유된 공적 합의로 사회체계의 일종으로 사회 구성원들의 행위의 유형(patterns of behaviors)과 행위를 위한 유형(patterns for behaviors)을 형성한다.

즉, 문화 및 문화체계란 어떤 추상의 기준에 의하여 표현하는 총체적 삶이나 해석이며 내용 모두라는 의미로 총체적 삶의 모습을 포함하여 해석해야 한다는 의미로, 문화 다원주의적 입장과 포스트모더니즘적인 접근을 취한다. 이를 이해하기 위하여 다음 미국의 사회학자 미드의 상징적 상호작용에 대하여 잠시 이해해보는 시간을 갖기로 하겠다.

1) 상징적 상호작용론

(1) 미드 소개

- 실용주의와 행동주의의 영향을 받았다.
  - 사회적 행동주의에 관심을 가짐(고립되지 않은 정신과정으로 인간 행위와 상호작용에 초점을 두고 미시적인 관점에서 상징적 상호작용을 설명하였다.)
- 인간은 '사회적 상호작용'을 통하여 의미(사회적 상호작용을 통한)뿐 아니라 상징도 학습하게 되는데, 사람들은 아무런 생각 없이 혹은 사려 깊은 방식으로 상징에 반응한다고 하였다. 상징적 상호론자들은 의미와 상징이 인간 행

〈George Herbert Mead(1863~1931)〉

위와 상호 작용에 미치는 영향에 관심을 갖고 있다.

- 미드는 한번도 자신의 저서를 출판하지 않았다. 다만 그가 죽은 뒤에 제자들이 그의 강의를 받아쓴 기록과 초고 그리고 발표하지 않은 논문을 모아 〈현재의 철학 The Philosophy of the Present〉(1932) · 〈정신 · 자아 · 사회 Mind, Self, and Society〉(1934) · 〈19세기 사상운동 Movements of Thought in the Nineteenth Century〉(1936) · 〈행위의 철학 The Philosophy of the Act〉(1938) 등 4권의 책을 발행하였다.

(2) 상징적 상호작용에서의 세 가지 특성의 개념

첫째, 행위자와 세계 간 **상호작용**한다.

둘째, 행위자와 세계를 **동태(動態)적인 과정**으로 파악한다. 사회화는 인간이 사고능력을 발전시키고 문화를 발전시키는 동태적인 과정이며, 단순히 행위자가 정보를 받아들이는 일방적인 과정이 아니라 오히려 행위자가 자신의 욕구에 따라서 정보를 형성하고 적용하는 동적인 과정이다.

셋째, 사회세계를 해석하는 행위자가 **해석의 능력**을 갖추고 있음을 중시하고 있다.

(3) 미드가 해석한 인간의 행위

첫째, 미드에 있어서 연구 단위는 '**행위**'인데 그것은 인간 행위의 드러난 면과 감추어진 면으로 구성되어 있다. 이것은 주의, 인지, 상상, 추리, 정감 등은 모두 행위의 일부로 이해되며 행위는 인간의 행동에 전반적으로 포함된 전체 과정을 포괄한다.

둘째, 인간의 정신능력이 언어(상징적 범주에 포함된다고 봄)를 만들어내고, 이것이 자극과 반응 사이에서 인간이 어떻게 반응할 것인지를 결정하게 해준다고 보았다. 미드는 즉, **정신 · 자아 · 사회**가 인간의 행동에 기초가 되며 행위자들이 의미 있는 상징을 공유하는 것은 사회생활의 존재를 위해서 매우 중요한 부분이라고 보았다. 미드가 인간의 행동에 기초가 된다고 보았던 정신 · 자아 · 사회를 살펴보면 다음과 같다.

① 정신

대부분의 행위에 있어서 자극과 반응사이의 정신과정에 의한 중재가 있다고 보았다. 이것은 학자에 따라 자아(ego)나 자기(self)로 표현되기도 한다. 미드는 인간이 상호간의 상황에 끊임없이 적응하고 그렇게 함으로써 '특정의 상징이 갖는 의미를 이해할 수 있는 정신적 능력'을 가졌다고 하였다(예를 들어 인간의 싸움에 있어 상대편이 주먹을 올리는 일은 단순한 몸짓이 아니라 의미 있는 상징이 될 수 있는데, 같은 행위도 일어나는 장소에 따라 다르게 해석될 수 있으므로 우리는 그 배경에 비추어서 의미를 해석할 수 있는 정신적 능력을 필요로 한다).

의미 있는 상징은 신체적 상징의 형태나 또는 언어적 형태를 띨 수도 있는데 사회적 산물인 언어가 있음으로 해서 결국 정신이 존재하게 되는 것이며, 따라서 미드는 '정신'은 의미 있는 상징을 사용하여 자기 자신과 나누는 내면적인 대화라고 정의하였다.

② 자아

미드는 자아를 구성하는 기본적인 두 요소로 'I'와 'Me'를 들고 있다.

이것들은 자아속의 과정으로, 'me'는 행위자가 인식하고 있는 자아의 일부분으로 남들의 조직화 된 태도가 내면화 된 것 또는 **일반화된 타자가 내면화 된 것**이며, 다시 말해 나를 바라보는 **타자의 관점**이라고 할 수 있다.

반면 'I'는 행위가가 인식하고 있지 못한 자아의 일부이며 행위가 완료된 뒤에야 그것을 인식할 수 있다('I'는 개인이 '자신의 경험 속'에서 감지한 공동체의 조직화된 태도에 대해 '**자신으로서의 개인이 반응한 것**'이며 'I'는 결코 완전히 계산 가능한 어떤 것이 아니다. 'I'는 'me'를 불러내며 또 'me'에 반응하는 행위자의 즉각적 반응을 말한다). 따라서 자아는 이러한 'I'와 'Me'사이의 관계의 산물이라는 것이다.

자아는 정신과 마찬가지로 하나의 대상이 아니라 몇 개의 차원을 포괄하는 의식의 과정이다. ① 남들이 나의 자아에 반응하듯이, 나 자신의 자아에 스스로 반응할 수 있는 능력. ② 집합적 심성 또는 일반화된 타자가 나의 자아에 반응하듯이 스스로의 자아에 반응할 수 있는 능력. ③ 남들과의 대화에 참여할 수 있는 능력. ④ 내가 말하고 있는 것을 스스로 깨달을 수 있는 능력과 이 깨달음에 근거해서 다음 순간에 해야 할 것을 결정할 수 있는 능력을 말한다.

③ 사회

그는 사회를 상호작용의 유형으로 생각하였으며 제도를 단지 일련의 공통된 반응으로써 파악하였다. 사회는 개인이 관련되어 있는 어떤 상황에 대해 조직화된 반응의 구조를 나타내 준다는 주장을 주장했다(미드에게 있어 사회는 정신과 자아가 나타나는 사회조직의 범주에 지나지 않았다).

상징적 상호작용론의 기본원리는 다음과 같다.

① 하등동물과 달리 인간은 사고 능력을 가지고 있다.
② 사고능력은 사회적 상호작용에 의하여 형성된다.
③ 사회적 상호작용을 통해 사람들은 인간 고유의 사고능력을 훈련케 해주는 의미와 상징을 배우게 된다.
④ 의미와 상징은 인간 고유의 행위 및 상호작용을 수행하게 해준다.
⑤ 사람들은 상황에 대한 해석에 근거하여 그들이 행동하고 상호작용할 때 사용하는 의미와 상징을 그와 같이 수정, 변경, 선택할 수 있다.
⑥ 행위와 상호작용이 뒤얽힌 여러 가지 유형이 여러 종류의 집단과 사회를 구성하는 것이다.

6. 상징적 상호작용으로 본 현대 전위예술 문화

1) 전위예술문화란?

전위예술문화란 이제까지의 예술 개념을 변화시킬 수 있는 혁명적인 예술 경향 또는 그 운동을 뜻한다. 추상 예술과 현실주의가 전위예술의 2대 조류를 이루게 되었으며 오늘날에는 기성예술에 대한 반항이나 혁명정신 그 자체가 대중사회의 다양한 풍속 속에 확산되어 전위예술은 특정 유파나 운동에 그치지 않고 첨단적인 경향의 총칭이 되었다.

위의 그림은 "어때요? 쉽죠?"라는 말로 유명한 밥 로스(Bob Ross, 1942~1995)의 작품이다. 이 작품을 예술작품이라고 하는 데에는 거의 이견이 없을 것이다. 하지만, 지금부터 나올 전위예술 작품들은 예술이라고 불러야 할지 어떨지 도무지 어려운 것들뿐이다. 지금부터 전위예술의 세계를 살펴보자.

2) 전위예술의 세계

건물에 웬 수백 개의 의자가 달려있는 것일까? 위의 사진은 한양대학교 박물관의 모습이다. 의자가 상징하는 것에 대한 해석은 개인의 몫이나, 의자의 용도가 단순히 앉는 것에 한정되지 않고 예술의 역할을 하면서 생각의 전환을 이끌어낸다.

전시전을 기획한 박물관 차선용 학예 연구사는 "주변에서 쉽게 볼 수 있는 플라스틱의 역사와 활용을 되돌아보고 미래의 비전을 생각해보는 시간을 가지자는 것이 이번 기획의 취지다"라고 전했다. 그리고 "딱딱하게 느낄 수 있는 박물관에서 **일상 소재인 플라스틱이 전시되는 것은 일종의 발상 전환**이다. 어렵고 생소한 것이 아니라 삶의 곳곳에 스며들어 있는 플라스틱을 보고 생각하고 즐기실 수 있는 기회가 될 것이다"라고 말했다. (출처: 위클리 한양, 2008)

기사에서도 보듯이, 본 전시회의 기획자는 일상의 소재를 이용한 예술작품이라는 발상의 전환을 통해, 사람들로 하여금 플라스틱에 대한 생각을 환기시키려는 목적을 가지고 있다. 그런데 조금 이상하다. 일상의 소재인 플라스틱 의자가 예술작품이 되다니? 어떻게 그럴 수 있을까? 하지만 현 시대에는 그러한 발상의 전환이 다음과 같이 발상의 전환을 몸소 표현한 유명한 예술가들로부터 오래전부터 실천되어 왔다.

(1) 백남준의 '비디오아트'

위 사진은 백남준의 '다다익선'이란 작품이다. 1,003개의 TV 모니터로 구성된 백남준의 비디오아트로, 1003은 10월 3일 개천절을 의미하고 있다. '다다익선'은 많을수록 좋다는 고사에서 연유된 명칭이지만 여기서 많다는 것은 어떤 물건이 많다는 것이 아니고, 수신의 절대수를 뜻한다. 이것은 오늘날 매스커뮤니케이션의 구성 원리를 은유적으로 표현한 말이다.

백남준은, '장차 브라운관이 캔버스를 대신할 것'이라고 하였다. 즉, TV 모니터는 화가의 캔버스와 같고, 화가들이 물감을 붓에 묻혀 캔버스에 표현하는 작업은 신디사이저가 대신한다는 것이다.

이러한 TV 모니터로 만들어진 캔버스에 대해 백남준은 "레오나르도 다빈치(Leonardo da Vinci)처럼 정확하고, 파블로 R. 피카소(Pablo Ruizy Picasso)처럼 자유 분방하며, 아우구스트 르누아르(Auguste Renoir)처럼 호화로운 색채로, 피에트 몬드리안(Piet Mondrian)처럼 심원하게, 잭슨 폴록(Paul Jackson Pollock)처럼 야생적으로, 그리고 제스퍼 존스(Jasper Johns)처럼 리드미컬하게 표현할 수 있다"고 하였다.

「다다익선」의 TV 모니터는 백남준의 눈에는 세상이 가진 요소를 시간으로 분해하여 색채들로 재구성된 현대회화인 셈이다.

(2) 마르셀 뒤샹의 '샘'

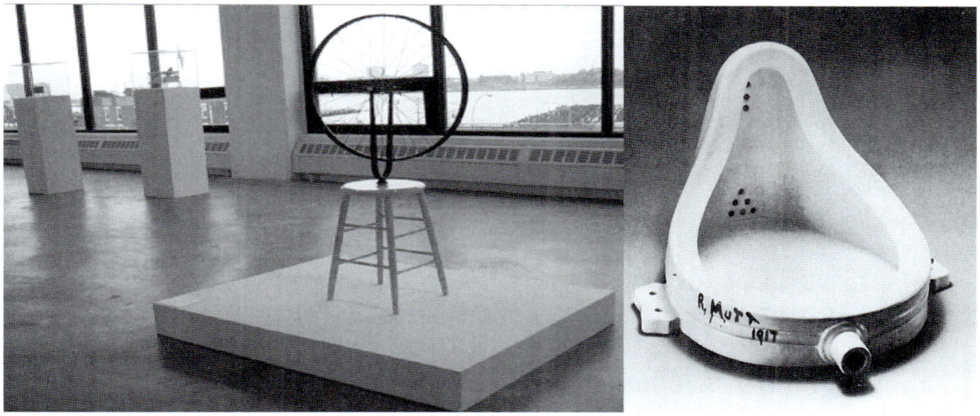

뒤샹의 작품들은 레디 메이드로 통칭된다. 레디 메이드란 '기성품'이라는 뜻이다. 즉, 원래의 용도로 쓰이지 않고 '작가의 선택'에 의해 전시장에 놓여짐으로써 그 기성품은 이미 원래의 의미를 잃어버린 다른 '무엇'이 된다. 「Bicycle Wheel」(좌측 사진)에 대해 그는 이렇게 말했다.

"나는 작품을 제작할 때 개념이라든가 다른 어떤 사고를 작품에 반영시키지 않는다. 단지 자전거의 앞바퀴를 떼어내 작업실에 있는 부엌 의자에 거꾸로 부착시키고, 손으로 돌려 회전시킬 수 있도록 장치한 것 뿐이다. 그저 필요한 것들을 방에 놔두는 것처럼 작업했으며, 그것이 움직이는 모습을 보는 것이 즐거웠다."

'샘'(우측 사진)에 대해서는 "단지 변기를 오브제로 선택했을 뿐이다. 일상적인 평범한 물건을 택하여 새로운 제목을 정하고 새로운 시각을 불어넣음으로써 변기에 대한 기존의 의미를 없애고 새로운 개념을 창안해 낸 것이다."

(3) 도널드 저드의 '특수한 오브제'

그는 자신의 작품을 specific object(특수한 오브제)라고 부른다. 그의 대표적인 작품은 벽에 개성도 특징도 없는 큐브 같은 것들을 갖다 붙여놓은 것이다. 그는 어떠한 장식도 배재하고 반복적이고 통일된 형태를 추구하는 미니멀리즘의 대표자이다. 미니멀리즘(minimalism)은 단순함과 간결함을 추구하는 예술과 문화적인 흐름을 일컫는 용어이다. 즉, 발상의 전환을 통한 예술이 탄생한 셈이다.

(4) 댄 플래빈의 '형광등'

댄 플레빈도 저드와 같은 미니멀리즘 작가이다. 그에게 있어서 재료는 형광등이다. 작품들을 보면 형광등을 그냥 배치한 것이 대부분이다. 댄 플레빈은 제목을 대부분 무제로 두고, 서브로 다른 작가나 비평가들의 이름을 붙이는 것을 즐겼다고 한다.

(5) 앤디 워홀의 '상업예술'

그는 미국 팝아트의 선구자이다. '팝의 교황', '팝의 디바'로 불리운다. 그는 대중미술과 순수미술의 경계를 무너뜨리고 미술뿐만 아니라 영화, 광고, 디자인 등 시각 예술 전반에서 혁명적인 변화를 주도하였다. 살아있는 동안 그는 이미 전설이었으며 그의 작품과 더불어 워홀이라는 인물 자체가 팝을 대표한다. 위의 그림은 마릴린 먼로와 체 게바라의 이미지를 색깔만 달리하여 여러 장을 붙여놓은 것으로 그의 대표적인 작품 중의 하나이다.

3) 콜라병의 상징성?

콜라병. 소재로는 현대 대중소비재의 대표 격인 '콜라' 혹은 '콜라병'은 어떠한 상징성을 갖는가? 지금부터 우리가 일상생활에서 친근하게 접할 수 있는 물건인 콜라병이 그것을 바라보는 집단의 속성에 따라 어떻게 달라지는지 살펴보겠다. 이는 각 집단이 공유하고 상호작용하는 상징성이 어떤 함의를 갖고 있으며 또 어떻게 달라질 수 있는지를 조망해보는 의의를 가질 것이다.

(1) 일상생활의 콜라병

일상생활에서 콜라병은 콜라가 담기면 음료수, 쓰레기통에 있으면 쓰레기로 취급된다. 일상에서 콜라병이 콜라병 이상의 상징성을 갖기는 어렵다. 다만 콜라병은 콜라병일 뿐이다. 그러나 뒤이어 나올 콜라병의 활약상은 우리가 체험해본 것과는 판이하게 다른 것이다.

(2) 부시맨의 콜라병

위의 사진은 영화 부시맨의 한 장면이다. 어떤 백인이 경비행기를 타고 가다가 밖으로 콜라병을 버리는데, 그것을 주운 부시맨들에 관한 내용이다. 부시맨들은 콜라병이 무엇인지 몰라서 여러 가지로 사용을 해보는데, 가죽을 편다든지, 딱딱한 과일을 으깬다든지, 악기로 사용하는 등의 여러 가지 시도를 한다. 부시맨들은 콜라병이 아주 유용한 도구이며 신이 내려준 선물이라고 생각한다. 하지만 곧 콜라병을 소유하기 위한 싸움이 일어나고 그들은 콜라병을 악마적인 것이라 여기며 땅에 묻는다.

(3) 앤디 워홀의 콜라병예술

위 사진은 앤디 워홀의 작품 중 콜라병을 소재로 한 것이다. 보듯이 그의 작품은 콜라병 수십 개를 질서정연하게 늘어놓았을 뿐, 그 이상의 미학적 장치는 찾기 힘들다. 그는 "콜라는 그냥 콜라여서, 아무리 돈을 많이 낸다 해도 길거리의 건달이 마시는 콜라보다 더 좋은 콜라를 마실 수는 없다. 모든 콜라는 같으며, 모든 콜라는 품질이 좋다. 리즈 테일러는 그 사실을 알고 있으며, 대통령도 알고, 건달도 알고, 당신도 안다."라며 공산품과 자본주의에 대해 예찬하였다고 한다. 물론 상징성이다.

그에게 있어서 콜라병은 미국식 자본주의의 상징인 것이다. 그의 작품을 관람하는 여러분과 관객들이 그러한 그의 시각을 그대로 받아들일지는 미지수이다. 다만, 앤디 워홀의 작품을 관람하기 위해 전시관에 온 사람들은 적어도 그의 콜라병이 예술작품이며 어떠한 미학적 함의를 지닌 것이라는 생각을 공유하고 있을 것이다.

(4) 앤디 워홀 비판

수세식 변기를 하나 갖다 놓고 예술작품이라고 하거나, 흰 백지 위에 검은 액자틀을 그려놓고 '보이지 않는 조각품'이라고 이름 붙이고, 초등학생이 휘두른 듯 유치한 물감 놀이를 일삼는 것. 이것이 헝가리 출신 미술학자 에프라임 키숀이 보는 현대미술이다.

그렇다면 콜라병을 예술작품으로 승화시킨 전위예술의 사례는 콜라병을 대하는 사람들의 상호작용에 따라 같은 콜라병에도 다양한 상징성이 부여될 수 있다는 사실을 보여준다. 즉, 예술과 비예술을 나누는 기준은 명확하지 않고 애매모호하다. 다만, 사람들이 어떤 사물을 예술로서 인정할 때 즉, 예술이란 상징성을 사람들이 부과할 때 그것이 비로소 예술작품이 되는 것이다. 부시맨들의 사회에서 콜라병은 예술작품이 아니라 하나의 도구이다. 허나 그 콜라병이 미술관에 전시되어 있다면 어떨까? 결론적으로, 현대 전위예술은 상징적 상호작용의 힘을 보여주는 가장 극단적인 사례라고 할 수 있다. 상징적 상호작용은 콜라병을 예술작품으로 만들어버리는 힘을 갖고 있다.

미드가 말하는 '상징적 상호작용'은 예술이란 무엇인가에 대한 완벽한 답은 아닐지라도 예술에 담긴 본질적인 어떤 부분을 암시하고 있다. 미드가 오늘날의 전위예술을 본다면 아마도 이렇게 말하지 않을까? "전위예술은 상징적 상호작용이다."

제 2 장

청소년기의 특징

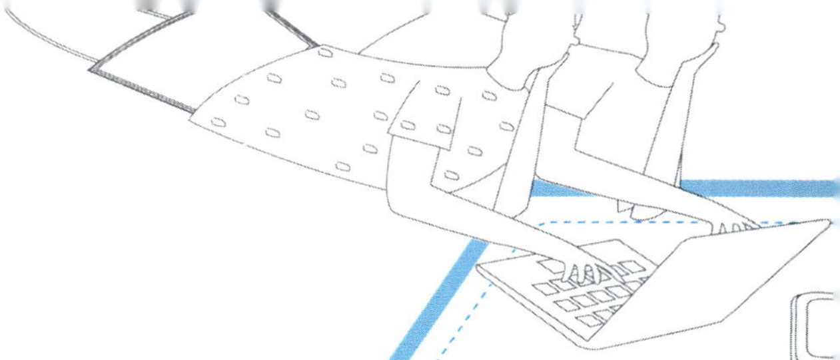

제2장 청소년기의 특징

자, 이제 완성되지 않은 성인인 청소년으로 되돌아가보자. 청소년이란 어휘는 산업사회 이후 교육학을 중심으로 아동과 성인 사이의 시기를 인간발달단계에서 다루면서 등장하기 시작하였다. 즉, 성인 이전의 시대에 사회에서 필요로 하는 교육을 마치며 진로의 계획을 세우고 사회 준비생으로서의 시기를 보내게 된다.

청소년의 어원을 살펴보면 'adolescent'와 'youth'로, adolescent는 라틴어의 adolescere에서 파생되어 '성장하다' 또는 '성숙에 이른다'는 의미가 내포되어있다(Lloyd, 1985). 한편 'youth'는 후기 산업사회가 사회구성원들에게 높은 교육적 성취를 기대함으로써 새로운 인생주기로서 구분한 개념이며 이러한 youth를 adolescence와 adult의 사이에 위치한 개념으로 보기 시작하였다는 견해가 있다. youth는 교육, 취업, 출가, 결혼 등의 사회적 역할을 기준으로 연장된 의존기라고 할 수 있다(최윤진, 2000). 최근 adolescent는 육체적 성장뿐 아니라 사회·심리적이며 임상 심리적인 측면에서의 성장과 성숙을 모두 포함하는 보다 포괄적 개념으로 사용되었다(Idem, 1991). 이 관점은 인간의 연령 발달학적 입장을 인정하면서도 문명 사회의 발달에 따른 교육기간의 연장과 취업 준비기간의 중요성 등을 사회 및 심리적 맥락에서 수용한 것이다(허혜경, 2003).

1. 청소년의 개념

청소년 개념과 정의는 시대와 문화와 정책 및 법령에 따라서도 다르며 이를 명확하게 하기 위해서는 그 기준에 따라 다르지만 보편적으로 연령에 따른 구분이 일반적이다. 청소년기의 구분으로 1985년 UN에서 공식적으로 청소년의 개념을 규정한 바 있다. 이에 따르면 청소년은 '15세부터 24세까지 사이의 집단'이며 우리나라에서는 관련 법령의 성격에 따라 청소년의 정의가 다소 상이하다.

1) 연령에 따른 구분

청소년은 성인 이전의 신체적 정신적으로 완전한 발달수준에는 미치지 못하며 성인처럼 성숙하게 행동하기에는 미숙한 성인이 되기 위한 연속선상의 발달학적 과정의 존재이다. 따라서 명확하게 연령상으로 구분하기에는 어려움이 있으며 각 나라의 청소년의 연령적 기준에서의 규정을 살펴보면 한 나라의 사회와 문화적 척도에 따라 상이하게 규정되고 있음을 알 수 있다. 연령상으로 이를 살펴보면 노르웨이, 이탈리아, 호주, 스위스는 14~18세 미만을, 핀란드는 16~18세 미만을, 프랑스는 13~18세 미만을, 영국은 8~17세 미만, 캐나다는 7개 주에서 16세까지, 3개 주에서 18세까지를 청소년이라고 정의하고 미국의 경우는 8개 주에서 16세까지, 11개 주에서 17세까지, 1개 주에서 19세까지, 2개 주에서 는 21세까지를 청소년이라고 정의한다(표갑수, 2000). 이에 대하여 우리나라는 청소년을 다음과 같이 규정하고 있다.

① 「민법」에서는 미성년자를 '만 20세 미만'으로 규정한다.
② 「청소년 기본법」은 청소년을 '9세 이상 24세 미만'으로 규정하고 있다.

③ 「청소년 보호법」은 청소년을 '19세 미만'으로 규정하고 있다.
④ 「아동복지법」은 아동을 또한 '18세 미만'으로 규정하고 있다.
⑤ 「아동청소년기본법」은 아동을 '18세 미만'으로, 청소년을 '9세 이상 25세 미만'으로 규정하고 있다.
⑥ 「소년법」은 청소년을 '19세 미만'으로 규정하고 있다.
⑦ 「아동청소년복지법」은 청소년을 '19세 미만'으로 규정하고 있다.
⑧ 「아동청소년 성 보호에 관한 법률」에서는 아동청소년을 19세 미만인 자로 규정하고 있다.

2) 우리나라에서의 청소년 기준

우리나라의 청소년정책은 청소년육성법(1987)의 제정으로부터 시작하여 독립적인 청소년 정책의 영역으로 자리를 잡기 시작하였다. 이는 청소년으로서의 지위와 권리를 인정하는 것으로 이후에 청소년 관련 정책은 불완전한 존재에 대한 규제의 차원이 아니라 역량강화의 차원으로 시각적으로도 접근의 관점이 변모하고 있음을 알 수 있다. 청소년을 포괄하여 청소년활동을 지원하는 부서로는 체육청소년부, 국가청소년위원회, 문화체육부 등이 있다.

청소년 정책적 차원에서 볼 때 보편적으로 우리나라에서 아동은 18세 미만으로 규정되고 있고, 청소년은 9~24세로 규정되기도 하며 이에 따라 사실상 9~17세까지는 중복이 되기도 하는데 이는 청소년이라는 용어가 아동과 성인기 중간의 어느 연속선 상에 위치하는 것으로 새로운 관점에서 구분되었기 때문으로 추측할 수 있다.

우리나라의 청소년정책은 1964년 청소년보호 대책위원회가 설치되면서 문제청소년에 대한 규제와 보호 위주의 시각으로 정책이 발현되었다. 이후 청소년육성법(1987)이 제정되었으며, 체육부 내 청소년국이 신설(1988)되면서 부처의 차원에서 청소년을 총괄적으로 다루게 되는 배경이 되었다.

이후 청소년조직은 1990년에 체육청소년부, 1993년에 문화체육부, 1998년에 문화관광부로 이관되었으며 1991년에 한국청소년기본계획이 수립되었고, 1991년에는 「청소년 기본법」이 제정되기에 이르렀다. 또한 이후 청소년육성 5개년 기본계획을 수립하게 되었으며, 1998년에 청소년헌장 개정 등을 통해서 보다 보편적 제도와 장기적 정책이 수립되었다. 우리나라에서 1997년에는 「청소년 보호법」이 제정되었고, 이후 청소년 육성 정책과 보호 정책을 2005년 통합하여 국가청소년위원회로 통합하여 청소년 복지, 보호, 활동의 3대 청소년 관련 정책 영역을 통하여 이후 청소년을 위한 정책적 토대가 되었다.

2. 청소년기의 특징

청소년기는 아동기로부터 성인기로 발달하는 과도기적인 과정으로 볼 수 있으므로, 보다 독립적이고 자율적인 건강한 성인으로 성장할 수 있는 연속선상의 시기이다. 청소년은 생물학적인 환경과 사회적인 환경과 시대적 상황, 문화적 영향을 받으며 성장한다. 또한 시민사회가 요구하는 건강한 인간으로서 사회화 가정에서 책임과 사명을 다하고 행복한 인생을 살아갈 준비를 하는 시기에 청소년기를 어떻게 보내는지에 따라 후기 인생의 모습이 달라질 수 있으므로 매우 중요한 시기이다.

그러나 이 시기는 보편적으로 정체감의 위기(identity crisis)를 경험한다. 이것은 정체감의 유예를 통하여 혹은 정체감 혼미(negative identity)나, 부정적 정체감(identity diffusion)을 형성하기도 한다. 그러나 이것은 향후 성인으로 성장하기 위한 기초가 되므로 다양하고 자유로운 탐색을 요하는 시기이기도 하다.

3. 청소년 관련 제도를 통한 개관

「청소년 기본법」에 따르면 청소년의 정의는 '9세에서 24세까지인 자'라는 기준을 충족하는 경우로 정의되나, 사회적인 통념상으로는 중고등학교 학령기인 '14세에서 19세까지'를 통상적으로 생각하게 된다. 그러나 청소년 기본법의 정의어 의하면 초·중·고등학교 및 대학생의 학생들이 이에 해당함을 알 수 있다.

우리나라의 청소년 관련법들의 역사는 초기에는 선도적 차원에서 진행되는 경우가 많았으나 최근에는 청소년의 역량을 극대화하고 잠재적인 능력을 함양하는 것에 그 초점이 있다. 청소년 관련 정책은 청소년의 발달에 있어서 신체적, 인지적, 정서적 발달을 모두 고르게 고려할 수 있어야 하며 청소년들이 인격적으로 행복할 수 있도록 다양한 요인을 고려하여 작성하는 것이 중요하다. 또한 청소년 관련 정책은 최근 청소년들이 지역사회를 통하여 생태체계와의 조화를 이루며 통합적인 성장을 이루고 적응적 적합성을 가지고 성장할 수 있도록 하는 것을 전제로 다양성을 지향하고 있다.

우리나라의 청소년 관련 현장에서는 모든 청소년이 건강하고 건전한 인격을 가지고 성장하도록 실천 현장을 통하여 각종 정책이 실시되고 있으며 이를 위하여 관련 기관이나 조직 및 학교 등을 활용한다. 이를 통하여 청소년은 심리적으로 안정되며 사회와 조화를 이루며 임파워먼트되면서 미래지향적으로 성장할 수 있을 것이다. 따라서 각 체계의 협력적인 관계의 구축과 함께 우리나라 청소년의 삶의 질을 제고하며 청소년의 신체적 발달과 함께 정서 및 심리적 변화에 따른 정체성 형성 및 청소년기의 자기효능감의 발달이 도모될 수 있도록 하여야 할 것이다.

이를 위해서는 자신과 타인의 사회적 발달과정을 이해하며 사회 내에서의 역할인식을 돕고 다양한 경험들을 통하여 책임감 있는 사회인으로 성장하며 올바른 시민으로 성장할 수 있도록 하는 것이 필요하다. 청소년기의 다양한 상호작용 활동은 훗날

건강한 성인으로 성장하고 사회의 변화에 대하여 진취적인 도전으로 직면하며 건강한 대처양식을 습득하는 것에 도움이 된다.

청소년은 성장과정을 통하여 가정 · 학교 · 지역사회를 통하여 다양한 환경의 영향을 받으면서 성장한다. 즉, 아동기에 비하여 학교뿐 아니라 지역사회의 참여가 확대되어 자신을 둘러싼 환경을 거시적인 맥락에서 이해하며 그에 따른 상호작용이 활발해지면서 사회적 관계(Social Relationship)가 형성되는 시기이다.

그러므로 건전한 청소년기 사회적 관계의 형성을 도모하며 사회성 발달을 성취하도록 하여 성인이 된 이후 건강한 사회구성원으로서 성장할 수 있도록 보다 바람직하며 촉진적인 역량들을 갖추도록 하는 것이 필요할 것이다. 이를 위하여 건전한 청소년 문화의 확산은 청소년문제를 예방할 뿐 아니라 미래 건강한 사회구성원으로 성장할 수 있도록 할 것이다. 청소년기에는 성인 이전에 탐색되고 경험되며 형성되어야 할 다양한 문화적 자원이 중요하다. 이러한 이유는 올바른 자아정체성을 바탕으로 하여 지속적인 성장과 발달을 도모하기 때문이다.

4. 청소년 인지의 발달

청소년기의 인지능력의 발달은 급격한 신체적 성장 변화로부터 시작되어 심리적 발달과 함께 사회적 관계형성에 많은 영향을 미치는 시기이다. 청소년의 시기는 교육학적 차원에서는 형식적 조작기에 해당하여 추상적 사고가 가능하므로 원대한 가치관과 인생관의 수립이 이루어질 수 있다. 다만 청소년기에는 아동기의 자아중심적 사고의 흔적이 있어서 인지적 미숙함이 남아있으나 차츰 인류애적인 차원으로 확장되어가는 도덕적 문제와 자신의 미래설계에 대한 진로 탐험과 같이 과거에 비하여 좀더 거시적이고 추상적인 사고가 가능한 것이 특징이다.

1) 인지발달 단계론적 사고

Piaget(1950)는 인간의 발달학 중에서 특히 인지 발달의 보편적인 발달과정에 관심을 가졌다. 이것은 보편적으로 연령학적 발달단계가 있다고 보는 것으로 또한 생물학적인 유기체가 가지는 발달의 준거가 있다는 것이다. 이를 살펴보면 다음과 같다.

(1) Piaget의 인지발달

Piaget는 인간이 기존의 정보와 새로운 정보를 종합하여 보다 창조적이고 혁신적인 사고가 가능하도록 유기체의 환경에 대한 적응 과정을 설명하였는데, 그 대표적인 것이 바로 기존에 가지고 있는 도식 위에 동화(assimilation)와 조절(accomodation)이라는 개념을 적용하여 스키마(schema)의 인지구조를 형성하고 환경에 대한 인지의 영역을 확장해나간다는 것에 있다.

① 동화

동화란 개인이 자신에게 환경으로부터 투입되는 외부의 정보를 그들이 가지고 있던 기존 사고구조에 적합하도록 흡수하는 방법이다.

② 조절

조절이란 과거 이미 가지고 있던 도식에 새로운 자극이나 정보가 상이함을 토대로 하여 기존의 정보를 새롭게 구성하고 사고의 구조를 새로운 환경적 경험에 적응시키는 방식이다.

③ 동화와 조절의 관계

동화와 조절은 인간의 인지적 발달과정에 있어서 상호 간에 상보적인 영향을 미친다. 즉 동화는 조절작용 없이 성립할 수 없으며, 조절은 동화작용 없이 성립할 수 없다. Piaget는 유기체가 동화와 조절을 통하여 사회에 적응해나가기 위한 인지적 평형체계를 성립해 나간다고 보았다. 즉,

인간의 인지체계는 그들의 평형체계를 작동하여 새로운 자극에 대하여 동화와 조절을 반복하여 개념을 수정해나가는 것이다.

④ 스키마(schema)의 인지구조

인간은 유기체가 환경을 받아들여 동화와 조절을 반복하면서 성장에 필요한 환경에 적응해나가는 과정을 거치게 된다. 이때 도식 즉, 스키마의 재구성 또는 확장을 통하여 인간은 인지발달을 이루게 된다.

이것은 기존 평형 상태의 스키마에 새로운 환경적인 자극이 주어짐에 따라 동화와 조절의 과정을 통하여 평형을 회복하게 되는 과정에서 새로운 경험에 의해 기존의 스키마가 재구성되거나 확장되며 이를 통하여 발달하게 된다는 것이다.

(2) Piaget의 인지 구성단계

Piget는 다음과 같은 인지적 발달단계를 제시하였다.

① 감각적 운동기(sensorimotor stage) : 영아는 입이나 손을 사용하여 감각적 행동으로 스키마를 재구성하게 된다.
② 전조작기(preoperational stage) : 유아는 자기중심적 사고나 직관적인 사고가 가능하며 이를 바탕으로 스키마를 재구성하게 되는 단계이다.
③ 구체적 조작기 : 아동은 구체적 대상이나 사물을 인식하여 스키마를 재구성하게 된다.
④ 형식적 조작기 : 청소년들은 성인과 같은 완전한 사고로 논리적, 추상적, 가설을 통하여 개념을 조합하면서 스키마를 재구성해 나간다.

(3) 청소년기의 인지적 발달

① 형식적 조작기

청소년기의 인지단계는 추상적이며 거시적 차원의 지적 능력이 급속하게 발달하는 시기이다. 이 시기에는 주의 집중력이 높으며, 학습 기억 용량도 커지기 때문에 많은 정보를 받아들이고 체계화하여 학문의 기초이론, 시민 교육, 진로체험을 하기에 적합한 발달과정을 통하여 적응력과 문제해결력을 향상시킨다.

② 사회성의 발달

청소년 시기는 사회적 태도가 현저하게 발달되는 시기로 활동력을 넓혀가며 시사적 담론이 가능하기 시작하며 각종 이론을 분석할 수 있다. 또한 합리적 사고로 인하여 현재의 사회문화적인 규범과 갈등을 유발하기도 하며 논쟁의 욕구가 있고 혼란을 겪을 수 있다. 한편 다양한 사고를 하는 가운데 감정적인 통제력은 다소 미숙한 특성이 있다.

③ 자기중심적 특징

청소년기는 아동기의 자기중심적 특징을 가지고 있으므로 현재 자신의 상황과 경험, 감정을 자신만이 특수하게 겪고 있다고 느끼기도 하며 내향적이며 자기중심적으로 사고하게 될 가능성도 있다. 이를 좀 더 살펴보면 다음과 같다.

- 청소년기의 자아중심성(egocentrism)과 형식적 조작사고의 가능성

청소년들은 타인의 생각, 감정, 의도나 상호작용의 근거를 정확하게 인지하지는 못하며 자신을 중심으로 생각하므로 사고가 자기중심적인 경향이 있다. 그러나 반면 청소년은 형식적 조작사고의 특징을 통하여 다양한 사고가 발달하면서 자신이 가지고 있는 생각과 관념을 과대평가하기도 하며 객관적 지각에는 취약하다.

형식적 조작사고는 연령학적으로 보면 11~12세경에 시작되어 15~16세경에는 그 정점을 이루면서 확대되는 다양한 대인관계의 경험을 통하여 차츰 자신과 타인에 대한 객관적인 이해를 증가시켜 나가게 된다.

이와 같은 청소년기의 자아중심적 사고를 Elkind(1984)는 다음과 같이 설명하고 있다.

청소년의 자아중심성은 '**개인적 우화**(personal fsble)'의 형식으로 나타난다. 이에 따라 청소년은 자신이 특별하고 독특한 존재라고 생각하는 경향이 있으며, 따라서 자신의 감정이나 경험 세계가 다른 사람과 다르다고 믿는다. 개인적 우화에 따라 청소년 자신의 독특성은 비합리적이고 허구적인 관념이더라도 이를 인식하지 못하며 오히려 자신만의 독특함을 남들이 이해하지 못한다고 생각한다. 자기중심적 사고의 특징은 논쟁을 즐기고 자신의 주장을 고집하는 경향이 많으며, 권위에 비판적이다.

이러한 청소년의 자아중심성은 '**상상의 청중**(imaginary audience)'형태로 나타나게 되는데, 청소년의 과장된 자의식을 통해 자신이 타인의 집중적인 관심과 주의의 대상이 된다고 믿는다. 즉, 자신을 지켜본다고 믿으므로 타인들은 '상상 속의 청중'이 되는 것이다. 따라서 상상의 청중을 의식하여 외모에 신경을 쓰기도 하며 작은 일에도 자신의 자존심을 손상시킨다고 생각되면 작은 비난에도 심한 분노 반응을 보이기도 하는 것이다.

(4) 청소년의 지능(Intelligence)

① 비넷(Binet)

"지능은 잘 판단하고 잘 이해하고 잘 추리할 수 있는 복합적 개념"이라고 정의하고 있으며, 지능지수 척도는 제2차 세계대전 군인들의 신속한 배치를 위하여 개발된 이래 청소년 및 아동의 학습적 측면 등에 적용되고 있다. 즉, 최근에는 지능 검사지를 통하여 학업성취에 대한 지능을 참고자료로 활용하고 있다.

② 가드너(Gardner)의 다중지능이론

다중지능이론을 통해 인지 발달의 기본개념을 통하여 청소년기의 인지발달은 IQ와 같이 단편적인 측면으로는 판단할 수 없다는 주장을 하면서 공감을 얻었다. Gardner의 다중지능이론은 전통적인 학업지능뿐 아니라 음악, 신체 운동, 개인내적 지능 등을 포함하고 있으며 청소년기의 다양한 지적 활동의 이해를 높여주고 있다. 이를 통한 **지능의 특성**은 다음과 같다.

첫째, 인간의 언어 지능은 정보를 학습, 기억, 창조, 전달하는 능력으로 인간발달의 노년까지 유지 발전된다.

둘째, 인간의 논리 및 수학적 지능은 추상능력과 일반화할 수 있는 능력으로 30세 전에 절정기에 이른다.

셋째, 인간의 시각 및 공간적 지능은 공간에 대한 이미지를 형성하고 파악을 돕고 개념화한다.

넷째, 인간의 음악 지능으로 리듬, 고저, 음색과 음질의 민감한 능력은 다른 지능보다 일찍 발현된다.

다섯째, 인간의 개인 내면적 지능은 자신의 내면을 들여다보고 분석하는 능력으로 자신을 이해하고 자아 정체감을 형성해 나가는 데 필요한 능력이다.

여섯째, 인간의 관계 지능은 타인의 마음을 파악하고 적절하게 반응하는 능력으로 타인에 대한 공감적 이해로 상호작용을 하는 능력을 형성해간다.

(5) 청소년의 적성

일반적 지능(Intelligence) 이외에 진로와 직업과 관련하여 특수한 지능을 '적성(Aptitudes)'이라고 한다. IQ가 100인 두 학생의 경우에도 그들의 적성 프로파일을 살펴보면 언어 요인과 추리 요인, 수리 요인, 공간 요인 등에서 각각 다른 성취를 나타내는 것과 같이 지능을 토대로 하여 향후 진로와 관련한 적성의 파악은 중요하다.

(6) 청소년의 감성지능

청소년의 감성지능으로 자신의 감정을 조절하는 능력이 중요한데 이는 감성지능(EQ)라고 하여 다른 사람에 공감하면서도 '자신의 감정을 잘 조절하는 사람'으로, 인간관계의 신뢰성이 높고 감정에 의해서만 좌우되는 것이 아니라 지적 능력과 조화하여 환경에 보다 잘 적응할 수 있는 유형으로 상황을 더욱 긍정적으로 보며 만들어나갈 수 있는 능력이다.

감성지능이 높은 경우에는 오히려 지적인 학습에 대한 주의력과 자신에 대한 가치감, 안정감, 협력 등에 긍정적 영향이 있으며 합리적 사고와 낙관성으로 인하여 인내력이나 미래의 전망 등에도 도움이 될 수 있다.

이러한 감성적 지능은 자신의 감정을 아는 것(knowing one's emotions)을 포함하여 감정이 일어날 때 조건과 상황을 직시하고 자신의 감정을 다루는 것(managing emotions)과 부정적 감정을 조절하는 능력, 현재의 욕망을 장래의 어떤 목표를 위해서 잠시 유보하는 것 등을 포함한다. 그 밖에도 감성적 지능은 스스로 동기화(motivation oneself)하는 것을 통하여 자신의 감성적 에너지의 초점을 맞추어 과제 수행력에 대한 해결 중심적인 접근이 가능한 것도 이에 포함된다. 또한 다른 사람의 감정을 알아차리는 것(recognizing emotions in others)과 공감능력 및 대인관계 능력(handling relationships)이 중요하다. 이를 통하여 자신과 타인의 감정을 다루고 집단에 대한 적응 및 조절을 통해 자율성과 협력성을 발휘할 수 있는 사회적 능력에 도움이 된다.

(7) 창의성(creativity)

'창의성'이란 인간의 호기심과 함께 인간관계나 문제해결에 있어서 미래지향적이며 건설적이고 아이디어를 통해 혁신적이며 유익한 방향으로 사고할 수 있는 능력이기도 하다. 이것은 전통 속에서 새로움에 대한 응용능력으로 변모하는 세계에 대한 유연성을 발휘할 수 있는 원동력이 되며 청소년에게 유익한 개념이다.

5. 청소년 인권 발달의 이해

인권의 특성은 조건적인 것이 아니며 천부적인 권리라는 것이다. 즉, 이는 선천적이며 다른 권리로부터 침해받지 않는 특성이 있으면서 한편으로는 인간이면 누구나 당연히 가지는 권리라고 할 수 있다. 이것은 인간의 존엄성에 근거하며 자연적으로 주어지는 선천적인 권리이므로 연령이나, 성적, 인종적을 비롯하여 그 어떤 차별을 받지 않아야 한다. 그러나 역사적으로 볼 때 인권의 개념이 정착되기에 많은 난관이 있어왔으며 사회적으로 제한적인 경우도 많아 다각적으로 검토되고 보완되어야 할 영역이 여전히 남아있다고 할 수 있다. 아동과 청소년이 학대받지 않으며 하나의 독립된 인격체로 존중받아야 한다는 것을 사회적인 합의 가운데 인지한 것도 그리 오래지 않는다.

즉, 18세기 후반에 들어서서야 시민의 인권이 선언되었는데 당시에 아동과 청소년은 시민의 한 사람으로서 사회적으로 동의가 이루어진 대상이 아니었다. 당시의 시민이라는 개념은 납세의 의무를 기준으로 인정되는 분위기였으므로 일정한 소득이 있는 남자 성인에 비하여 여성이나 아동 및 청소년이 권리의 주체로 인식되기까지 역사적으로 많은 시일이 소요되었다. 이에 대하여 루소는 아동과 청소년이 차별 없이 평등하게 존중되어야 한다는 주장 및 사상을 설파하여 그 시대를 계몽하고자 하였으며 이러한 시도는 1989년에 이르러서야 전 세계를 통하여 마그나카르타라 불리는 '아동 권리의 국제협약'이 국제연합총회에서 만장일치로 채택되었다. 그리고 이를 통하여 근대적인 아동의 인권이 논의되었고 더 나아가 청소년의 인권이 구체적으로 논의되는 것을 통하여 청소년의 바람직한 성장의 근간이 되었다.

이후 제네바 선언이 1924년 국제연맹 총회를 통하여 선언됨으로 하여 모든 나라의 남녀 및 인류가 아동 및 청소년에 대해 최선을 다할 의무를 가진다는 것을 인정하고 이는 인종이나 국적 혹은 신념에 무관하게 이루어져야 한다는 입장을 확고히 하였다. 이후 1959년에는 유엔의 '아동의 권리선언'을 통하여 아동 및 청소년의 권리 신장을 보다 촉구하게 되고 이러한 권리선언은 UN헌장과 1948년의 세계 인권선언과 함께 10개조의 본문으로 구성됨으로써, 기존의 5개조의 본문으로 이루어진 제네바 선언과 비교하여 넓은 관점에서 내용을 상세화하였다.

제네바 선언의 기본 정신은 사회적 약자를 배려하고 인권에 준하여 권리를 보장하고 실현하도록 하는 것이며, 아동 및 청소년을 단순한 보호의 대상에서 나아가 자유의 주체로서 파악하고자 하는 변화가 있어 청소년에 대한 관점의 진일보한 측면을 보여주고 있다. 특히 아동의 권리적 측면에서는 아동권리협약의 제28조 제1항을 통하여 아동의 교육적 권리를 인정하며 아동에게 기회의 균등과 권리 달성을 위하여 교육의 권리뿐 아니라 정보의 접근권과 문화 활동과 표현의 자유 등을 포함하고 있음을 알 수 있다. 이와 같이 국제사회에서 청소년의 권리는 오랫동안 아동의 권리를 통하여 언급되어왔다.

이후 청소년의 권리는 1985년 UN의 '세계 청소년의 해'를 계기로 본격적으로 논의되기 시작한 이래 세계 청소년 회의를 통하여 청소년의 적극적인 참여를 인정하며 인류의 발전과 평화의 기여를 비로소 강조하게 되기에 이른다. 특히, 청소년의 시민권적 정치적 권리, 경제적이며 문화 및 사회적 권리가 충분히 인식됨으로 해서 청소년이 정치적 상황에도 영향력을 수행할 수 있음을 역설하였다. 또한 같은 해에 열린 '세계 청소년의 해'에는 세계회의(국제연합 총회)를 통하여 청소년이 인류의 미래를 형성하는데 직접 참여하며 사회의 모든 분야에서 기여하도록 하기 위하여 청소년의 견해를 인정하도록 하였다.

1995년 유엔 총회는 '청소년 분야의 청소년 정책 실행지침'을 통하여 청소년의 참여가 국가발전의 목표 달성과 사회정의의 실현에 중요하다는 것을 언급하였다. 또한 '2000년과 세계청소년 행동 프로그램'을 통하여 "모든 국가는 모든 청소년이 인권과 관련하여 국제기구와 UN헌장과 일치하는 기본적 자유와 인권을 전적으로 향유할 수 있도록 보장해야 한다"는 것을 강조하였으며 이는 유엔 총회에서 채택된 바 있다. 이처럼, 국제사회에서 청소년의 권리에 대한 논의가 보다 본격화되었고 청소년의 권리가 구체적으로 실현되어야 함이 강조되면서 청소년의 참여에 의해서 권리가 실현될 수 있다는 것이 공표되고 청소년은 시민활동에도 보다 적극적으로 참여하게 되었다.

우리나라에서도 1990년 제정된「청소년 헌장」은 청소년이 우리 미래사회의 주인공이며 그에 따른 보호의 대상이라는 청소년에 대한 가치관을 지향하고 있다. 청소년은 미래의 새 시대 주역이고 따라서 국가는 청소년을 위한 정책의 수립에 최대한의 노력을 기울여서 도움을 필요로 하는 청소년을 보호하고 적응하며 자립하도록 이끌어야 한다고 명시하고 있다.

이 시기는 청소년에 대한 보호적인 입장을 가지고 있는 특징이 있었으며 반면 1998년에 새롭게 제정된「청소년 헌장」에서는 청소년이 삶의 주인이며 따라서 마땅한 권리를 누리고 책임을 져야 한다고 명시하고 있다. 청소년은 자기 삶의 주인이며 인격체로서 존중받을 권리를 가지고 있을 뿐 아니라, 시민으로서 미래를 열어갈 권리를 가지며 스스로 선택하는 존재로, 활동하는 삶의 주체로서 자율과 참여의 기회를 가진다고 명시하고 있는 것이다. 또한 청소년이 생명의 가치를 존중하고 정의로운 공동체의 성원으로 책임감 있는 삶을 살아가는 존재라고 하고 있다. 그러므로 가정 및 지역사회와 국가는 이러한 정신에 따라 청소년의 인간다운 삶을 보장하며 청소년 스스로 행복한 삶을 가꾸고 살아갈 수 있도록 하는 환경을 조성해야 한다고 하고 있다.

「청소년 헌장」에서는 전문과 12개의 조항을 통하여 청소년의 권리와 9개 조항을 통하여 청소년의 책임을 규정하였다. 청소년의 권리를 살펴보면 청소년이 성장할 권리, 차별받지 않을 권리로 평등권, 폭력에서 보호받을 권리, 사생활의 권리와 표현의 자유, 결사의 자유, 학문의 자유, 일할 권리, 문화예술의 참여권리, 정보 접근의 권리, 의사결정에 참여할 권리 등을 명시하고 있다. 이것은 새로 규정된 청소년 헌장은 평등권과 보호받을 권리와 같은 기존의 전통적 권리에서 좀 더 나아가 명시되지 않았던 다양한 권리를 명시하고 있다는 것이 진보한 점이라고 할 수 있다.

그러나 오늘날에도 많은 청소년들은 현실적으로 가정, 학교, 사회에서 일상생활을 통하여 상기의 아동권리협약과 청소년 헌장에서 규정한 권리를 충분히 누리지 못하고, 권리를 박탈당하는 상황 하에 놓여 있는 경우도 많은 것이 사실이다. 그러나 이와 같이 청소년 헌장 개정은 청소년의 권리 의식을 강조하여 프로그램상의 규정뿐 아니라 실생활을 통하여 청소년에게 성인과 같은 다양한 권리와 자유가 보장되어야 함을 강조하고 있다.

이에 따라 다양한 정부와 민간의 협력이 강조되고 있는 추세이며 사회적으로 청소년을 바라보는 관점이 진일보하고 있고 과거에는 불안정하고 보호를 받아야 하는 존재로 인식된 반면 오늘날 청소년의 개념은 다양한 개성을 가지고 있으며 성장지향적인 집단으로 인식되고 있다.

그러므로 청소년 관련 프로그램도 보다 다양한 청소년의 권리를 인정하는 방식으로 접근되는 것이 필요하다. 현대사회의 특징은 각 계층이 지니는 독특한 문화를 인정받는 방향으로 나아가고 있으며 보다 통합적인 접근이 요구되고 있는 것이 현실이다.

따라서 시민사회에서의 정책의 의사결정에 있어서도 청소년의 권리와 참여와 관여가 증대되고 있으며 단순 보호 및 육성의 차원[1]이 아닌 당당한 미래의 주인으로서 시민으로서 책임을 다할 수 있도록 청소년에 대한 개념이 변화하고 있다. 이것은 청소년의 포괄적인 욕구의 충족과 함께 문제의 예방 및 해결에 관하여 보다 적극적인 태도를 견지하는 노력이며 정부가 이에 대하여 과거 중앙청소년보호대책위원회(1964)의 설치 등의 선도와 보호의 차원에서 청소년대책위원회(1977)로 개칭된 이후 청소년 정책에 있어서 기본이 되는 법률을 제정하고, 이에 대하여 행정체계를 갖추게 되었다. 이후 1987년도에 이르러서 「청소년 육성법」(1987)이 제정되고 청소년 정책의 영역을 설정하여 이를 담당할 수 있는 행정체계가 확립되고 체육부에서 보다 통합적 관점으로 청소년 국을 설치(1988)하기에 이르렀다. 그리고 매년 청소년과 관련하여 가정 · 학교 · 사회 각 영역에 걸쳐 종합계획을 수립하고 이를 시행하였다.

1) 우리나라는 중앙청소년보호대책위원회(1964)의 설치 등을 통하여 청소년들이 국가와 사회로부터 보호되고 육성되어야 하는 존재로 인식된 바 있다.

이후 「청소년 기본법」(1991)에서는 한국 청소년상담원, 시도 청소년종합상담실, 시군구 청소년상담실에 관한 사항을 보다 상세하게 규정하고, 또한 청소년 기본법의 개정을 통하여 청소년 자원봉사센터, 청소년 쉼터 등에 관한 규정을 제시하였다. 한편 1997년에 청소년 보호법이 제정되면서 청소년에게 유해한 매체, 유해 시설, 유해 약물이나 유해 행위에 관련한 규제가 강조되어 각종 유해한 환경으로부터 청소년을 보호하려고 하는 적극적인 시책도 마련되기에 이르렀다. 이후 청소년 관련법은 청소년의 유해환경으로부터의 보호에서 나아가 청소년의 역량강화에 보다 중점을 두면서 최근에 이르고 있다.

6. 청소년 관련 법률의 발달

앞서 제시한 것처럼 청소년의 건전한 성장과 육성을 위하여 청소년 기본법이 제정되고 청소년 수련활동 등이 강조되면서 각종 청소년 활동의 법률 및 제도적인 지원과 다양한 참여가 가능하게 되었다. 청소년의 시기는 사회 발달적 측면에서 볼 때 정체성뿐 아니라 문화와 가치 확립의 시기이다. 이 시기에는 풍부한 삶의 경험을 축적할 수 있는 기회를 제공받는 것이 무엇보다 중요하다. 청소년기의 다양한 삶의 경험은 사회 활동을 통해서 획득하게 되는데, 학교나 지역사회 혹은 실천현장을 통하여 바람직한 기회를 얻기 위한 활동으로 청소년 시기의 프로그램의 참여는 중요한 의미를 갖는다.

이를 위하여 1995년 이래 '교육개혁위원회'는 사회의 교육 강화, 실천중심의 교육, 인성교육의 강화, 개별성을 고취하는 교육을 강조하고자 하였으며, 특히 **체험학습**과 자원봉사 활동을 적극적으로 권장하였다. 또한 **청소년의 수련활동**을 '학교생활 기록부'에 반영하고 있으며 이를 상급학교 진학 시 반영하도록 규정화하고 제도화하였다.

이러한 활동은 청소년시기에 공동체 의식을 일깨워 주며 타인을 위하는 이타성을 깨닫도록 하는 데 큰 역할을 하는 것으로 기대되었기 때문이다. 이를 위한 청소년의 제도적인 지원은 청소년의 의식 및 태도에 변화를 가져오는 데 도움이 된다. 청소년의 다양한 문화는 청소년을 지원하는 각종 제도를 통하여 지원을 받을 수 있는데, 미래창조과학부 등에서도 청소년을 지원하는 각종 제도적 접근을 실천하고 있다.

그러나 앞으로도 청소년 문화가 하나의 독립된 영역으로 존중받고 진정한 의미의 청소년 관련활동이 종합적이고 체계적으로 이루어지기 위해서는 독립적이며 보다 체계적인 청소년 중심의 정보체계가 구축되어야 하며, 각종 청소년 활동의 의미와 가치에 대한 교육실시와 사회적인 공감대 형성이 이루어져야 한다.

청소년의 일반적인 활동은 가족 친화단계를 거쳐 조직 및 지역사회로 나아가게 되는데, 가장 중요한 것은 단일체계와의 교류가 아닌, 가정과 학교 및 지역사회의 조화와 협력적인 관계를 통하여 형성되어야 한다는 점이다. 따라서 청소년 지원정책 및 제도는 궁극적으로 청소년의 행복한 성장의 삶의 질을 제고할 수 있는 환경을 조성하고, 나아가 미래의 긍정적인 자아실현과 자립기반을 조성할 수 있도록 하기 위하여 청소년이 주체가 되도록 하는 것이 중요하다. 한편 청소년의 역량을 향상시키고, 다양한 삶의 기회를 제공하여야 한다.

이에 대한 사각지대의 개입으로 청소년 관련 문화 바우처와 같은 제도는 사회적으로 소외되거나 사회 적응에 장애요인이 있는 청소년들에게 각종 서비스의 전달을 통하여 사회 구성원으로서의 정당한 성장과 생활을 가능하게 하는 제도적 지원이라 생각할 수 있다. 반면 적극적인 차원에서의 청소년지원 제도와 정책은 모든 청소년을 대상으로 자원 활용과 연계를 극대화하는 것과 청소년의 역량을 향상시키며 모든 청소년이 인간다운 바른 인권을 존중받고 청소년으로서의 권리와 책임을 다하면서 청소년으로서의 삶을 풍요롭게 누릴 수 있도록 한다. 즉, 청소년으로서 역량을 기르도록 하고 사회 속에서 다양하고 건전한 문화 속에서 청소년 관련 사회문제를 사전에 예방하는 효과가 있다. 이에 대한 거시적 환경과 제도적 차원에서 볼 때에 청소년의 권리에 대한 옹호와 청소년의 권리를 실현하기 위한 실천방법이 구체화 되며 다음의 제도화를 통하여 발전해나가고 있다. 이를 정리하면 다음과 같다.

1) 헌법

「헌법」은 모든 법 중에서 최상위의 법이며 청소년을 포함한 국민의 인권과 기본 생존권을 지원하는 최고의 법규범이라고 할 수 있다. 헌법에서 규정하는 법을 살펴보면 다음과 같다.

「헌법」 제11조에서는 모든 국민은 인간으로서 존엄과 가치를 가지며 행복을 추구할 권리를 가진다. 이에 국가는 개인이 가지는 불가침의 기본적 인권을 확인하고 이를 보장할 의무를 가짐을 명시하고 있다. 그리고 제 제31조에서는 모든 국민은 능력에 따라 균등하게 교육을 받을 권리를 가짐을 명시하고 있으며 제34조에서는 모든 국민은 인간다운 생활을 할 권리를 가진다고 명시하고 있다.

2) 청소년 기본법

「청소년 기본법」은 헌법 다음으로 청소년에 대하여 효력을 가지는 정책의 존재형식이다. 「청소년 기본법」은 청소년정책을 다루는 법령을 제정, 개정할 때에나 행정기관이 청소년에 관련되는 계획을 수립하는 때에 헌법 규정과 함께 청소년 기본법의 규정에 위반해서는 안 된다고 명시하고 있다.

「청소년 기본법」의 제2조의 기본이념에서는 청소년이 사회 구성원으로서 정당하게 대우받고 권익을 보장받으며 스스로 생각하고 자유롭게 활동할 수 있도록 하며, 미래 사회의 주역으로서 국가와 사회가 필요로 하는 건전한 민주시민으로 자랄 수 있도록 함을 명시하고 있다.

그리고 제3조에서는 청소년의 복지를 증진하고 청소년의 수련활동을 지원하며 청소년 교류를 진흥하고, 각종 사회 여건과 환경을 청소년에게 유익하도록 개선하여 청소년에 대한 교육을 상호 보완함으로써 청소년의 균형 있는 성장을 돕는다고 명시하고 있다.

또한 제5조에서는 청소년의 권리와 책임을 명시하고 있는데 이는 한 인간으로서 청소년의 가치는 권리 및 의무와 더불어 청소년에게 주어지는 권익에 관하여 제시하고 있다. 청소년은 안전하고 쾌적한 환경 속에서 자기발전을 추구할 권리가 있다. 또한 청소년은 건전한 정신 및 신체적 건강을 해치거나 혹은 해칠 우려가 있는 모든 형태의 환경으로부터 보호되어야 함을 제시하고 있다. 또한 청소년은 자신의 능력 개발과 건전한 가치관의 확립에 힘쓰고 가정 · 사회 및 국가의 구성원으로서 책임을 다하도록 노력해야 한다고 하고 있다.

3) 청소년 보호법

「청소년 보호법」에서는 청소년으로 하여금 음란 및 폭력성에 대하여 청소년 유해매체물과 유해약물 등의 청소년에 관한 유통과 유해한 업소의 청소년의 출입 등을 규제하고, 성장과정에 있는 청소년을 각종 유해한 환경으로부터 보호하고 건전한 인격체로 성장할 수 있도록 하기 위해 제정되었다고 할 수 있다.

「청소년 보호법」 제2조에서는 이 법의 보호 대상자인 청소년을 19세로 규정하고 있다. 한편 제6조에서는 청소년 유해환경의 규제에 관한 형사 처벌에 있어서 청소년과 관련한 특별법의 차원에서 다른 법률에 우선하여 적용된다고 명시하고 있다.

그리고 제4조 · 제5조 · 제12조에서는 국가의 책임, 국가의 지방자치단체의 역할을 강조하고 있으며, 제27조 · 제33조에서는 청소년보호를 위한 전담 행정조직으로 청소년보호위원회의 설치근거를 규정하고 있다.

4) 청소년 관련법

청소년 관련법이라 함은 청소년 또는 청소년 보호와 직적 및 간접적으로 관계가 있는 법으로, 청소년을 직접 대상으로 하거나 청소년의 권리와 의무에 관계된 조항을 포함하는 모든 법령과 규칙을 의미하고 있다. 청소년 관련법은 다음과 같이 발달하였다.

우리나라는 1961년의 미성년자 보호법과 1962년의 아동 복리법이 제정되었으며 이는 청소년을 대상으로 하는 최초의 법률이 되었다. 이후 1981년 아동복지법 전면 개정하였고, 1987년 청소년 육성법을 통하여 청소년 정책을 위한 본격적인 근거법이 마련되었고 1988년 「소년법」이 전면 개정되었다. 이후 1990년 「청소년헌장」이 제정되어 청소년정책의 기본 이념과 방향을 제시하고 1998년에 개정된 바 있다. 이후 1991년 「청소년 기본법」이 제정되어 청소년 육성법을 전면 개정하여 청소년 육성을 위한 기본 법제를 재정립하게 된다. 그 후 1997년 「청소년 보호법」이 시행되었고 2000년 청소년 성보호에 관한 법률이 시행되었다.

5) 청소년 정책

(1) 청소년 정책의 개념

청소년 정책이란 모든 청소년들의 건전한 성장과 사회적응과 삶의 질을 위하여 청소년의 사회적 욕구를 충족시키고 청소년의 문제해결을 돕기 위해 국가와 지방자치단체가 청소년을 위한 방향을 제시하는 국가적 차원의 제도라고 할 수 있다.

(2) 청소년 정책의 내용

청소년 정책의 기본 내용으로는 우리나라의 독자적인 정책적 영역으로 청소년 정책 계획이 수립된 것은 1984년의 '청소년 종합대책 추진방안'이 있는데 청소년 기본

계획의 수립으로 장기적이고 종합적인 청소년 정책이 제시되고 있다. 청소년 정책방향에서는 청소년을 사회 구성원으로서 권익증진에 힘쓰겠다는 것을 명시하면서 청소년 참여정책 주체로 청소년을 보며 소수 문제 청소년의 지도 및 선도나 보호의 차원에서 다수 건강한 청소년의 활동을 지원하고자 하였다. 이는 공급자 주도보다는 수요자 중심의 프로그램 제공과 질적 향상을 제안하고 있으며 중앙 중심의 규제보다는 지역과 현장 중심의 자율성을 지향하고 있다.

(3) 청소년 행정

청소년 행정을 살펴보면 청소년 행정은 청소년 정책이 구체화되어 청소년에게 이르는 과정까지 포함하는 일련의 공적 운영체계로 이에 대한 일련의 운영의 실제라고 할 수 있다. 또한 효율적인 행정으로는 체계적인 기능 분담으로 청소년 정책에서부터 최일선 현장까지의 기능이 체계적이고 일관성 있게 구축되는 것을 필요로 한다.

또한 전문성이 최대로 발휘되며 상호 보완적 관계로 지역사회 전체의 참여와 협조가 이루어져야 한다. 아울러 청소년 행정체계는 다양한 서비스를 통합하여 조정하여야 하며 상호 협조 및 조정하고 기획할 수 있도록 하는 방향이 바람직하며 이를 위해서는 지역사회와의 참여 및 협조가 요구되며 지역사회와의 교류가 필요하다.

청소년 관련 사회복지행정의 전달체계 차원에서의 서비스 제공의 원칙으로는 평등성의 원칙으로 모든 청소년이 평등하게 서비스를 받으며 정보에 접근할 수 있어야 한다고 하고 있다. 청소년 정책에는 연령 · 성 · 신분 · 지역 등에 의한 차별이 있어서는 안 된다. 그리고 적절성의 원칙으로 청소년에 대한 행정에서 전달되는 서비스의 양과 질의 정도는 대상자의 욕구와 단계에 따라 적절하게 제공되어야 한다.

또한 포괄성의 원칙으로는 청소년 문제와 욕구를 사전에 파악하여 제공되는 서비스는 포괄적 차원에서 이루어져야 하며, 연속성으로 사회복지행정에서 청소년관련 서비스는 연속적인 차원에서 이루어져야 한다. 마지막으로 지속성으로 각종 정보나 서비스가 지속적으로 제공되어 청소년이 한 사회 구성원으로서 건강하게 성장해 나갈 수 있도록 지속적으로 이루어져야 하는 것이 주요 점검사항이다.

행정의 전달체계 원칙	청소년 행정의 주요 내용
평등성의 원칙	모든 청소년이 차별받지 않으며 필요로 하는 서비스와 정보에 접근하고 제공받을 수 있어야 한다는 기준을 담고 있다.
적절성의 원칙	청소년에 대한 행정에서 전달되는 서비스의 양과 질의 정도는 대상자의 욕구와 단계에 따라 적절하게 제공되어야 한다는 내용이다.
포괄성의 원칙	청소년 문제와 욕구를 사전에 파악하여 제공되는 서비스는 포괄적 차원에서 이루어져야 한다는 내용이다.
연속성의 원칙	사회복지행정에서 청소년관련 서비스는 연속적인 차원에서 이루어져야 한다.
지속성의 원칙	각종 정보나 서비스가 지속적으로 제공되어 청소년이 한 사회 구성원으로서 건강하게 성장해 나갈 수 있도록 지속적이며 연속적으로 이루어져야 한다.

7. 청소년기의 사회적 관계의 발달 및 특성

청소년기의 심리 및 사회적 관계의 발달과 성장은 다양한 이론을 통하여 설명된 바 있는데 이는 대인관계이론, 관계성숙이론, 사회학습이론 등으로 설명될 수 있을 것이다.

먼저, 대인관계이론(Interpersonal Theory)을 통하여 본다면 인간의 발달은 생애 초기단계로부터 출발하여 주 양육자의 태도로 부터 타인과의 관계가 각 연령대에 따라 발전적인 특성을 이루고 있음이 일반적으로 지지되고 있다.

한편 **관계성숙이론**(Relationship Maturity)에 따르면 인간관계의 수준은 개인뿐 아니라 사회적 역할과 교류적 관계로 설명되기도 한다. 즉, 아동이나 초기 청소년기에는 개인 수준의 자기중심적 관계가 주된 관계성을 형성하게 되나 연령이 증가함에 따라서 타인에 대한 공감 및 사회성이 형성되고 관계성숙을 이루게 된다는 것이다.

그리고 **사회학습이론**(Social Learning Theory)은 인간이 성장함에 따라서 사회적 행동에 대한 학습으로 관찰과 모방이 이루어지며 이러한 경험을 통하여 성장한다는 관점이다.

청소년의 행위는 이와 같이 대인관계이론, 관계성숙이론, 사회학습이론 등을 통하여 설명될 수 있으며 환경과의 상호작용을 통하여 인간은 개인의 자아정체감 및 자아존중감에 영향을 받는다. 또한 청소년기에 발달하게 되는 사회적 접촉이나 사회적 상호작용은 청소년기의 발전과 성숙을 통하여 향후 가정 · 또래 · 학교 · 지역사회의 사회 구성원으로서의 역할의 습득뿐 아니라 나아가 타인과 공존하는 방식을 사회적 관계를 통하여 습득하게 된다. 즉, 청소년기는 사회적 관계의 주요한 대상을 넓혀가는 시기로 '사회성의 발달'을 이루어나가는 시기이다.

이러한 시기에 **청소년 문화**는 전인적 성장을 도모할 수 있도록 하며 청소년으로 하여금 관계성숙, 사회학습을 촉진하고 또래와의 적절한 관계를 형성하고 정서적 안녕과 적절한 사회적 지지를 제공받고 책임감을 배우며 심리사회적 발달에 중요한 역량 형성에 도움이 될 것이다. 청소년의 다양한 문화 활동은 청소년 프로그램은 청소년기에 경험할 수 있는 각종 중독 현상을 치유할 수 있는 도구로 활용되며 올바른 네트워크의 형성과 관계형성에 도움이 되므로 매우 유용한 사회투자라 할 수 있다.

〈정리〉 청소년기의 발달을 도모하는 청소년 문화활동은 청년기를 비롯하여 성인기의 발달에 도움을 준다. 이것은 사회에서 요구하는 역할의 습득을 가능하게 하고 학습의 기회를 확장하며 사회적 관계의 발달에 영향을 준다.

8. 청소년 문제의 접근 방향 및 의의

청소년의 다양한 문화체험활동은 각종 청소년 문제의 예방과 치료를 위하여 꼭 필요한 활동이며 청소년 개입 방안을 활용하여 긍정심리, 자기 효능감, 역량강화와 같이 청소년에게 유익한 활동으로 개발되고 적용된다. 즉, 청소년 문제로 각종 청소년 집단 따돌림, 학교 폭력, 결손이나 가족 해체, 각종 약물 중독을 비롯하여 학업 스트레스에 대한 개입의 효과가 있다.

청소년의 문화활동은 생태체계적 환경이 필수적으로 고려되어야 하는데 청소년 역량강화(임파워먼트)를 다루거나 환경에 대한 적응적 적합성을 기르고 개인과 환경 간의 상호작용을 촉진하여 삶의 질을 함양하는 것에 중점을 두는 것이 바람직하다. 이것은 청소년 개인의 입장뿐 아니라 환경의 다차원적인 문제를 함께 고려하고자 하는 움직임에서 비롯되었다.

또한 청소년 문화활동은 청소년의 역량강화인 임파워먼트 함양에 도움이 된다. 임파워먼트 접근의 전문적인 목적은 '인간과 환경의 두 측면 모두에 관심을 갖는 것'이라고 하였다(Judith 2001). 즉, 청소년의 문제는 가정과 학교 및 지역사회와 매우 밀접한 관련이 있다. 이것은 청소년의 심리와 행동을 이해하는 것에 앞서, 청소년에게 영향을 미치고 있는 다양한 요인을 고려하여 청소년문화가 활성화되어야 함을 의미한다.

우리나라는 청소년 기본법에서 9세부터 24세까지를 청소년으로 보고 있다. 이 시기는 아동기에서 성인기로 넘어가는 아주 중요한 단계이다. 청소년기는 아동기에서 성인기로 이행하는 과도기이며 인간의 어떤 발달 단계보다도 많은 중요성을 내포하는 시기이다. 그런데 이 시기의 청소년은 급격한 신체발달과 더불어, 사회적으로 요구되는 과다한 과업으로 인하여 정서적으로 불안정한 상태를 경험하게 된다(홍봉선, 남미애,

2010). 따라서 청소년에게 있어 심리적 안녕감, 자기효능감, 임파워먼트, 긍정심리 등 청소년에게 유익한 정서를 함양하고 사회적 지지를 강화하기 위한 청소년 문화활동의 개입은 매우 중요한 의미를 지닌다. 우리나라에서는 청소년을, 법률 제10298호의 청소년 기본법의 제5조를 통하여 청소년을 '안전하고 쾌적한 환경 속에서 자기발전을 추구할 권리'가 있음을 명시하고 있다.

우리나라 청소년 정책은, 1993년 시행된 「청소년 기본법」(법률 제4,477호)과 청소년 육성 5개년 계획에서 볼 때, 소수 청소년 문제의 지도와 보호의 차원으로부터 다수의 건강한 청소년의 삶의 질을 고려하는 취지로 그 범위가 확장되고 있다. 더욱이 2003년 12월 청소년 기본법 개정을 통하여, 「청소년 기본법」 이외에도 「청소년활동 진흥법」, 「청소년 복지 지원법」의 하위 법이 제정되었다. 또한 최근 제4차 청소년 정책기본계획(2008~2012)에 의하면, 정부가 청소년의 건전한 성장을 돕기 위하여 '건강하고 안전한 성장 환경 조성'에 힘쓰며 가족 기능 및 사회 안전망을 강화하겠다는 내용을 명시하고 있다. 이것은 가정과 학교 및 지역사회에서 다수의 청소년이 건강하고 안정되게 성장할 수 있도록 하겠다는 입장을 표명하고 있다.

제 3 장

청소년 발달의 이해

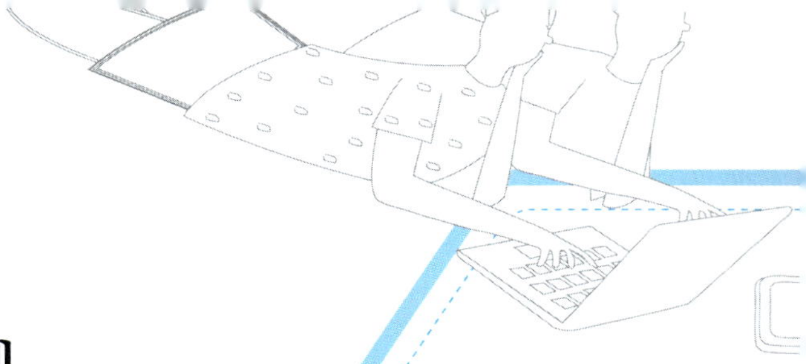

제 3 장 청소년 발달의 이해

1. 청소년 발달의 이해

본 장에서는 청소년 발달의 기본적 이론을 개략적으로 살펴보면서 청소년 문화할동의 기본적 토대를 살펴보고자 한다. 청소년 문화 활동의 개발은 청소년의 발달의 단계를 고려하여 작성되어야 한다. 청소년의 발달은 단계적으로 이루어지며 그에 대한 세부 사항은 다음과 같다. 첫째, 청소년기의 전기는 12~18세로 구분되며 이 시기에 신체적인 급성장 및 인지적 발달이 활발히 일어나게 된다. 인지적 발달의 특징으로는 추상적인 사고와 인과 관계의 추론이 가능하게 되며, 형식적 조작적 사고로 인하여 자신의 사고를 비판적으로 검토하고 가설을 세울 수 있는 능력을 가지게 된다. 또한 논리적 사고와 상상력 증진의 특징이 있으며 다양한 역할 수행에 있어서 갈등이나 양립적 관계의 균형을 취할 필요가 있다.

그 밖에 이 시기의 흥미로운 특징으로 자기가 속한 집단에 의하여 자신을 정의하고자 하는 특성이 있다. 따라서 청소년에게 있어서 또래의 개념은 매우 중요하며 경우에 따라 부모님의 역할보다 청소년들에게 더 큰 비중을 차지하기도 하는데, 중요한 것은 사회 및 경제적 계층의 영향뿐 아니라 가족의 가치관이나 개방적 의사소통의 정도도 영향을 미치게 된다.

또한 청소년은 모방과 학습능력에 따라 자신이 속한 집단이 가지는 사회적 활동의 특성 중 삶의 다양한 측면에서 영향을 받게 된다. 이와 같은 것들은 청소년기의 가치, 태도, 성격, 신뢰감을 바탕으로 하는 호혜성 등의 성격 형성에 영향을 준다.

한편 청소년 후기인 18~22세의 시기는 자아 정체감 확립의 과제와 성인기를 준비하는 시기로 삶에 있어서 중요한 시기이다. 즉, 자아정체감은 물론 진학, 결혼, 이성교제, 부모의 준비에 대하여 매우 중요한 가치관을 형성하는 시기이다. 특히 사회 심리적인 발달적 특성을 살펴보면 부모로부터 독립을 준비하는 시기로 자신을 책임질 수 있는 범위에서 자율성을 함양하고 사회적인 지지 관계를 확장하며 상호교류의 범위를 확대해나가는 시기이기도 하다. 이 시기에 중요한 과업 중의 하나는 직업에 대한 준비를 통하여 다가오게 될 성인기를 준비하는 시기라는 것이다. 이러한 시기에 적절한 청소년 문화활동은 청소년의 정서 · 심리 · 상호성 발달의 촉진 및 적응에 도움을 준다.

2. 청소년 관련 이론

1) 아들러의 개인 심리학적 성격이론

아들러는 청소년의 건전한 발달을 위한 많은 연구를 하였으며 이를 위하여 사회적 유용성과 바람직한 생활양식을 발달시킬 것을 권유하고 있다. 아들러는 프로이드의 영향을 받았으나 이후 독자적인 학문의 영역을 수립하여 개인심리학의 학문적 기틀을 정립한 학자이다. 아들러의 학문적인 특성과 전제로는 인간을 통일되고 자아가 일치된 유기체로 바라보는 관점을 견지한다는 것이다.

한편 인간을 결정론적 존재가 아닌 역동적인 존재로서 인간은 개인적으로 중요한 인생의 목표를 향하여 전진한다는 특징을 전제로 하고 있다. 그러므로 개인이 창조적인 힘을 가지고 자기 삶을 결정할 수 있으며 모든 사람은 상호작용하고 사회적 관계를 맺을 수 있는 선천적인 능력을 타고 났다고 보았다. 그리고 개인이 자신을 어떻게 지각하느냐에 의하여 생활의 행동양식이 결정된다고 보았다. 따라서 사회적으로 유용함을 지향하며 청소년의 개입에 많은 기여를 하였던 아들러의 주요개념의 특징을 간단히 설명하면 다음과 같다.

(1) 우월을 지향하는 노력과 사회적 관심

아들러는 인간발달의 원동력을 우월성을 지향하는 열등감에 대한 보상으로 보았다. 인간의 발전은 열등감을 보상하려는 욕구로부터 출발되며 주어진 환경을 더욱 잘 통제할 수 있도록 자신의 권력이나 힘을 보다 우월하게 성취하고자 한다는 것이다. 따라서 이를 성취하기 위한 바람직한 사회적 관심의 형성에 대하여 아들러는 큰 관심이 있었다.

그는 프로이트와는 달리 인간이 사회적인 충동에 의하여 동기화된다고 주장하면서 사회적으로 유용함에 기여하는 관심에 좌절될 때 사회적으로 유용하지 않은 영역에 관심을 기울이며 따라서 청소년에 대한 지도는 사회적으로 유용한 부분에 대하여 관심을 가질 수 있도록 유도하는 것이 무엇보다 필요하다고 보았다. 이러한 관심은 보다 나은 미래를 추구하는 것을 가능하게 할 뿐 아니라 개인의 심리적 건강을 측정하는 척도가 되기도 한다고 하였다.

이를 지지하기 위하여 아들러는 생활양식의 개념을 통하여 삶에 대한 개인적 생활의 양식을 설명하고자 하였다. 아들러는 다양한 영역을 탐구하였는데 이는 자아, 성격, 성의 통일성, 개성뿐 아니라 문제에 대처하는 방법, 삶의 공헌에 대한 소망을 이야기하면서 정형화된 생활양식의 중요성을 설명하고자 하였다. 아들러에 의하면 생활양식은 4~5세경에 형성되어 그 이후로는 거의 변화하지 않는다고 보았으며 이러한 생활양식의 독특성은 인간의 행동을 구체적으로 실행시키는 역할을 한다. 그리고 독특한 생활방식을 통하여 인간이 생각하고 느끼고 행하는 모든 것의 기반이 되면서 개인의 인생문제에 접근하고 해결하는 방법이 된다는 것을 관찰하였다.

인간은 이러한 사회적 유용성과 생활양식을 통하여 성장하면서 직업, 우정, 사랑과 결혼과 같은 과업적인 문제들을 사회체제 속에서 조화를 시키며 중요한 '**인생과업**'을 달성하게 된다고 보았는데, 이때 자아는 우월성을 지향하면서 창조적인 힘을 발휘하게 된다는 것이다.

아들러는 이러한 자아의 창조성을 통하여 자아의 힘이 인생의 목표와 자신의 목표 사이의 간극을 줄이고 사회적 관심을 통하여 성장을 도모하게 된다고 하였다. 이렇게 볼 때 인간은 스스로 자신의 삶을 만들어가며 성취하고 자신에게 적합하게 환경을 새롭게 창조해가는 능력을 발휘하게 되는 것이다. 이러한 창조력은 목표를 결정하고 실현하는 것에 도움을 주게 된다.

(2) 아들러의 개인심리이론의 인간관

아들러 이론의 인간관은 미래지향적이며 사회성에 대한 지향의 특징을 가지고 있다. 또한 발전적 차원에서 창조적이며 열등감과 보상이라는 인간행동의 동기를 이해하는 것이 중요하며 이에 따라 우월을 향한 노력은 자아의 창조적 힘에 의해 발현되어 인간발달의 원동력이 된다고 하였다.

아들러는 **사회적 관심을 심리적 건강의 척도**로 보았고 이에 따라 인간의 생활양식이 결정된다고 보았는데 이를 통하여 인간은 **지배형, 획득형, 의존형, 사회적 유용형**으로 나타날 수 있다고 하였다. 아들러는 인간발달의 생활양식을 저해하는 요인으로 신체허약, 가족을 통한 응석받이, 학대나 방임 등을 언급하면서 가족환경이 그 사람의 생활양식에 지배적 역할을 한다고 하였다. 아들러는 다음과 같은 인간관을 지향한다.

① 인간은 사회적 존재로 발전을 지향하는 존재이다
② 인간은 개인적으로 중요한 자아실현을 향해 전진하는 존재이다.
③ 개인이 능동적인 힘을 가지고 자기 삶을 결정할 수 있는 생활양식이 중요하다.
④ 모든 행동은 상호작용하는 가족관계 안에서 형성되며 이는 개인의 성격에 영향을 미친다.

(3) 주요개념

① 열등감과 보상

아들러는 자신의 삶을 통해서 열등감은 모든 사람이 무언가를 추구할 수 있는 동기라고 보았다. 또한 이에 대한 보상 활동은 신체적, 정신적 기술을 통하여 훈련하여 열등감에서 우월감을 충족하려는 시도가 일어날 수 있는 반응으로 보았는데 이러한 시도는, 인간의 잠재력을 발휘하도록 자극하는 건전한 반응이라고 하였다.

② 우울을 향한 노력

우울을 향한 노력은 열등감을 보상하려는 욕구에서 나오지만 또한 인간이 환경을 통제할 수 있도록 적응하는 기제이기도 하다.

③ 사회적 관심

아들러는 인간의 성격이나 무의식이 5세 이전에 결정된다고 보는 프로이드와는 달리 인간이 성적 충동보다 사회적인 동기에 의하여 성장한다고 보았다. 이때 사회적 관심이란 개인이 이상적인 공동사회의 목표를 달성하고자 사회에 공헌하고자 하는 마음이며 보다 나은 미래를 추구하는 것에 관심이 있는 것을 나타낸다. 또한 사회적 관심의 개인의 심적 건강을 측정하는 척도로 인간은 사회에 적응하지 못할 때 게임이나 도박이나 중독 등 무용한 것에 관심을 가지게 된다고 보았다.

④ 생활양식

생활양식이란 다양한 발생 문제들에 대처하는 방법으로 4~5세경에 형성되며 그 후엔 거의 변하지 않는 특성을 가지는데 이렇게 형성된 생활양식은 인간의 일생의 모든 행동을 구체화시키고 실행시키는 특성이 있다고 하였다. 개인이 가지는 생활방식은 생각하고 느끼고 행하는 모든 생활에 대한 행동의 기반이 되며, 생활양식의 형태는 우리의 인생에서 발생하고 접하는 문제에 대하여 해결하는 방법을 통해서 알 수 있다.

아들러는 그 외에도 인생을 통하여 직업, 우정, 사랑과 결혼과 같은 문제들은 사회체계 속에 존재하는 모든 사람들이 당면하고 있는 중요한 '인생 과업'이라고 하였다.

⑤ 자아의 창조적 힘

아들러는 자아의 창조적인 힘이 중요하다고 하였는데 이것은 인생목표와 목표추구방법을 결정하고 사회적 관심을 발달시킨다고 보았다. 아들러는 창조적인 힘에 의하여 인간은 스스로 자신의 삶을 만들어가며 자신에게 알맞은 환경을 창조하는 존재라고 하였다. 이러한 창조력은 목표를 직시, 결정, 선택하게 하며 가치관의 결정과 행동에 영향을 미친다.

(4) 청소년 가족관계와 성격의 발달

아들러는 가족관계로 출생순위에 따라 향후 사회적으로 개인의 성격이 달리 발달하게 된다고 보았다.

첫째, 맏이인 경우에는 폐위된 왕으로 비유하며 부모의 사랑을 독차지하였다가 빼앗겼다는 감정이 생활양식에 영향을 줄 수 있다고 보았다. 맏이인 경우는 의젓하고 기대에 부응하는 행동과 책임지는 성격 등을 형성할 수 있다.

둘째, 둘째 아이의 경우에는 관심의 초점이 되어본 적이 없으므로 덜 예민하며 먼저 태어난 형제를 경쟁자로 여기며 독립적으로 성장하며 도전적인 정신을 비교적 많이 가지고 있는 성향이 있다.

셋째, 막내인 경우에는 빼앗겨본 비극을 모르며 어른들과 함께 생활할 확률이 높아 일찍 사회성을 습득하는 경우가 많다.

넷째, 외동인 경우는 자기중심적이 되기 쉬우며 응석받이가 되기 쉬운 경향이 있다. 만일 응석받이라면 협동이나 계획, 책임에 대해 배우지 못하였기 때문에 다른 사람에게 어떤 것을 기대하는 생활양식이 발달한다고 본 것이다.

아들러는 이와 같이 출생순서는 태어난 상황을 반영하여 설명하였다. 특히 아들러는 모든 출생순위에서 거부된 아동의 경우에는 적대적인 성향과 세상이 위협적이라 인식하기 때문에 반항적이며 사람들과 잘 지내지 못한다고 하였다.

(5) 생활양식의 유형

① 지배형은 활동수준은 높으나 사회적 관심은 매우 낮은 유형이다. 따라서 독선적이고, 공격적이며, 활동적인 수준은 높지만 사회적인 관심은 거의 없는 유형이다.

② 획득형은 활동수준은 중간이나 사회적 관심은 낮은 유형이다. 획득형은 기생적인 방식으로 외부세계와 관계를 맺으므로 의존형이라고 보기도 한다. 어떤 일에 있어서 다른 사람에게 의존하여 자신의 욕구를 충족하는 유형이다.

③ 회피형의 유형은 사회적 관심도 적고, 활동수준도 낮은 유형이다. 이러한 유형은 성공하고 싶은 욕구보다 실패에 대한 두려움이 더 강하기 때문에 도피하는 행동을 하는 경우이다.

④ 사회적인 유용형은 사회적으로 유용성을 발달시켜서 적절한 상호작용으로 기능하는 사람이라고 하였다.

아들러는 가족의 관계가 인간이 향후 사회생활에 대한 적응기제와 자신의 성향에 많은 영향을 주는 요인이라고 보았다.

2) 에릭슨의 심리사회적 성격이론

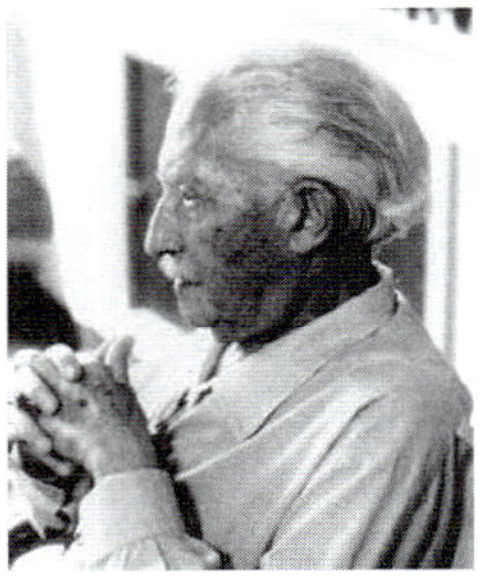

에릭슨의 심리사회적 성격이론은 결정론적인 프로이트의 정신분석적 성격이론과 다음과 같은 차이가 있다. 첫째, 인간의 행동과 기능에서 볼 때 본능적인 원초아보다 '자아'를 강조하는 개념으로 설명하였다. 둘째, 에릭슨이 지향하는 인간관은 평생을 통한 '단계적인 발달'을 강조하고 있으며, 프로이드의 인생초반의 결정적 사고관을 비판하였다. 셋째, 삶의 단계별로 접하는 '과제의 해결'을 통하여 심리사회적 위험을 극복할 수 있는 인간의 능력에 보다 연구의 초점을 두었다.

따라서 에릭슨은 다음과 같은 단계별 과제에 대응하는 자아의 개념을 통하여 독특한 이론의 장을 제시하였다. 첫째, 자아의 개념으로 에릭슨은 인간에게 있어서 자아가 중요한 기능을 한다고 보았다. 자율적인 자아의 기능은 사회의 구성원의 영향을 받으며, 자신의 정체감을 형성하고 인생의 단계별 과업을 성취해가는 자기 주도적인 역할을 한다. 이러한 자아의 정체감은 '점성 원칙'을 통하여 성장하는 모든 것의 기초안을 형성하며 이러한 기초 안은 다음 단계로의 발달의 토대를 이루며 발전해나가는 기본 역할을 하게 된다고 하였다.

아들러의 심리사회적 발달의 8단계는 다음과 같다. 첫째, 인간은 일생을 통하여 성장하는 존재이다. 둘째, 인간은 환경적인 영향에 대하여 전적으로 좌우되지는 않으며 자아의 자율적인 기능에 의하여 발전하게 된다. 다음은 인생의 각 단계에 따른 심리사회적 위기이며 여기에는 각각의 기본 가정이 있고 그에 대한 성취와 좌절에 따른 독특한 결과와 특징이 있다. 이는 다음과 같다.

단계	심리사회적 위기	기본 강점
유아기(0~2세)	신뢰감 대 불신감	희망
아동전기(2~4세)	자율성 대 수치심	의지
아동후기(4~6세)	주도성 대 죄책감	목적
학령기(6~12세)	근면성 대 열등감	능력
청소년기(12~22세)	정체감 대 정체감 혼미	성실
성인초기(22~34세)	친밀감 대 고립감	사랑
성인기(35~60세)	생산성 대 침체성	배려
노년기(60세 이상)	자아 통합감 대 절망감	지혜

에릭슨이 주장한 중요한 관계의 범위는 유아기 때의 어머니로부터 점차 환경적 확대를 통하여 궁극적으로는 인류애와 같은 거시체계로 확장됨을 알 수 있다.

3) 스키너의 행동주의적 학습이론

행동주의의 특성은 행동의 수정을 위하여 인간이 가지는 학습능력과 행동 수정 및 치료의 조건화의 형성을 중요시하였다. 이러한 특성은 바람직한 행동을 강화하고 바람직하지 못한 행동을 소거하는 방식으로 권장되었다. 청소년의 행동은 올바른 행동양식이 형성되지 못한 예가 많으므로 청소년프로그램의 개발과 적용은 올바른 행동을 학습하는 것으로 활용될 수 있다는 것이다. 행동주의는 과학자들에 의하여 탄생되었으며 과학적인 측면의 실험적이고 과학적 관찰법은 주로 동물들을 활용한 실험과 연구가 많았으나 인간의 행동과 상담에도 많은 영향을 미쳐 바람직한 행동의 학습과 모방, 강화와 소거의 형식으로 다양하게 활용될 수 있음을 보여주었다.

특히 복잡한 행동이나 기술은 강화를 통하여 학습하는 과정이며 인간의 성격과 행동을 형성하는 데 있어서 환경의 역할을 강조하고 있다. 환경에 대응하는 독특한 행동양식은 오늘날 문화의 다양성이 존중되는 가운데에서 자극에 대한 적절한 일반화와 변별 능력의 강화가 적절한 발달 경로를 통하여 중요한 교육효과로 나타날 수 있다고 보는 의미를 갖는다.

4) 반두라의 사회학습이론

반두라는 사회에 다양한 모델이 있으며 이에 대한 모방과 학습을 통하여 습득된 자기 효능감의 형성을 중요하게 본다. 따라서 적절한 자극과 경험을 통하여 습득된 자기 효능감의 형성을 위해서 올바른 형식의 모델링이 중요하며 이에 대한 관찰과 모방이 청소년의 유용한 학습의 경험이 될 수 있도록 청소년 문화활동이 유용하게 활용될 수 있을 것이다.

(1) 주요 개념

① 모방

모방은 모델링을 통하여 다른 사람이 행동한 것을 주의 깊게 관찰하고 그 행동과 그 행동으로 인하여 주어지는 보상 등을 관찰 및 학습하여 내면화하는 것으로 인하여 형성된다.

② 인지

인지는 모든 학습의 기본이되 학습되고 관찰된 수행의지는 인지의 과정 속에서 기능하게 되며 다음 행동에 영향을 미치게 된다. 모든 사회적 학습은 인지적 과정을 통하여 형성되며 인간의 사고 및 계획은 현재의 행동과 장래를 계획하거나 내적 기준에 근거하여 자신의 행동을 조정하고 행동의 결과를 미리 예측하게 하므로 다양한 모방행동은 인지의 과정을 통하여 수행 과정, 판단 과정, 자기 반응의 과정을 반복하면서 습관화된 행동으로 형성되게 된다. 청소년 문화활동은 이러한 모델링에 관여하여 잘못된 부분을 긍정적이고 생산적인 과정으로 변화시키는 것에 기여할 수 있을 것이다.

(2) 자기효능감

자기효능감은 어떤 행동을 잘 수행할 수 있다는 신념이라고 할 수 있다. 자기효능감은 과거의 성공경험을 통하여 성공신화와 신념으로 내면화되는 일종의 신념적 체계라고 할 수 있다. 따라서 바라는 목적에 대한 적극성의 여부를 결정하고 미래의 행동을 예측하여 현재의 행동을 보다 구체화하는 것에 도움을 주는 개념이다.

자아효능감(self-efficacy)은 자아존중감(self-esteem)에 비하여 자아존중감이 자기 가치에 관한 평가와 판단의 개념을 강조하는 반면 자기효능감은 개인의 능력에 대한 신념을 포함하는 개념이라 하였다. 반두라는 인간이 바로 이러한 자기효능감에 의하여 스스로의 행동을 수행하며, 자기효능감 평가가 인간이 보이는 동기의 수준에 강력한 영향을 발휘한다고 믿었다. 반두라는 이러한 동기의 형성은 대리학습과 대리조건화와 같은 과정을 통하여 그 강화의 정도가 영향을 받는다고 보았다. 즉, 이러한 개념을 청소년을 위한 다양한 문화 활동으로 개발한다면 청소년으로 하여금 성취경험, 대리경험, 언어적 설득, 정서적 각성의 효과를 활용하여 긍정적인 영향을 줄 수 있을 것이다. 반두라는 자기효능감에 다음과 같은 것들이 영향을 줄 수 있다고 하였다.

첫째, 성취경험이란 목표달성을 위해 시도한 결과로 인하여 그 경험이 성공을 경험하느냐 혹은 실패를 경험하느냐에 따라서 자기효능감과 동기가 달라질 수 있다고 보았다.

둘째, 대리경험은 각종 풍부한 간접 경험으로 독서나 타인의 모델링이 내면화되면서 향후 개인적 행동의 동기의 방향을 결정될 수 있다고 보는 개념이라 할 수 있다.

셋째, 언어적 설득이란 삶의 중요한 타인으로부터 어떤 것을 잘 할 수 있다는 신념에 관한 이야기를 얼마나 자주 듣는지에 의하여 각종 동기나 행동이 강화될 수 있다는 개념이다.

넷째, 정서적 각성이란 정서적 반응으로서 각종 심리적 연구에서 동일한 사건에 대한 심리적 대처 기제가 결과에 영향을 미칠 수 있는 가능성을 함의하고 있다.

5) 칼 로저스

(1) 주요개념

① **현상학**

인간의 경험적인 세계 또는 주관적인 경험을 의미한다. 인간은 과거의 사건 그 자체가 아니라, 과거의 사건보다는 현재 어떻게 해석하는지가 바로 현재의 행동을 결정한다. 따라서 어떤 사람을 이해하기 위해서는 그가 자신의 길과 현실에 대하여 어떻게 체험하고 있는지 알아야 한다.

② **자기**

인간은 현재 자신이 어떤 사람인지에 대한 개념, 자신의 자아상을 의미하는 '현재의 나'라는 존재를 인식하는 것, 내가 할 수 있는 것의 기능을 인식하는 것을 포함하여 스스로 생각하는 자기의 인식을 중요하게 보았다.

따라서 인간은 자기의 행동에 대해 타인이 어떻게 반응하는지 지각하면서 삶에 있어서 일관성 있는 자아상을 만들어 나간다. 이러한 자기개념은 현재 자기 모습뿐만 아니라 이상적 자기까지 포함하며 성장하게 된다.

③ **자기실현**

모든 인간은 생물학적 잠재능력을 성취하는 것뿐만 아니라 심리적인 잠재능력도 실현해야 하는 존재로 강점과 긍정성을 가지고 창조를 실현해 나갈 수 있는 전인적이면서 완전한 존재라는 기본 개념을 가지고 있다. 이를 위한 인간의 성향으로 다음과 같은 것을 설명한다.

• 충분히 기능하는 사람(fully functioning person)

충분히 기능하는 사람의 특성은 다음과 같다. 즉 인간은 현재 진행되는 자신의 자아를 완전히 자각할 수 있는 사람이다. 로저스는 "충분히 기능하는 사람은 심리적 적응, 심리적 성숙, 완전한 일치, 경험에 개방되어 있는 사람이다. 이러한 사람의 특성은 **과정 지향적**이며 **성취 지향적**이나 실패로 인하여 성장이 단절되지 않는다. 즉 충분히 기능하는 사람은 계속적으로 변화하는 사람으로 과정 중에 있는 사람이다"라고 언급하였다. 인간은 성장하기 위하여 끊임없이 노력하는 존재이다.

• 충분히 기능하는 사람의 특성

충분히 기능하는 사람의 특성을 정리하면 다음과 같다. 즉, 삶을 통한 경험을 개방하는 사람으로 그 자신의 목소리에 귀를 기울이며 내면의 목소리를 들을 수 있으며, 자신의 내부에서 무엇이 일어나고 있는가를 경험할 수 있다. 또한 감정에 민감하지만 충분하게 합리적으로 자신의 감정을 인식하며 상황에 적절하게 반응한다. 이러한 사람은 실존적이며 유기체적인 경험을 통하여 선택하며 창조적인 삶을 살게 된다. 다음은 충분히 기능하는 사람의 특성이다.

- **실존적인 삶**은 인간이 존재에 대하여 매 순간을 충분히 만끽하며 사는 것을 의미한다.
- 자신의 **유기체적 경험**은 인간으로 자신이 해야 할 것과 하지 말아야 할 것을 결정하는 능동적인 존재라는 점에서 중요한 개념이다.
- **창조적 존재**라는 것은 자신이 존재하는 모든 영역에서 창의적인 자세와 삶에 대하여 스스로 인식하고 표현한다는 것을 의미한다.
- **선택의 자유**란 인간이 삶에 대해 통제하며 일시적인 생각이나 환경, 사건들에 의해 결정되는 것이 아니라 자기 자신의 선택에 달려있다고 믿는 것이다.

④ 인본주의적 성격이론

청소년 문화활동은 전인적이며 창조적인 내용과 활동이 담기는 것이 바람직하다. 이를 위하여 로저스는 인본주의적 관점을 강조하였으며 현상학적 성격이론을 창시한 바 있다. 현상학적 성격이론이란 개인의 존엄성과 가치, 자기결정권, 사회적 책임과 상호성에 대하여 늘 **열린 가능성**을 인정하며 선입견을 배제하므로 청소년에게 적합한 가치관을 가지고 있다.

모든 개인은 선천적으로 창의적 능력을 가지고 있으며 따라서 진실과 일관적인 태도로 무조건적인 긍정과 관심이 필요하다는 것을 강조하고 있다. 또한 인간을 이해하는 것에 있어 '**지금-여기**(here and now)'를 강조하는 현상학적 성격의 이론을 강조하고 있는데, 여기의 중심개념으로 인간은 통합된 유기체로 행동하며 전체론적 관점에서 접근하는 것이 필요하다고 보았다.

즉, 개인의 행동을 잘 이해하기 위해서는 **개인이 가지는 내적 준거 틀**에 대한 이해가 중요하다고 하였다. 따라서 로저스는 인간 본성의 핵심이 건설적이고 현실적이며 신뢰할 수 있다고 하면서 충분히 기능하는 사람이 될 수 있도록 도와주는 역할을 하는 것이 무엇보다 중요하다고 주장하였다.

인본주의의 주요개념으로는 현상학적 장으로 개인의 경험적인 세계 또는 주관적인 경험을 중요시하였으며, 이러한 현상학적 장은 선입견과 판단을 중지하고 상대방을 있는 그대로 받아들이는 자세를 견지하고 있다. 또한 과거사건은 그 자체가 가지는 의미보다 **과거 경험을 현재 어떻게 해석하는지에 따라 현재나 미래의 행동이 결정**된다고 보았다.

그러므로 한 사람을 이해하기 위해서는 무엇보다 **그가 현실을 체감하는 방식과 구성하는 방법**에 대하여 먼저 이해하는 것이 중요하다고 보았다. 청소년은 특히 자신의 행동에 대하여 타인의 반응을 지각하면서 자아상을 형성해나가게 되는 특성이 있다. 이것에는 현재의 모습 뿐 아니라 미래의 이상적인 모습까지 포함하는 개념이다. 그러므로 현재 자신이 어떤 존재인지를 인식하며 성장을 위하여 끊임없이 노력할 수 있는 상태로 이끌어주는 것이 매우 중요한 작업이라 할 수 있다. 즉, 인간은 잠재적인 능력을 실천해나갈 수 있는 존재이다. 로저스는 충분히 기능하는 인간에 대하여 다음과 같이 언급하였다. 충분히 기능하는 사람(the fully functioning person)은 다음과 같은 특성이 있다.

첫째, 충분히 기능하는 사람은 현재 진행되는 자신의 자아를 완전히 지각하여 최적의 심리적 적응, 성숙, 일치, 경험에 대하여 개방적인 태도를 지니고 있다. 따라서 정적이지 않으며 과정 지향적으로 지속적으로 변화하는 과정 중에 있다.

둘째, 충분히 기능하는 사람은 경험에 관하여 개방적인 특징이 있다.

셋째, 충분히 기능하는 사람은 실존적인 삶을 통하여 매 순간에 충실한 삶을 영위하는 특징이 있다.

넷째, 충분히 기능하는 사람은 자신의 유기체를 신뢰하며 창조적인 특징이 있다.

다섯째, 충분히 기능하는 사람은 선택의 자유를 가지며 어려움을 회피하지 않고 직면하는 특징이 있다. 따라서 청소년 문화활동의 개발은 이러한 면이 잘 드러날 수 있도록 개발되어야 할 것이다.

⑤ 심리적 안녕감(Psychological Well-being)

심리적 안녕감에 대한 학문적 언급은 '긍정적 정신건강(positive mental health)'이란 용어를 처음으로 사용한 제이호다(Jahoda, 1959)로부터 시작되었다. 그는 주관적 안녕감을 구성하는 6가지 하위요인을 다음과 같이 제시하였다. 그것은 자신에 대한 수용, 성장을 향한 노력과 자기실현, 성격의 통합성, 사회적인 압박으로부터의 자율성, 현실의 정확한 지각, 환경의 통제능력이다. 그는 이와 같은 요소들이 이상적인 정신건강의 상태를 구성한다고 보았다. 그 이후 리프(Ryff)와 그의 동료들은 제이호다(Jahoda, 1959)를 비롯한 여러 학자들(Maslow, Rogers, Jung, Allport & Erikson)의 주장을 통합하여, 심리적 안녕감을 개념적으로 정의하였다(Ryff, 1989; Ryff & Keyes, 1995; Ryff & Singer, 1996).

리프와 그의 동료(Ryff & Keyes, 1995)는 심리적 안녕감에 대하여 다음과 같이 정의내리고 있다. 즉, 심리적 안녕감이란, 일상생활의 사건에 사람들이 적응하면서 느끼는 정서이며, 환경에 대한 개인의 반응 혹은 환경의 자극 및 개인반응 간의 상호작용의 결과로써, 개인이 지각한 행복감 혹은 총체적 감정을 의미한다. 리프(Ryff, 1989)는 심리적 안녕감이 다음과 같은 요인들로 구성된다고 하였다. 첫째, **자아수용**(self-acceptrance), 둘째, **긍정적인 대인관계**(positive relations with others), 셋째, **자율성**(autonomy), 넷째, **환경에 대한 통제**(environmental mastery), 다섯째, **삶에 대한 목적**(purpose in life), 여섯째, **개인적인 성장**(personal growth)이다.

이에 따르면 심리적 안녕감이 높은 사람이란, 자기를 있는 그대로 수용하고, 긍정적 대인관계를 유지하며, 자신의 행동에 대한 조절능력과 환경에 대한 통제력 및 삶의 목적을 통하여 스스로 잠재력을 실현시키고자 하는 동기를 지닌 사람이다(김명소, 김혜원, 차경호, 2001). 이러한 심리적 안녕감의 개념은 기존의 주관적 안녕감이 심리학 이론의 배경을 충분히 반영하고 있지 못하며 심리적인 기능의 측면을 간과하고 있다는 비판을 반영한 것이다(류정희, 이명자, 2007).

심리적 안녕감에 관한 국내연구를 특성별로 분류하면 개인의 내면적인 심리특성이 심리적 안녕감에 미치는 영향을 분석한 연구(유주연, 박경, 2010; 이현주, 이미나, 최인수, 2008)와 심리적 안녕감의 구조와 개인의 사회적 특성과의 관계를 다룬 연구(류정희, 이명자, 2007; 김혜원 홍미애, 2007) 그리고 스트레스 요인이 심리적 안녕감에 미치는 영향에 관한 연구(주현숙, 방희정, 2006) 등이 있다.

청소년을 대상으로 하여 진행된 연구(이미화 · 조증열, 2003; 고재홍 · 조기영, 2003; 신주연 · 이윤아 · 이기학, 2005)는 주로 대학생을 위주로 한 연구(차경호, 2004; 김경순, 2006; 김현미 외, 2006; 정민 외, 2008; 이명자 외, 2009; 신정인 외, 2010)가 주를 이루고 있다. 고등학생에 관한 연구는 지각된 사회적 지지와 정서표현이 심리적 안녕감에 미치는 영향에 관한 연구(민경미 · 송현종, 2004)와 심리적 안녕감 프로그램진행의 효과연구(강진호 외, 2009) 및 가족관계, 교우관계, 학교적응도와 심리적 안녕감과의 관계(김기형, 2006)를 다룬 연구 등이 있으나, 성인이나 대학생을 대상으로 한 연구들에 비하면 소수로 진행되어진 경향이 있다.

심리적 안녕감에 영향을 미치는 변인에 관한 연구를 살펴보면, 성인의 경우에 연령 및 건강이라고 조사된 연구(Adelmann, 1994; Ahrens & Ryff, 2006; 송진영, 2009)가 있으며, 청소년의 경우는 부모-자녀의 의사소통(김현주, 2010)이라고 응답하거나, 가족의 응집성 및 학교적응이라는 연구(김기형, 2006)가 있다. 한편 대학생의 심리적 안녕감과 관련된 변인으로는 대학생활의 적응정도라는 연구(이은우, 2005)가 있어 '가정생활'과 '학교생활'의 요인이 청소년들의 심리적 안녕감과 유의미한 관계가 있음을 짐작할 수 있다.

〈정리〉 청소년들의 심리적 안녕감을 증진시킬 수 있도록 가정과 학교를 중심으로 청소년의 다양한 심리적 영역을 다루는 청소년 문화활동이 기획되고 개발되어야 할 것이다.

⑥ 임파워먼트

임파워먼트(역량강화)에 대한 구성 요소로 스프라이저(Spreitzer, 1995)는 기존의 임파워먼트의 차원을 단일차원이 아닌 다차원으로 해석하여 이를 **의미성, 능력, 자기결정성, 영향력**으로 구분하였다. 또한 리(Lee, 2001)는 이를 개인내적, 대인관계적, 정치적 차원으로 구분하여 개인내적 레벨(level)이란 문제를 인식하고 이를 해결하고자 하는 감정과 사고를 말하며, 대인관계적 레벨이란 문제해결과정에서의 다른 사람들과의 경험을 의미하고 정치적 레벨이란 궁극적으로 정치적인 해결을 요구하며 정치적 과정들에 영향을 미치는 기술들이 요구되는 레벨이라고 하였다.

리(Lee, 2001)는 임파워먼트 실천이 상호 간 혹은 사회적, 경제적, 정치적 환경 속에서 스스로 '힘'에 접근하도록 돕는 것을 목표로 하고 있다고 하였다. 이러한 임파워먼트는 청소년에게도 매우 중요하며 임파워먼트의 측정에 관해서 Zimmerman(1992)은 **개인적, 대인관계, 정치, 사회적인 세 영역**으로 나누는 것이 가장 효과적인 측정법이라고 제안하였다. 여기에서 개인적 임파워먼트는 자기효능감, 자아인식, 자기수용, 자아존중감, 권리를 가졌다는 느낌, 비판적인 사고를 포함한다. 대인관계 임파워먼트는 지식과 기술, 자기주장, 한계설정, 도움요청, 문제해결, 새로운 기술연습, 자원동원을 포함한다. 그리고 사회 정치적인 임파워먼트는 사회 및 정치적인 행동과 참여 · 보상 · 기여 · 통제감과 행동을 포함하는 개념이라고 할 수 있다.

청소년 임파워먼트에 관한 주제와 관련하여 발표된 연구들을 살펴보면 오정옥(1999)은 가족의 건강성은 청소년의 자아 존중감을 높인다고 하였다. 또한 황윤경(1996)은 청소년 또래집단의 지각된 사회적 지지가 심리사회적 성숙에 긍정적인 영향을 미친다고 하였다. 그리고 이승재(1999)는 청소년의 가족체계와 학급체제에 대한 지각이 사회성에 영향을 줄 가능성이 있다고 하였다. 더불어 청소년생태학적 지원체계로서 여가의 만족도는 청소년의 새로운 문화 창조에 기여한다는 연구가 있다(박미석 외, 2001).

그러나 우리나라의 일반적인 청소년에 관한 임파워먼트의 연구는 빈곤이나 장애 혹은 중독 및 비행청소년과 같은, 특수상황에 있는 청소년들에 대한 연구에 치중하는 경향이 있으며(변귀연, 2002; 김희성, 2002; 이경림, 2006; 주애란, 2006; 이혜경, 2007; 국영희, 2008 등) 일반 청소년에 대한 연구는 아직도 '현저히 부족한 실정'이다(유평수, 2008).

⑦ 청소년의 삶의 질

삶이란 안화선(2008)에 의하면 살아있는 존재 · 살아가는 방식 · 살아있는 현상 · 생명 · 목숨을 의미하며, 질은 어떠한 것이 소유한 우월성의 정도, 어떤 대상의 특성을 일컫는 추상적인 복합어라고 하였다. WHO(세계보건기구)에서 삶의 질이란, 한 개인이 살고 있는 문화권 및 가치체계 안에서 자신의 목표, 관심, 기대, 사회규범과 관련하여 삶에서 자신이 차지하는 상태에 관한 개인적 지각이라고 하였다.

우리나라의 경우에 삶의 질의 개념은 박대식 외(2007)에 의하면 1980년 이후부터 이에 대한 연구가 본격적으로 착수되었다고 하였다. 그 이후 삶의 질에 관하여 박대식 외(2011)는 2000년대 초 여성가족부가 외국인 여성인권 위협에 대한 사업을 추진한 것을 기점으로 하여, 2000년대 중반부터 다문화가족의 안정적인 가족생활 영위와 삶의 질 향상 그리고 사회통합을 위한 정책으로 추진되어오고 있다고 하였다. 이에 대하여 송건섭(2007)은 삶의 질의 개념이 인간의 안녕과 복지의 정도를 표현하는 포괄적이며, 다차원적 개념이라 하면서 삶의 질을 신체적 · 정신적 및 사회 경제영역에서 각 개인이 지각하는 주관적 만족감과 행복감으로 정의하였다. 따라서 청소년의 삶의 질도 최근 중요한 관심이 되고 있다.

이러한 삶의 질에 관한 본격적인 연구는 김봉선(2007)에 의하면 1960년대 지속되는 경제성장에도 불구하고 사회구성원들의 행복이 증가하지 않았다는 자성의 목소리로부터 시작하였다고 하였다. 즉, 사회가 지속적인 경제성장을 통하여 경제자원이 풍족해졌음에도 불구하고 빈곤, 양극화, 자살증가와 같은 사회문제가 높아짐에 따라 경제성장과 삶의 질과의 상관관계에 관하여 학문 및 정책적인 측면의 본격적인 논의가 시작된 것이다. 이에 대하여 관점에 따라서는 삶의 질의 개인적인 요인, 경제적 요인, 정치적 요인이 행복도에 미치는 영향에서 소득은 행복도에 영향을 미치는 정도가 다른 요인에 비해 미미했다고 분석되었다(Frey & Stutzer, 2000). 이후 삶의 질은 다양한 사회적 취약계층에 대한 개입과 사회복지정책과 서비스의 목적이 되기 시작하였다(김봉선, 2007).

삶의 질과 유사하게 인간의 행복을 설명할 수 있는 이론으로는 **욕구이론, 비교이론, 문화이론**이 있다. 먼저 욕구이론(need theory)에서는 대다수의 사람들이 보편적인 욕구 즉, 성취욕구, 명예욕구, 생리욕구 등이 있으며 욕구의 충족여부에 의하여 행복이 결정된다고 보았다. 그리고 비교이론(Michalos, 1985)은 비교대상과의 차이에 대한 지각을 전제로 출발하는 이론이다.

이 이론은 사람들이 어떤 기준과 스스로를 비교하며 특정 기준과의 괴리를 긍정적으로 인식할 때 행복감을 느끼게 된다고 하였다. 그러므로 이것은 객관적 사실 혹은 상태 그 자체보다는 특정대상과의 비교기준에 의한 기대수준이 스스로 지각하는 행복에 영향을 주게 된다는 이론이다. 이러한 이론을 적용하여 각각의 영역을 강화하는 청소년 프로그램을 개발하는 것도 무척 흥미있는 작업이 될 것이다.

그 밖에 우리 자신이 누구이며, 무엇을 생각하고 느끼며, 어떻게 행동하는가에 관한 것이 결국 그 사회가 속한 **문화에 의해 결정**된다고 보는 관점도 있다(Diener & Oishi, 2000). 따라서 문화에 대한 경험과 강화를 중점적으로 실시하여 청소년의 삶의 질을 높이는 프로그램도 그 효과성을 검증할 필요가 있다.

그 밖에도 삶의 질이란 복합적인 개념으로 개인적인 특성에 따라 다르게 형성되며 인적자본으로 교육, 취업 등도 포함된다(Schulz, 1961). 또한 외부환경이나 내부환경의 영향을 받는데, 외부환경 요인은 자연환경과 정치환경 · 사회환경이 해당되며, 내부환경 요인은 신체건강 · 개인역량 · 사회활동 · 물질적 풍요가 해당된다(Lindstrom & Ericsson, 1993; Pukeline & Starkaukiene, 2011; Veenhoven, 2000). 그리고 교육수준이 높을수록 안정적인 직업과 사회관계를 가질 확률이 높으므로 개인으로 하여금 심리적 안정감을 갖게 할 수 있다(Ross 외, 1997). 이에 대하여 Glatzer(2006)는 생활환경 등의 객관적인 차원이 향상되었음에도 사람들이 느끼는 만족도는 저하되는 객관적인 차원과 주관적인 차원이 반드시 비례하는 것은 아니라고 주장하였다. 따라서 삶의 질은 객관적 영역과 주관적 영역으로 구분할 수 있는데, 객관적인 영역은 소득, 주거형태 등이 포함되며 주관적 영역은 개인의 주관적 감정을 통해 측정되는 소득의 만족도, 직업의 만족도 등이 포함된다(Delhey, Bohnke, Habich & Zapf, 2002).

삶의 질에 관하여 우리나라의 송건섭(2007)은 삶의 질이 인간의 안녕과 복지의 정도를 구체적으로 표현한 포괄적이고 다차원적인 개념이며, 삶의 질을 주관적 관점으로 신체적, 정신적 및 사회 경제적 영역에서 개인이 지각하는 주관적 만족과 행복감으로 정의하였다. 그 밖의 삶의 질과 관련하여 임진택(2003)은 일정한 범위 내에서 지역주민들이 보다 만족하며 안락한 삶의 물리적인 상태나 조건을 영위하는 것이 삶의 질(행복)이라고 하였다. 이에 이원일 외(2000)는 인간의 만족스러운 생활에 영향을 주는 객관적인 삶의 조건에 관하여 분석하였으며, 김구(2003)는 삶의 질 평가 및 측정대상자가 거주하고 있는 환경적 요소와 물리적 요소를 포괄하는 삶의 종합적인 상태가 삶의 질이라고 정의하였다.

구체적인 삶의 질의 측정방식으로 펠스와 페리(Felce & Perry, 1995)는 삶의 질의 평가영역이 5가지 영역, 즉 신체 · 물질 · 사회 · 정서 · 생산적 안녕으로 구성되며, 신체적 안녕은 건강과 연관이 있고 물질적 안녕은 수입과 관련되며 사회적 안녕은 대인관계, 사회참여, 그리고 정서적 안녕은 정서 상태나 스트레스와, 생산적 안녕은 발전적 성장이 하위요인이라고 하였다. 또한 에스테스(Estes, 2004)는 교육, 건강, 경제, 환경, 여성지위, 문화다양성, 인구학적 특성, 사회적 혼돈, 복지노력을 통해서 삶의 질이 측정된다고 하였다. 이에 대하여 우리나라의 김태룡 외(2000)는 지방정부차원의 삶의 질 수준과 그 결정요인을 분석하기 위하여 의 · 식 · 주, 가치관, 사회관계, 교육, 안전 · 보건 · 복지, 경제 · 노동, 여가, 행정과 참여, 사회제반시설, 환경의 10개 영역에 대하여 33개 하위변수를 사용하여 삶의 질을 분석하였다.

한편 최준호 외(2003)는 재난관리, 치안관리, 교통, 주거생활, 자연환경, 환경관리, 교육, 복지, 문화, 주민참여를 통하여 삶의 질을 측정하였다. 그 밖에 송인성(2004)은 캐나다에서 평가하고 있는 삶의 질 지표를 우리나라의 삶의 질 평가지표와 비교하여 평가영역을 인구, 주거, 소득 및 고용, 건강, 교육, 교통안전, 주민참여, 자연환경 및 여가활동, 인공 환경, 토지시장 등의 10가지 항목으로 제시하였다. 한편 송건섭(2007)은 건강한 생활여건, 편리한 생활여건, 공공안전생활여건, 자연환경여건, 여가활용 및 문화생활, 교육여건, 경제생활여건, 기타생활여건의 지표를 적용하였다. 그 외에 권용현(2009)은 건강한 생활여건, 가족 및 주거여건, 환경여건, 공공안전여건, 복지여건, 교육문화 · 관광여건, 경제여건, 참여여건을 통하여 삶의 질을 측정하였다.

삶의 질은 크게 두 가지 방식으로 정리될 수 있다. 첫번째는 김영란 외(2005)는 삶의 질을 객관적인 자료를 통하여 측정하는 방식으로 각종 사회지표나 인구사회학적 요인을 통한 측정방식이 있다고 하였다. 두 번째는 개인의 주관적인 차원에 의하여 삶의 질을 측정할 수 있다고 하였다.

즉, 삶의 질을 주관적인 차원에서 보았던 대표적인 학자인 Campbell(1976)은 삶의 질이 결국 개인이 삶에 대하여 느끼는 만족감이나 행복감이라고 정의하였다. 따라서 이

정규(2009)는 객관적으로만 삶의 질을 측정하는 측정지표는 인간의 삶의 내면적 수준을 고려하지 못하므로 사람들의 삶에 있어서 주관적인 만족을 반영하지 못한다고 하였다. 또한 강점숙(1997)도 삶의 질이란 개인 스스로 자신의 가족관계, 결혼생활 등에 대해 어느 정도 만족하는가를 측정하는 주관적 방법으로 정의하였다. 그 밖에는 이 두 가지 방식 모두를 적용하여 삶의 질을 측정하는 방식이 있다(김미령, 2006; 박희봉, 이희창, 2007; 안화선, 2008).

이와 같이 삶의 질에 대한 논의는 결국 **다양한 영역**을 통해서 측정되지만 객관적인 영역보다는 **주관적 영역**이 관여하고 있음을 알 수 있다. 따라서 우리나라의 청소년의 삶의 질의 함양을 위한 문화활동이 논의되어야 할 것이다.

3. 청소년의 발달과업과 메슬로우의 욕구단계의 활용

1) 청소년과 자아정체감의 형성

청소년기의 자아정체감은 자신이 개별적 존재이며 독특성을 형성하고 있음을 인지하는 것으로 자신의 행동, 사고 그리고 감정의 변화에 가지게 되는 일관성이라 할 수 있다. 이에 대하여 에릭슨(Erikson)은 자신이 누구인가에 관해 갖게 되는 개인적 느낌은 타인이 자신을 보는 견해와 함께 일관성이 있어야 한다고 강조한 바 있다. 그의 인간의 발달의 8단계에 나타나는 특성은 각 단계에서 심리사회적인 발달과업과 위기를 어떻게 해결하느냐에 따라서 개인의 독특한 성격이 형성된다고 보았다.

그에 따르면, 청소년기에 달성하여야 하는 과업은 자아정체감이며 이것을 이루지 못했을 경우 나타나는 현상이 역할혼미이다. 이러한 청소년의 시기에 **"나는 누구인**

가"라는 존재에 대한 물음을 던지기도 하며 갈등하기도 한다. 이 시기는 자신의 존재와 추구하고자 하는 정체감의 획득이 이루어지면 정체성의 형성에 긍정적인 영향을 주게 되지만 그렇지 못하는 경우에는 정체감 혼란에 빠질 수 있다는 것이다.

따라서 청소년기의 정체감 확립은 매우 중요하며 인생에 있어서 중요하게 다루어져야 하는 과업이 될 수 있다. 현대사회가 분화되고 아동기와 성인기 사이에서 정체감의 유예와 같은 기간이 길어지면서 청소년기는 길어지는 양상을 보이고 있다. 또한 사회적응에 대한 기술도 다양해지고 있는 것이 현실이다. 또한 청소년기는 정체감 확립과 함께 직업을 준비하는 시기이기도 하므로 학업과 함께 진로에 대한 깊은 관심과 탐색 및 준비가 중요하며 이에 대한 진로탐색의 문화활동 등이 제작되고 보급되는 것도 중요한 함의가 있다고 할 것이다.

2) 매슬로우의 욕구단계설

청소년 문화활동에 있어서 인간의 욕구단계에 대한 위계를 고려해보는 것이 중요하다. 매슬로우는 인간욕구의 위계설을 통하여 인간의 욕구는 위계를 가지며 하위의 욕구가 달성되어야 상위의 다음 욕구로 나아갈 수 있다고 하였다. 매슬로우에 의하면 인간의 욕구는 기본적으로 5가지로 설명될 수 있는데, 그것의 위계는 생리적 욕구, 안전의 욕구, 애정과 소속에 대한 욕구, 자존감의 욕구, 그리고 자아실현의 욕구이다.

먼저 가장 하위 단계에서 충족되어야 하는 생리적 욕구(physiological needs)는 음식, 물, 공기, 수면에 대한 욕구가 해당할 수 있다. 청소년 복지학에 있어서도 기본적인 생리적 욕구가 먼저 충족되어야 한다고 하고 있는데, 이들 욕구의 충족은 우리의 생존을 위해서 필요불가결한 것이라고 볼 수 있다. 그 다음 단계가 안전의 욕구(safety needs)인데 이 단계에서는 안전과 안정을 느끼는 생활의 보장이 필요하며 따라서 불안과 공포로부터의 보호 등과 같은 욕구가 이에 포함된다. 이러한 생리적 욕구와 안전의 욕구는 유아기와 아동기를 통하여 주 양육자에 의해 형성되며, 또한 이를 기반으로 애정과 소속의 욕구, 자존의 욕구, 자아실현의 욕구는 청소년의 행동에 의미를 부여하게 된다.

생리적 욕구와 안전의 욕구 보다 상위에 있는 애정과 소속의 욕구(love and belongingness needs)는 인간의 기본적인 욕구로 사람들과 친밀한 관계를 맺으며, 어떤 집단에 소속되고자 하는 청소년의 욕망으로 표현될 수 있을 것이다. 인간은 사랑의 욕구가 충족되는 것이 매우 중요하며 특히 청소년은 다른 사람과 원만한 관계를 맺고 친구나 가족 및 의미있는 타자와 가깝고 뜻깊은 관계를 유지하는 것이 중요하다.

이후 성취되어야 하는 자존감의 욕구(self-esteem needs)는 삶에 대한 기술을 습득하고, 맡은 일을 훌륭하게 성취하며 성취나 칭찬과 성공의 경험을 통하여 타인으로부터 긍정적인 평가를 들음으로써 달성될 수 있을 것이다. 혹은 자신 스스로가 경험하는 일상생활 속에서 스스로에게 자족하는 정도로 평가될 수도 있으므로 이는 주관적인 성격이 강하다고 할 수 있다.

이후 인간의 욕구 5단계 중에서 가장 상위에 있는 자아실현 욕구(self-actualization)는 인간욕구의 위계 중에서 가장 높은 수준이라고 할 수 있으며 자아실현을 이룬 사람들은 자신에게 솔직하며, 지혜롭고 창의적인 특징을 지니며 자신이 가지고 있는 자아를 실현하므로 삶에 있어서의 목적을 충분히 달성하고 있다고 느끼며 자신이 달성하고자 하는 삶을 달성한 단계라고 할 수 있을 것이다. 따라서 청소년기에 이러한 자아실현을 달성하기 위한 토대가 충분히 마련될 수 있도록 하는 것이 청소년 프로그램에서 고려되어야 할 부분이며 그에 대한 가치관이나 사회탐색이 충분히 이루어질 수 있도록 하는 다양한 문화나 활동을 중심으로 하는 프로그램의 구성도 구상될 수 있을 것이다.

3) 청소년기의 발달과업

청소년기의 발달과업으로 모든 청소년은 자신의 발달단계에 맞는 발달과업을 수행하는 것이 중요하며 이를 통하여 다음 단계를 준비해야 하는 과제에 있다. 발달과업이란 매 발달단계에서 개인이 환경에 적응하기 위해 요구되는 기술이나 능력을 뜻하며 만약 한 단계에서 발달과업의 성취가 만족스럽지 못한 경우에 다음 단계의 발달은 영향을 받을 수 있다. 이에 대하여 해비거스트(Havighurst)는 청소년기의 발달과업으로 다음과 같은 정서 및 사회적 발달을 강조한 바 있다. 청소년기의 발달과업은 다음과 같다.

4) 청소년기의 발달과업

① 청소년기는 자기의 체격을 인정하고 자신의 역할을 수용하여야 한다.
② 청소년기의 특성은 동성이나 이성의 친구와 새로운 관계를 형성하는 시기이다.
③ 청소년기는 부모와 다른 성인들로부터 정서적으로 독립하는 시기이다.
④ 청소년기는 경제적 독립의 필요성을 느끼는 시기이다.
⑤ 청소년기는 직업을 선택하고 준비하는 시기이다.
⑥ 청소년기는 유능한 시민으로서 갖추어야 할 지적 기능과 개념을 획득하는 시기이다.
⑦ 청소년기는 사회적으로 책임있는 행동을 원하고 이를 실천하는 시기이다.
⑧ 청소년기는 결혼과 가정생활을 준비하는 시기이다.
⑨ 청소년기는 적절한 과학적 세계관에 맞추어 가치체계를 형성하는 시기이다.

청소년기의 발달과업을 요약하면 건강한 시민으로 성장하는 것과 건강한 성인으로 성장하여 부모로부터 독립하는 것이라고 할 수 있다. 청소년들은 신체적 발달과 함께 지적 인지능력의 조화를 이루며 다가올 성인기를 대비해하게 된다. 청소년이 아동에서 성인으로 이행하는 과정에서 특히 중요한 것은 또래와의 관계의 형성이며 이 시기에 형성되는 우정은 성인이 되어서도 중요한 영향을 미치게 된다.

청소년기의 중요한 관계는 부모에게서 의미있는 친구로 이행되며 동성의 친구에서 동성과 이성의 친구와의 조화로운 관계형성이 이루어지는 시기이기도 하다. 이러한 시기에서 청소년이 성인기로 진입하는데 있어서 또 하나의 중요한 과정은 자신의 적성을 탐색하고 직업을 결정하면서 이루어야 하는 경제적인 독립이라고 할 수 있을 것이다. 따라서 청소년기에 이행되어야 하는 친구관계의 형성, 직업의 탐색과 경제적 자립의 모색, 건전한 가치관의 형성과 시민의식 함양 등을 달성할 수 있도록 하는 청소년 문화활동의 개발이 고려되어야 할 것이다.

4. 청소년 문화활동 개발을 위한 청소년기와 환경의 이해

청소년기는 특성적으로 학업성취문제, 신체 및 정신의 발달, 생활습관의 형성 등 다양한 환경으로부터 불안정성과 함께 각종 스트레스를 경험하기 쉽다. 청소년기의 스트레스 경험은 생리적인 변화를 가져올 뿐만 아니라 심리적으로도 큰 변화를 가져올 수 있는데, 청소년 개인이 스트레스원(stressor)을 어떻게 지각하느냐에 따라 그 이후의 생활이 결정될 수 있다. 청소년들은 급변화하는 신체적 발달과 함께 자신이 속해 있는 다양한 환경 속에서 성장하고, 자신을 둘러싼 환경과 교류하게 된다.

청소년기에 가장 큰 영향을 미치는 환경은 가정환경이다. 청소년에게 있어 가정환경은 정서적 안정성의 기반이며 청소년의 능력 개발 및 발달, 사회성의 형성, 인성, 상호작용을 통한 광범위한 사회생활의 준비 및 사회화 학습이 가능한 장이다. 그런데 이러한 가정환경의 기능이 제대로 작동되지 않는 경우에는 청소년들은 우울, 불안, 행동상의 품행장애 등의 문제들을 경험하기 쉽다.

가정생활과 함께 중요한 환경으로는 학교환경을 들 수 있다. 우리나라의 학교환경은 특성화 교육도 많으나 입시구도의 경쟁적 학습이 주를 이루므로 청소년들의 이기적 사고방식이나 부정적 자아상 그리고 낮은 효능감 등이 문제가 될 수 있다. 그리고 교사와 또래와의 적절한 관계 맺기에 실패한 경우는 많은 품행장애나, 우울, 낙인감, 낮은 자기성취 등으로 나타날 수 있으므로 주의가 필요하다.

그 뿐 아니라 기존의 청소년을 보호대상으로 간주해왔던 우리 사회의 소극적인 인식은 보다 적극적으로 우리사회에서 청소년이 진취적인 활동을 하는 것에 대한 제한점이 되어왔던 것이 사실이다. 이에 대하여 OECD에서 평가한 청소년 핵심역량에 있어서 우리나라는 청소년의 사회참여나 자율성 및 거시적 맥락의 형성 등에 있어서 높은 위치를 점하지는 못했던 것이 사실이다. OECD에서 제시한 핵심역량의 취지는 다음과 같다.

OECD에서 핵심역량의 의미는 결국 개인이 성공적인 삶을 영위하고 보다 잘 기능하는 사회건설을 위해, 개인적·사회적 차원에서 가치있는 결과를 산출하는 능력이라 정의하였다(Rychen & Salganik, 2003). 2007년 우리나라의 교육혁신위원회에서는 미래 교육비전과 전략에서 지식중심의 교육과정의 탈피와 다양한 문제를 합리적으로 해결하는 핵심역량을 중심으로 교육과정을 개편할 것이 제안된 바 있다(최승현·황현정, 2012).

우리나라의 청소년 복지정책의 기본방향을 살펴보면 과거에 비하여 국가적으로 청소년들의 역량강화에 보다 중점을 두고 있음을 알 수 있다. 그런데 우리나라 청소년들은 입시경쟁과 학업위주의 학습구도에 따라 자율적 행동에 많은 위협을 받을 수 있는 것이 현실이다. 더욱이 우리나라 청소년에게 자율성이 가장 부족한 요소인 것으로 나타났다(권혜수·김기헌, 2010). 또한 거시적 맥락으로 사회에 대한 관심과 사회관습에 대한 이해, 도덕적 기준, 개인의 역할, 문제해결방안 등의 합리성을 반영하는 개념이 필요하다(청소년정책연구원, 2009). 이와 같은 개념은 OECD의 국제적 차원에서도 그 중요성을 인식하고 있다.

핵심역량의 개념은 업무성과와 관련된 광범위한 심리 및 행동적 특성으로 1973년 사회심리학자인 McClelland에 의하여 소개되었으며, 기존의 전통적 적성과 지식내용을 평가한 시험이 직업수행이나 성공적 삶을 예언하지 못하므로 지능 대신 역량을 측정해야 한다고 주장하였다(김연희 · 정재삼 · 이종경 · 이유진, 2010). 이후 1997년부터 2005년에 걸친 OECD의 DsSeCo(Definition and Selection of Competencies) 프로젝트에서 핵심역량의 개념이 일반적 삶의 차원에서 논의되기에 이르렀다. 이러한 OECD의 DsSeCo 프로젝트는 삶의 특정한 맥락이나 지점에서 필요로 하는 것을 산출하는데 초점을 두기보다는, 오늘날 복잡하고 변화하는 삶에 대처하기 위해 광범위한 역량에 그 초점을 두고 있다(김연희 외, 2010).

이와 같은 OECD의 DsSeCo에 의하여 2005년에 제시된 핵심역량의 커다란 세 가지 범주로는 첫째, 사회의 이질적 집단에서 상호작용하기, 둘째, 자율적으로 행동하기, 셋째, 언어 · 상징 · 텍스트 · 지식 · 정보 등의 기술적인 도구를 활용하는 능력을 들고 있다. 이 같은 역량은 21세기 사회를 성공적으로 살아가는 데 있어서 모든 사람이 반드시 갖추어야 하는 공통적인 능력 즉, 핵심역량이다(소경희, 2007).

핵심역량 중 자율성이란 Webster 사전(1988)에 의하면 스스로 자치적이고 독립적으로 통제하는 상태를 의미하는데, 즉, 인식하고 있는 목적을 향한 심리적 준비에 대하여 달성하고자 하는 목적을 위해 의도적으로 행동하는 심리상태의 수준을 의미한다. 이에 대하여 Deci와 Ryan(1991)은 자율성이 능력과 관계성뿐 아니라 인간의 기본적인 욕구라고 정의하였다(손덕순, 2001).

OECD의 DsSeCo에 의하면 자율적 행동이란 개인과 집단이 스스로의 권리와 이익을 요구하고 그들의 물리적 · 사회적 환경과 활발하게 교류하며 계획을 세우고 실천하며 목표를 달성하는 전략을 개발하는 것으로 정의하고 있다(김기헌 외, 2009). 즉, DsSeCo 프로젝트에서는 자율적 행동역량은 개인이 삶을 관리하고 자기주도적으로 생활하는데 필요한 역량이라는 것이다. 그런데 이러한 자율적 태도는 결국 자기이해를 기반으로 하며 의사결정과 선택, 목표설정, 권리주장 및 자신의 환경과 기능을 이해하는 거시적 맥락으로 구성되고, 중요한 것은 개인이 타인에게 기대를 두는 것이 아니라 자신을 기준으로 하여 이들을 지향해야 한다는 것이다(Rychen, 2003).

Rychen과 Salganik(2003)는 이러한 자율적 태도가 자신의 자원, 권리, 한계 및 욕구를 분명하는 것과 자신의 과제를 결정하고 전략을 개발하여 이를 수행하기 위해 삶과 환경을 통제하고 의사결정에 참여하는 것을 포함한다고 하였다. **자율적 태도**의 하위 요인은 다음과 같이 요약될 수 있다.

김기환과 그의 동료들(2009)은 OECE의 DeSeCo를 인용하여 첫째, **거시적 맥락**에서 행동하기, 둘째, **목표와 과제**를 수립하고 실천하기, 셋째, **권리와 이익**의 한계를 알고 요구하기로 정의된다고 하면서, 거시적 맥락에서 행동하는 것이란 법과 규정을 이해하고 준수하는 것뿐 아니라, 성문화되지 않은 사회적인 합의와 절차 그리고 도덕성에 부합하는 행동을 수행하는 것을 의미한다고 하였다.

이러한 점에서 **자율적 태도**란 개인이 생활과 환경통제 뿐 아니라, 의미있고 책임감 있는 방법으로 자신의 삶을 관리해 나가는 역량을 의미하는 것이다(김기헌 외, 2009). 따라서 DeSeCo에 의하면 자율적 태도란 자기이해를 기반으로 의사결정과 선택을 행동으로 전환하는 능력을 포함하며, 이러한 **자율적 행동역량**은 개인이 의미있고 책임있는 방법으로 자신의 삶을 관리하고 자기주도적으로 생활하는 데 필요한 역량이다(권혜수 · 권기헌, 2010). 그리고 핵심역량 중 **사회적 상호작용**이란, 사회적 관계 속에서 나타나는 개인과 집단에 대한 행동양식을 지칭하는 것으로 사물의 교환은 물론 언어, 의사, 인정 등의 교환을 의미한다(최혜순, 1992). 즉, 사회적 상호작용은 두 사람 이상이 접촉하여 서로의 행동에 영향을 미치는 과정으로 인간들은 사회적인 지위와 역할과 문화뿐 아니라 인간의 각종 심리적 상황조차도 이 사회적 상호작용 속에 활성화되고 의미를 가진다(강운선, 1997).

따라서 강운선(1997)은 **사회적 상호작용**이 어떤 구성원에 의해 다른 구성원의 능력을 발달시키는 사회화 과정으로써 의미가 있으며 환경을 형성하는 주요 근원이라고 하였다. 이것은 사회적 요구를 고려하여 다양한 배경을 가진 타인들과의 상호작용을 의미하고 사회질서를 배우는 그 과정에서 차이와 갈등을 성공적으로 다룰 수 있는 역량이다(권혜수 외, 2011).

이러한 취지에서 학교교육은 전통적인 지식의 습득보다는 실제 삶의 맥락에서 실천할 수 있는 역량의 개발에 초점을 두는 방향으로 나아갈 필요가 있다(김연희 외, 2010). 학교생활이란 학교에서 학생이 받는 교육적 영향의 총체이다(교육학사전편찬위원회, 교육학대사전, 1992). 홍봉선과 남미애(2010)는 청소년에게 학교의 의미는 주된 생활영역으로 청소년은 학교생활을 통해 자신의 미래를 설계하며 진로를 결정하고 교사와 친구관계를 통해 사회관계를 경험하며 발전시킨다고 하였다.

학교교육에 관한 역량담론은 학교의 교육이 학생들이 향후 사회적 삶을 성공적으로 살아가는 데 있어서 필요로 하는 능력을 제공해야 한다는 방향으로 형성되어, 모든 학습은 가치와 핵심역량, 그리고 학습영역을 상호 관련시키는 자연스러운 연계가 되어야 할 것이다(소경희 외, 2010).

한편 OECD의 DsSeCo(Definition and Selection of Competencies)에 의하면 자율적 태도의 구성요인은 주변체계의 작동원리에 관심을 갖는 거시적 맥락의 이해와, 자기주도, 자기통제, 자기관리의 개념을 포함하는 목표와 과제수립, 그리고 권한의 한계를 알고 요구하기 등의 개념이 포함되며 이를 위해서는 자기 자신의 이해를 토대로 자신을 둘러싼 사회의 규칙이나 원리를 이해하고 정당한 방법의 주장과 적절한 대안 모색이 요구되며, **자기정체성, 자기 모니터링, 충동조절, 계획수립, 권리인지, 의무이행**이 자율성의 내용이 포함된다(김기헌 외, 2009). 따라서 청소년프로그램은 보다 진취적인 미래를 건설하는 핵심역량에 대한 고려가 필요하며 이에 대한 고려도 필요할 것이다.

존 로크(Jone Locke)는 인간을 백지상태(tabula rasa)에 비유한 바 있다. 이는 생물학적인 원리가 아닌 환경적인 영향으로 인하여 후천적으로 모든 인간 발달의 변화를 설명하는 이론이다. 즉, 모든 인간의 후천적인 환경과의 상호제공이 중요하다는 의미이므로 청소년 성장에 도움이 되는 문화 환경이 정립되어야 한다.

제 4 장

성과 사랑,
긍정심리의 이해

제 4 장 성과 사랑, 긍정심리의 이해

1. 성의 개념과 정의

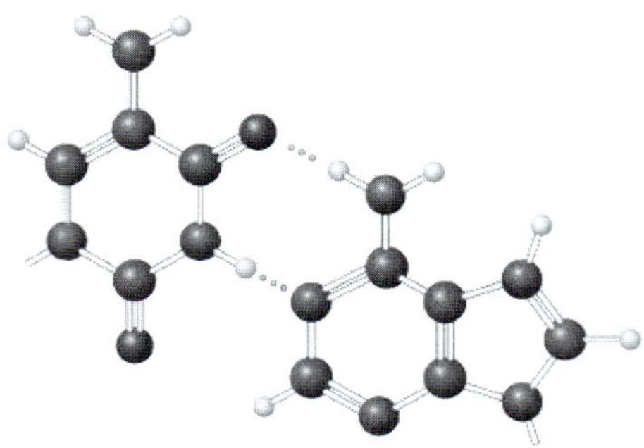

성(性)은 남녀 생물학적 구조에 따른 차이, 남녀에 따른 사회적인 성역할의 차이에 따라 성과 젠더라고 표현하게 된다. 성의 기능은 생명의 잉태, 친밀감, 자아정체성과 연관이 있다. 만족한 성생활은 올바른 자기존중과 정체감을 확립하는 등의 기능이 있겠으나 그렇지 않은 경우는 무책임한 낙태나 질병감염 또는 성매매 등 사회악에 활용될 수도 있으며 청소년 가출이나 청소년 비행과 연관이 될 때에는 돌이킬 수 없는 상처로 남을 수 있다.

1) 생물학적인 성(sex)

생물학적 성이란 한 인간의 해부학적 특성에 근거하여 남성(male) 또는 여성(female)을 결정하는 선천적이며 유전적 의미를 갖는다. 인간의 생물학적인 성 차이는 유전적인 성 염색체의 차이에 기인하는 것으로 남녀 간의 '자연적' 차이라고 지칭할 수 있다.

인간은 하나의 생명체로 탄생하기까지 여성의 세포인 난자와 남성의 정자의 결합으로 수정란이 되는 순간 발생한다. 동양에서는 생명의 시기를 이 시기를 포함하여 나이에 포함하고 있으며 서양에서는 모체로부터 세상에 태어난 그 순간부터 연령을 계산하게 된다.

생식세포는 23쌍의 염색체를 갖고 있는데, 이중 23번째 염색체가 성염색체이고, 성 염색체는 정자와 난자로부터 각각 1개씩 물려받게 되며 2개의 염색체가 결합하여 새로운 개체로 만들어진다. 여성의 생식세포는 XX성염색체로 구성되고, 남성은 Y의 염색체가 들어가 XY성염색체를 가지게 된다. 각각의 성염색체는 중요한 기능으로 남성 염색체는 남성호르몬을 분비할 수 있는 작용을 하고, 여성 염색체는 여성 호르몬을 분비할 수 있는 작용을 하는 것으로 알려져있다.

그러나 정상적인 성염색체가 구성되지 못하고 XO, YO, XXY, XYY 등의 성염색체를 가진 다면 태아는 태내에서 복잡한 성 분화 과정을 제대로 이루지 못하므로 사춘기나 성인 시기에 난소 결여, 정자 생산 불능 등의 결함이 나타난다. 정상적인 경우라면 2차 성징으로 사춘기가 되면서 신체적인 성장과 함께 성호르몬의 분비가 왕성해지게 되어 보다 남성과 여성의 신체적 차이가 두드러진다.

남성은 사춘기가 되면 테스토스테론과 안드로겐이라는 남성대표 호르몬 분비가 급증하면서 성 기관을 발달시키고 변성 등에 영향을 준다. 여성의 경우 사춘기가 되면 여성 호르몬인 에스트로겐과 프로게스테론 분비가 증가하면서 난자의 성장을 촉진하고 자궁 기능을 발달시키며 생리 현상에 영향을 준다. 프로게스테론은 수정란의 착상과 수태를 가능하게 하면서 생리주기의 경험과 임신, 출산, 수유 능력 등의 어머니로서의 준비를 하게 된다.

남성과 여성은 아동기에 1차 성징에 의해 자신의 성에 대한 정체감을 갖게 되고, 2차 성징의 출현과 함께 사춘기를 맞이하면서 신체적인 변화는 심리 및 정서적으로 매우 중요한 성적인 정체성을 성립하게 된다. 특히 2차 성징의 경우에는 사회 문화적 영향과 함께 복합적으로 작용하여 사회 문화적인 성적 정체감 발달인 젠더에 크게 영향을 미친다.

2) 사회적인 성(gender)

사회적인 성은 사회 문화적인 과정에서 획득 및 형성된 것으로서 사회적인 통념상 가지는 성의 구분을 의미한다. 예를 들면 여성적인 것, 남성적인 것, 그리고 여자다움, 남자다움 등으로 표현되어왔다. 과거 가사와 관련한 가전 제품의 CF는 여성이 앞치마를 두르고 출연하던 고전적 역할에 기반하여 사회적 성인 젠더가 **구조주의적 입장**에서 표현되곤 하였다. 그러나 이와 같은 차이는 페미니즘이 발달하면서 새롭게 비판되고 있다. 즉, 프랑스의 미셸푸코는 이에 대하여 우리가 가지고 있는 사고의 대부분이 사실상 사회로부터 주어진 통념이라는 것이다.

기존의 남녀가 생물학적인 차이가 있고 이로 인하여 서로 다른 본성이나 능력을 지녔다는 주장은 페미니즘의 발달과 함께 도전을 받아왔다. 페미니스트들은 생물학적인 성은 '자연적'으로 만들어진 차이지만 **사회적인 성**은 그렇지 않으며 인간이 살고 있는 시대의 사회와 문화적인 요인들에 의하여 형성된다고 하였다.

즉 인간은 분홍색은 여성, 파랑색은 남성을 상징하는 이와 같은 것들은 사회적, 문화적, 환경적 양육방식의 차이로 인해 생기는 것이며 남녀는 성격이나 기질, 능력과 역할 등과 같은 차이를 갖는 것이 아니라는 것이다.

시몬느 드 보봐르(Simone de Beauvoir)는 『제2의 성』에서 **"여성은 태어나는 것이 아니라 만들어진다"**라는 유명한 말에서 알 수 있듯이 페미니스트들의 주장은 여성의 지위는 '자연적'인 것도 '생물학적'인 것도 아니며 성 차별적인 사회로부터 만들어질 수 있다는 것이다. 즉, '여성(female)'으로 태어나더라도 '여성(woman)'을 만드는 것은 문명으로, 사회적 문명에 의하여 무엇이 여성적이며 무엇이 남성적인 것인지 행동과 역할과 기대심리가 사회적 시각에 의하여 규정된다는 것으로 시대에 맞는 숙고가 필요하다. 즉, 남성은 주도적이며 힘을 상징하고 여성의 역할은 배려와 부드러움이라는 젠더에 의한 역할은 우리사회의 가부장적인 사고를 부추기고 '남자답게', 혹은 '여자답게'라는 여러 가지 고정관념을 만들었다. 이러한 왜곡된 성적 고정관념과 성역할은 고정관념에 의해 남자는 어떤 일을 해야 하고 여자는 어떤 일을 하는 것이 바람직하다는 역할을 규정하게 되면서 사회적으로 강화해왔다고 볼 수 있다.

3) 성 역할

(1) 성 역할 정의와 이론

성 역할(sex role)이란 성별에 따라 문화권 내에서 인정되고 기대되는 행동양식이나 태도를 의미하며 개인의 행동기준에 영향을 미친다. 즉, 한 개인이 속하고 있는 사회에서 바람직하다고 보는 성에 적합한 행동이나 가치에 기준한 역할이 바로 성 역할이며 이에 대한 습득과정을 성의 사회화라고 한다.

성역할 정체감(sex-role identity)은 성 역할 자아개념에 가까운 것으로 자신이 소유하고 있는 '남성다움' 또는 '여성다움'에 대한 자기지각이다. 물론 모든 학문과 사회가 그렇듯이 초기에는 올바른 구조와 체계의 정립을 위하여 보다 적합한 양식을 규정하고 규범화하기 마련이다. 즉, 자신이 태어난 문화권에 자신의 성에 적합한 규정된 가치관을 형성해 가는 성 전형화(sex-typing)과정을 통해 형성된 성적 특성, 선호 경향, 행동 등이 성 역할이며 이때 습득한 특성을 행동으로 인하여 나타내는 그 정도와 형태를 성 역할 특성이라고 한다(Cook, 1985). 성 역할 특성이란 한 개인이 그가 속해있는 문화권 내에서 남성 또는 여성으로 특징지을 수 있는 여러 특성으로 정의된다(Black, 1973).

이에 대하여 Parsons과 Bales(1955)에 의하면 남성성은 목표 지향적이며 주장이 강하고, 독립적인 행동을 하고 기능적인 특징이 있으며, 여성성은 감성적이고 정서적이며, 이타적이고, 상호관계를 추구하고, 표현적이며, 친화적 특성을 가지고 있다고 하였다. 초기에 심리학자들은 성 역할 특성에 대한 연구를 시작하였는데 남녀가 심리적으로 어떻게 다른지 성차(gender difference)를 중점적으로 다루었으나, 이 접근 방식에는 남녀 차이가 생물학적인 차이 때문에 발생하는 자연적인 결과라는 가정이 깔려 있었다(Kaplan & Sedney, 1980).

이에 따른 성역할의 사회화는 사회적 측면을 통하여 사회화를 촉진하며 문화적 성을 전수한다. 남녀 성별에 의해 구별되는 사회적 기대는 사회적 동조를 경험하게 하며, 성역할의 사회화는 타인과의 상호작용을 통해서 남자로서 또는 여자로서 스스로를 규정하고 사회적 정체감을 형성해 나가도록 한다. 이러한 성역할의 사회화는 인간의 전 생애적 관점에서 이루어진다. 이와 같이 남녀 행동의 본질적인 특성인 '남성성'과 '여성성'이 생물학적 요소로 결정되기 보다는 사회적으로 형성된 고정관념이라는 성찰로부터 현대사회에서는 남성적일 수도 있고 여성적일 수도 있는 남성성과 여성성 모두 어느 정도 독립적인 특성으로 본다(Bem, 1974).

따라서 향후 청소년 문화의 형성은 성에 대한 고정적 관념없이 다양한 각도에서 문화를 통하여 사회적 젠더의 역할과 기능을 다양하게 확대해나가는 것이 필요할 것이다.

(2) 양성성

양성성 'androgyny'는 그리스어를 어원으로 하는데 andro는 남성을, gyne은 여성을 뜻하며 '사회의 성역할 고정관념을 이루는 특성 중에서 바람직한 남성적 특징과 바람직한 여성적 특징이 결합되어 공존하는 것'을 의미한다. 따라서 양성성은 개인이 주장적이며 온정적인 면을 가질 수 있고 도구적(instrumental)이면서 표현적인 면을 소유할 수 있으며 남성적이면서 여성적인 면을 동시에 가질 수 있는 것으로 설명될 수 있다(Bem, 1977).

Bem(1974)은 인간이 양성성으로 성 역할 지향성 속에서 남성성과 여성성의 특성 두 가지를 모두 높은 수준으로 가질 수 있으며, 한쪽 성 역할 특성은 높게 혹은 미분화된 성 역할 정체성으로 인하여 모두 낮은 수준으로 지닐 수도 있다는 것으로 남성성과 여성성 간의 표준화된 차이점을 이용하여 심리적 양성성에 관련한 측정도구를 만들었다(Bem Sex-Role Inventory: BSRI, 1974).

그는 여기에서 더 나아가 전통적인 남자와 여자가 정신적으로 건강하다는 기존의 사고를 거부하고 남녀 모두 양성적인 사람들이 심리적으로 더 건강할 수 있다는 사실을 주장하였다. 왜냐하면 양성적인 사람들은 성에 적절한 행동을 하려는 내면적 구속이나 동기에서 자유롭기 때문에 상황에 융통성을 발휘하며 적응력이 뛰어나다는 것이다(Bem, 1975; Biaggio & Nielsen, 1976).

이에 대하여 Drager와 Bailey(1985)는 남녀 성인들을 대상으로 한 연구에서 자아발달 수준이 양성적인 사람들이 가장 높고, 남성성, 여성성의 순으로 나타남을 보여주었다. Major, Carnevale와 Deaux(1981)는 성에 관계없이 양성적인 사람들의 특성으로는 호감이 가고 잘 적응하며 미분화된 사람은 그 반대의 결과를 보였다고 보고하였다. 따라서 현대사회에서 특정 남성성을 혹은 여성성을 사회적으로 주지하거나 혹은 이를 여과 없이 받아들이는 것은 다원화된 현대사회에는 맞지 않는 개념이라고 할 수 있을 것이다.

2. 배우자의 선택-사랑의 삼각형

배우자의 선택에 있어서 사랑에 관한 점검이 필요하다. 사랑에는 3가지 필수 요소가 있다고 하는데 이에 대하여 Sternberg에 의하면 사랑은 여러 가지 종류가 있으나,

두 사람이 공유하는 사랑에는 세 개의 변이 있는데, 이 각각은 **열정, 친밀감** 그리고 **헌신**이라고 하였다.

그리고 사람들을 행복하게 하는 사랑은 이 세 가지 요소가 어떻게 조합되는가에 따라 그 색깔이 달라진다고 주장하였다. 먼저 친밀감과 열정으로 구성된 사랑은 **낭만적인 사랑**이라고 보았다. 그리고 친밀감과 헌신이 전제가 된 사랑은 **동료애적인 사랑**으로 Sternberg는 보았다. 이러한 사랑은 친밀감과 헌신 속에서 서서히 발전해가는 사랑이라는 것이다. 이러한 우정의 기초 위에 세워진 동료애는 지속적이고 성공적인 관계로 발전할 가능성이 크다.

반면 친밀감과 헌신이 없는 열정만이 있는 사랑은 지속성이 없는 것으로 보았다. 또 헌신만 있고 친밀감도 열정도 없다면 그것은 **공허한 사랑**이라고 지칭하였다. 그렇다면 완벽한 사랑은 어떤 것일까? 그것은 바로 친밀감과 열정과 헌신이 있는 사랑이다.

행복한 사랑을 위해서는 바로 이 3가지 요소인 '친밀감과 열정과 헌신'을 점검해보는 것이 필요하다.

예를 들면 「Away from her」라는 영화는 뉴욕 타임즈가 북미 최고의 작가로 격찬한 앨리스 먼로의 단편 소설 『곰이 산을 오르다』를 각색한 영화인데, 알츠하이머 병에 걸려 기억을 잃어가는 아내와 요양원에서 새로운 사랑을 하는 아내를 지켜보는 남편의 오랜 시간에 걸친 아름다운 사랑을 그린 영화이다. 영화를 통해 아내는 남편의 사랑을 기억하고 가족의 사랑과 의미를 다시금 떠올려보게 한다.

물론 본문에서 피오나가 남편의 기억을 잃어버리고 오브리와의 친구 관계를 유지하는가 하는 것에는 보는 이들의 의문이 있을 수 있으나, 노부부의 극진

한 아가페의 사랑을 보여주는 예로 충분한 영화였다.

결혼은 이와 같이 오랜 시간을 두고 서로의 생각과 느낌을 충분히 표현하고 이와 같은 것들이 충분히 존중되며 시간이 흘러도 변하지 않는 가족의 사랑이 무엇인가 하는 것에 대하여 숙고한 이후에 이루어져야 한다. 본 영화를 '사랑의 유형'에 대입하여 본다면, 이 영화에서 보여주는 사랑은 친밀감과 열정과 헌신이 있는 완전한 사랑을 보여주고 있다고 할 수 있다. 또한 우정의 단계인 스토르게의 측면과 아가페의 측면에 가깝다고 할 수 있다.

피오나는 노년에 알츠하이머라는 자신의 현실을 인정하고 이에 대한 현실적인 이야기 및 도움을 그랜트에게 요청하고 있으며 그랜트 역시 이를 받아들이고 최대한 피오나의 입장을 이해하려고 한다.

사랑의 속성(Fehr, 1988)에서 볼 수 있는 다음과 같은 속성들, 즉 신뢰감, 돌봄, 정직성, 우정, 존중, 상대방이 잘 되도록 마음을 쓰는 것, 관심, 충실함, 헌신, 상대방의 방식을 받아들이는 것, 상대방을 지지해주는 것, 상대방과 함께 있기를 원하는 것 등이 건강한 결혼생활을 위해서 그리고 자신에 대한 점검으로 이루어져야 할 것이다.

3. 사랑유형이론-리의 사랑유형의 이론

리(Lee, 1973)는 사랑이 인생에서 가장 어려운 문제라고 보아 사랑의 유형에 관하여 연구하게 되었는데 그 이론에 따르면 사랑은 자연스럽게 학습되는 것이라 전제하였으며 기존의 사랑의 유형을 크게 '기본 유형'과 '2차 유형'으로 분류하였다.

1) 사랑의 기본 유형

사랑의 기본 유형은 사람들에게서 일반적으로 나타나는 사랑의 유형으로 세 가지 하위유형으로 구분하였다.

- 에로스(Eros): '낭만적, 열정적, 로맨틱한, 에로틱한, 한눈에 반한 사랑'을 의미하며 애정으로 발전할 수 있다.
- 스토르게(Storge): 친구와의 우정과 관련한 사랑으로 보살핌이나 연민 혹은 우정과 같은 감정이 있어 커플은 애정표현보다는 공동의 활동을 통하여 편안한 관계를 유지하는 특성이 있다.
- 루두스(Ludus): 유희적이며 게임식의 사랑으로 이러한 사랑을 추구하는 사람은 사랑에 빠질 수 있는 능력을 발휘하여 사람을 사귀지만 헌신도는 낮은 것이 특징이다.

2) 사랑의 2차 유형

사랑의 2차 유형은 앞에서 언급한 사랑의 기본 유형들을 상호 결합하여 나타내는 유형으로 다음의 3가지 유형으로 구분하였다.

- 매니아(Mania): 소유적이며 의존적인 사랑으로 앞서 에로스와 루두스의 결합에 의해 나타나는데, 상대에게 강렬하게 사로잡힘, 애증의 복합적인 감정, 질투, 소유욕, 상대방의 사랑을 확인하려 하며 종종 분별력을 잃거나 사랑을 증명하기 위해 극단적인 일을 자행하기도 하는 특징이 있다. 이러한 사랑을 하는 사람은 자기중심적으로 생각하는 경향이 강하고, 어울리지 않는 사람을 선택하여 그 상대를 자신에게 맞추려 무리한 노력을 하는 경우가 많으므로 상대로부터 냉정함을 경험하기 쉽다.
- 프래그마(Pragma): 실용적, 논리적, 현실적, 계산적 사랑으로 스토르게와 루두스가

결합하여 나타난다. 예를 들면 상대의 사회경제적 지위나 배경으로 학력, 직업, 재력 등의 실용적인 지표에 관심을 두는 경향이 있을 수 있다.

- 아가페(Agape): 모성애와 같이 이타적이며 헌신적 사랑으로서, 에로스와 스토르게가 결합함으로써 상대방에 대하여 애정 어린 보살핌을 베풀고 친절하고 인내하고 배려해 주는 자기희생적 특성이 강하다.

4. 행복과 긍정심리

긍정심리의 용어를 처음 언급했던 심리학자는 Martin Seligman이다. 1998년 마틴 셀리그만은 미국의 심리학회 연설에서 심리학이 과거의 진단주의, 질병이론 등 학술적 연구가 그 동안 인간의 부정적인 측면에 관심을 갖았음을 지적하였다. 따라서 그는 향후에는 심리학이 인간의 보다 좋은 점을 향상시키는 방향으로 관심이 전환되어야 함을 언급하면서 긍정심리학을 제시하였다.

따라서 그는 학습된 무기력에 대한 연구에서 방향을 전환하여 2000년대의 심리학의 새로운 전환을 가져오게 된다. 이것은 Carl Rogers가 제시하고 있는 전인적 인간상 즉, 인간의 본성이 기본적으로 긍정적인 잠재력을 가지고 있으며 이러한 잠재력의 실현이 바로 삶의 진정한 원동력이 된다고 한 것과 비교하면 인간의 긍정적 역동성에 의한 긍정성을 강조한 것이라 할 수 있다.

긍정심리학은 우리의 정신과 삶에 대하여 보다 긍정적인 측면을 중심으로 생활할 필요가 있음을 과학적으로 알려주고 있다. 이에 관련한 연구에서 술과 담배를 하지 않는, 즉 수명에 영향을 미치는 다른 요인이 동일하게 통제된 상태에서, 180명의 수녀를 대상으로 수명을 연구한 결과 긍정적 정서와 수명은 정비례 관계로 두 집단의 평균 수평의 차이는 무려 10.7세로 조사되었다.

이것은 긍정심리는 우리의 삶과 밀접한 연관이 있는 심리를 다루는 학문이라는 뜻이기도 하다. 긍정심리는 삶을 즐겁게 하고, 몰입하게 하며, 의미있고 풍요하게 한다. 또한 일상생활 중에 일반인도 실천할 수 있는 다양한 실천방법을 가지고 있다. 예를 들어 긍정 정서와 부정 정서를 이분화하여 각기 다르게 일주일을 생활해본다면 그에 대한 삶의 의미가 확연히 다름을 알 수 있으며 이러한 생활이 누적된 경우 그에 대한 결과도 상이하게 다를 수 있음을 체험적으로 경험하도록 하는 과학적 방법을 긍정심리학은 활용하고 있다.

구체적으로 긍정과 부정의 정서로 인한 경험적 결과를 기록하여 긍정성과 부정성이 갖는 결과에 대하여 **'무엇이 하루를 더 풍요롭게 하는가'**에 관한 답을 어느 정도 얻을 수 있을 것이다. 긍정심리의 **감사 헤아리기, 몰입의 시간 측정해보기, 몰입이 가져다주는 효과 헤아리기, 영성에 관하여 이야기해보기, 자기와 가족 혹은 친구에게 매일 감사편지를 써보기, 거울을 보며 칭찬해보기** 등을 1달 동안 실천해보고 자신의 삶에 어떠한 변화가 일어났는지 이야기해보는 것을 실천하는 것이다.

이러한 상호작용이 관계를 보다 풍요롭게 하고 있음을 체험할 수 있을 것이라 생각된다. 이것은 일상생활에서의 행복이 사실은 연습에 달려있을 수 있음을 함의하기도 한다. 독일의 철학자 칸트는 권태를 방지하기 위해 매일의 산책 일과를 바꿔가며 즐겼다고 한다. 긍정적인 습관과 부정적인 습관은 결국 **감정의 선택**을 의미하기도 하다는 것을 나타내 주고 있다.

1) 삶에서의 부정성향 vs 긍정성향

일상생활에서 본인과 상대방의 부정성향과 긍정성향에 대해 객관적인 체크와 점검은 중요하다. 즉, 부정적인 감정과 경험들은 파급력이 크기 때문에 긍정적인 것들을 덮어 버리고 있을 수도 있다. 부정적인 감정은 당장 급한 문제들 혹은 객관적으로 존재하는 위험을 반영하고 경계를 강화하고 자신의 행동을 바꾸게 할 만큼 강력하므로 어떤 측면에서 심리학이 부정적인 측면에 초점을 맞추는 것은, 부정적인 감정 대 긍정적인 감정의 생존 가치상의 차이를 반영하는 것일 수도 있다.

Seligman(2002)은 기존의 심리학이 주로 사람들의 손상된 부분과 부정적인 부분들을 교정하고 치료하는 데에 치중하였다고 하였다. 즉, 정신장애의 진단 및 통계편람(DSM)은 문제행동을 중심으로 기술되고 있다. 대조적으로 그동안 심리학에서는 인간의 긍정적인 측면, 강점, 자원, 미덕, 긍정적 가치 등은 거의 주목을 받지 못해 심리학은 대다수의 사람들이 긍정적인 부분에 대해 배울 수 있는 기회를 갖지 못했고 이는 인간 이해의 측면에서 심각한 불균형을 가져오고 있다고 하였다.

따라서 긍정 심리학에서 강조하고 있는 긍정심리(positive psychology)는 이러한 불균형을 해소하고 인간의 잠재력을 계발하여 행복을 추구하는 하나의 과학적인 패러다임이라 할 수 있다. 다음의 체크리스트를 통하여 한국판 향유신념에 관한 문항으로 다음의 20문항을 체크해보자. 각 문항은 다음과 같으며 강도가 높을수록 1~5사이의 점수를 부여하면서 체크해본다. 본 척도는 사람에 따라 차이가 있을 수 있으며, 자신을 돌아보거나 각종 상담자료로 활용될 수 있다.

① 나는 과거의 행복했던 기억들을 떠올리면서 즐겁다. (　　　)
② 재미있는 경험을 하게 되면 나는 나중에 다시 떠올릴 수 있도록 잘 기억해두곤 한다. (　　　)
③ 나는 과거의 즐거웠던 일들을 회상하면서 나의 기분을 즐겁게 만들 수 있다. (　　　)
④ 즐거웠던 기억을 통해서 나는 그때의 즐거움을 쉽게 다시 느낄 수 있다. (　　　)
⑤ 좋은 일이 있었더라도 나는 그런 일들을 되돌아보는 것을 좋아하지 않는다. (　　　)
⑥ 일단 즐거운 일들이 지나가고 나면 다시 그 일에 대해 생각하지 않는 것이 최선이다. (　　　)
⑦ 즐거운 일들에 대해 회상하면 나는 종종 슬퍼지거나 낙담하게 되곤 한다. (　　　)

⑧ 행복한 순간에도 나는 그 기쁨을 잘 느끼지 못하는 것 같다. (   )
⑨ 나는 행복한 시간을 최대로 즐긴다. (   )
⑩ 어떤 일에서 남들이 그렇듯 당연히 느껴야 하는 즐거움을 충분히 즐기지 못한다. (   )
⑪ 나는 내가 경험하는 즐거운 일들을 충분히 즐길 수 있다. (   )
⑫ 나는 즐거움을 느낄 수 있는 경우에도 좀처럼 즐거움을 느끼지 못한다. (   )
⑬ 내가 원할 때 시간을 즐겁게 보내는 일은 나에게는 쉬운 일이다. (   )
⑭ 나는 좋은 기분을 오래 유지하기 어렵다. (   )
⑮ 좋은 일이 생긴 경우 어떤 생각이나 행동을 함으로써 그 즐거움을 좀 더 오래 유지할 수 있다. (   )
⑯ 나는 좋은 일이 있을 것으로 예상되더라도 실제로 그 일이 일어나기 전까지는 너무 기대하지 않는다. (   )
⑰ 좋은 일이 일어날 것으로 예상될 때 나는 그 일을 기대하며 즐겁다. (   )
⑱ 나는 곧 일어날 좋은 일에 대해 상상하면 기분이 좋아진다. (   )
⑲ 즐거운 일들이 일어나기 전에 미리 그 생각을 하면 종종 마음이 불안해진다. (   )
⑳ 내 생각에 어떤 즐거운 일들이 생길 것이라고 상상하면 기분이 좋아진다. (   )

2) 긍정심리의 유용성

긍정심리학은 기존의 심리학을 일상생활로 끌어올려, 측정 및 적용범위의 폭을 훨씬 구체적으로 제시하고 있기 때문에 각종 집단이나 영역에 다양하게 활용될 수 있다. 또한, 긍정심리학에서는 긍정적 감정과 부정적 감정을 대비하여 다룸으로써, 사람들이 그 특성을 잘 이해하고 실생활에서 실천해보도록 하는 것에 유익하다.

이와 같은 특징들은 특히 청소년들과 같이 감정적으로 통제하기 어려운 시기에, 여러 가지 감성들을 예비적으로 탐색하는 것이 도움이 되며, 일상생활을 점검하는 시야를 좀 더 넓게 함으로써 다양한 상황에 맞추어 활용할 수 있는 가능성이 있다. 특히 가족 모두가 함께 일정기간 활용해보는 것도 바람직하며 긍정심리학은 다양한 탐색활동을 통하여 기존의 인지 행동치료의 활동에 도움을 줄 수 있다. 그렇기 때문에 긍정심리학의 이러한 다양한 활동들은 상담이나 프로그램, 혹은 각종 개인 및 그룹 활동에 유용하게 적용될 수 있는 가능성이 있다.

그러나 긍정심리학의 제한점도 생각해 볼 수 있다. 즉, 긍정심리학에서 감성적 인식을 긍정의 측면과 부정적 측면으로 이분화하여 살펴보는 것은 긍정을 좋은 측면, 부정을 좋지 않은 측면으로 인식하게 할 수 있다는 것이 바로 그것이다. 긍정과 부정을 반으로 나누어서 생각한다는 것에 대한 이분방식의 사고가 문제가 될 수도 있다는 것을 알 필요도 있다. 또한 긍정심리학이 사회의 부정적인 사건들에 대한 구체적인 비판의식을 제시하고 있지는 않다. 그럼에도 불구하고 긍정심리학의 다양하고 유용한 특성은 이 분야가 각종 훈련프로그램으로 구조화될 수 있는 가능성을 지니며 일상생활 속에서 자신만의 커다란 장점을 이끌어 내어 강점관점의 가치관을 지향하고 행복한 삶을 이끌어 가는 데는 분명 도움이 된다고 할 수 있다.

3) 긍정심리학의 연습

이와 같은 긍정심리도 연습이 필요하다. 즉, 행복도 연습이 필요하다고 강조한 오혜정은 그녀의 저서『행복도 연습이 필요하다』에서 다음과 같이 역설하고 있다. 행복에 이르는 길, 즉 연습으로써 감사와 낙관주의를 위해 감사의 표현, 과도한 생각의 지양, 사회적 비교를 피하라는 것이다. 그리고 사회적 관계를 위한 친절 실천, 인간관계에 대해 이야기하고 있고 스트레스를 관리하기 위한 대응 전략, 행복 연습, 용서에 대한 연습이 필요하다고 하고 있다. 그밖에는 몸과 영혼의 건강을 돌보기 위한 종교생활과 영성훈련, 명상과 신체활동 및 행복한 사람처럼 행동하기라는 다소 이색적인 소개를 하고 있다. 마지막으로는 행복을 지속시키는 5가지 비결을 소개하고 있는데, 이것은 긍정적 감정, 적절한 타이밍과 변화, 사회적 지원, 동기, 노력, 헌신, 그리고 습관이 있다.[1)]

4) 긍정심리학과 자아의 실현의 문화

긍정심리학을 통한 자아의 실현을 점검하기 위하여 다양한 척도를 통한 점검은 긍정심리학을 보다 과학적인 체계로 자리잡게 하고 있으며 자신의 일상을 통한 과학적 분석이 가능하도록 하고 있다. 이것은 인간이 스스로 간단하게 자신의 일상을 컨트롤할 동기와 계기를 부여하고 자신을 객관적으로 바라보는데 도움이 되는 역할을 한다.

이에 대하여 Csikszentmihalyi(1997)은 감정과 목표만큼 중요한 것이 바로 사고의 인지적인 과정이라고 언급하면서, 자신의 일상적인 생활의 패턴을 ESM(Experience Sampling Method)으로 분류하여 생각해보도록 권하였다. 이것은 바로 자신의 생활가운데 시간의 쓰임들을 되짚어 보도록 하여, 불필요하게 할애되는 시간을 점검해보는 기회를 갖도록 하는 것이다. 또한 몰입이란 아무런 감정(의식적인 사고) 없이 현재에 대해 갖는 긍정적 정서라고 정의된다고 하면서 몰입의 상태에서 경험하는 성과나 감정의 종류 및 질에는 차이가 있으므로, 삶의 질을 끌어올리기 위해 알고 있는 것, 활동, 시간, 장소, 사랑의 느낌의 포착과 잘 할 수 있는 것을 하는 것과 자신과의 대화가 중요하다고 하였다(Csikszentmihalyi, 1997).

이러한 특성은 우리들이 무심코 흘려버리는 시간의 양과 질을 체크하는 것과 자신의 적성과 삶의 탐색에 유용한 활동이 될 수 있을 것이다. 또한 조화적 관점으로써 볼 때, 긍정적 심리학에서는 내면적 자아를 탐색하는 것에 다양한 시간을 할애한다. 즉, 내면적 자아와 가정 · 사회 · 영성 등의 측면을 다양하게 살펴보는 것은, 사람들이 치우치지 않는 균형 잡힌 시야를 형성하는데 도움이 될 수 있다. 더욱이 다양하고 간략하게 구분된 체크리스트들(Seligman, 2002)은 긍정심리학을 통해 사람들이 스스로 자신을 탐색하고 균형적 차원에서 평가해보도록 하는 것에 용이하게 활용될 수 있을 것이다.

이에 대하여 Seligman(2004)은 체크 목록을 통하여 일반 행복도, 긍정 및 부정적 감

1) 오혜경, 행복도 연습이 필요하다.

정상태, 낙관주의도, 대표감정 등을 다룰 수 있도록 하고 있다. 이를 위해 긍정적 심리의 핵심 요소로 **긍정적 정서**(positive emotions), **몰입, 흥미 그리고 의미 및 목적의 예를 들면서 추가적으로 자존감**(self-esteem), **낙관주의**(optimism), **회복탄력성**(resilence), **활력**(vitality), **자기결정능력**(self-determination), **긍정적 관계**(positive relationship)**가 조화**를 이루어야 한다고 말하고 있다(Seligman, 2009).

이것은 인간의 강점중심의 역할 이해에 초점을 맞추어 강점과 함께 자기실현이 균형을 이룰 필요가 있음을 역설하는 것이라고 할 수 있다(Lopez, S. J., & Snyder, C. R. 2003). 그리고 긍정심리학이 제공하는 또 다른 것은 부정적 감정과 긍정적 감정의 성과나 사례 및 효과를 과학적인 방법으로 비교하여 제시하고 있다.

즉, 부정적 감정들에 탄력적으로 제공할 수 있는 방법을 제시하면서 다양한 감정들을 분류하고 이들을 탐색하는 시간들을 갖을 수 있도록 하고 있다. 특히 감정의 대비과정을 통하여 사람들로 하여금 다양한 감정들에 대한 객관적 지식을 얻을 수 있으며, 문제를 좀 더 낙관적인 각도에서 바라볼 수 있는 훈련을 할 수 있게 될 것으로 전망된다. 또한 다양한 대처방법으로써 스트레스의 사건을 위협보다는 도전으로 지각하도록 하여 문제에 대해 이성적이고 효과적으로 접근하도록 권하고 있다(Lopez & Snyder, 2003).

그 밖에도 Lyubomirsky(2007)는 **긍정적인 습관이나 부정적인 습관**이 결국 감정에 대한 자신의 선택을 의미한다고 하면서, 자신의 심리적인 취약함은 없는가 하는 문제에 대하여 스스로 생각해보도록 하는 시간을 갖도록 하여야 한다고 하였다. Lyubomirsky(2007)는 스스로 직면하게 되는 역경이나 좋지 못한 사건 등의 문제의 특성을 글로 적어보도록 하여 이를 좀 더 구체적으로 파악하도록 권하고 있다. 부정적인 믿음에는 어떤 것들이 있는가 하는 것들을 탐색해보고 그에 따른 결과적 행동 및 결과에 관해 기록하게 함으로써, 부정적 믿음에 대해 도전하는 과정에서 문제의 다른 각도의 해석과 가능성에 대해 탐색하도록 하고 있다.

따라서 이러한 활동은 가족 구성원으로 하여금 부정적으로 인식되는 상황에 머무

르지 않고, 스스로 그 문제를 탐색하여 분석하고 그에 따른 대안을 세우며 실천하는 과정에서 중요한 훈련이 될 수 있다. 따라서 긍정심리학에서는 행복, 의미있는 삶 등의 가치있는 정의에 관하여 생각해보도록 함으로써 일률적 사고로부터 탐색적 사고가 가능하도록 하는 견지를 지향하고 있다.

이러한 과정을 통하여 청소년은 자신의 감성을 실생활을 통해 살펴보는 기회를 가지게 되고 이에 대한 주관적인 가치에 대해서 각자의 경험을 비추어 구체적으로 생각해볼 수 있다. 또한 이러한 활동은 사회적 관계를 위한 친절함의 실천, 인간관계 및 스트레스 관리에 대한 대응전략, 행복의 연습, 용서하기 등을 통하여 훈련될 수 있다.

5) 긍정심리학과 생활의 기여

긍정심리학의 가장 중요한 것은 긍정심리학이 동양의 사상이나 철학에서 거의 논의되지 않는 행복이라는 주제를 탐구하도록 하는 시간을 갖도록 한다는 것이다. 즉, 긍정적인 감정과 삶에 대한 의미를 다룰 뿐 아니라 행복의 근원에 대한 탐색을 하도록 한다(Lyubomirsky, 2007). 또한 이를 위하여 그는 적절한 타이밍의 변화에 대한 중요성을 사례로 들고 있다. 이를 위한 사회적 예로는 유사한 문제를 지닌 사람들의 모임이나 동기, 노력, 헌신의 중요성을 이야기 하고 있다. 즉, 동기가 분명한 헌신적으로 노력하는 것은 행복의 활동을 계속 실천하도록 하여 그렇지 않은 사람들보다 더욱 장기적인 혜택을 누릴 가능성이 있다고 언급하고 있다(Lyubomirsky, 2007).

Lyubomirsky(2007)는 이러한 활동들이 행복을 헤아리는 행위를 통하여 삶을 향한 고마움과 이해의 폭을 넓히는 행위가 된다고 하면서 다음과 같이 말하였다. "6주간 일정시간을 정하여 감사를 헤아리는 연습만으로 행복지수가 높아진 실험이 있으며, 감사의 경험에 대한 음미, 표현은 가치와 자존감과 정신적 외상에 대처하며 도덕적 행동을 촉진한다. 또한 사회적 유대를 쌓을 뿐 아니라 다른 사람과의 비교를 억제하는 효과와 부정적 감정과의 공존이 어려운데, 행복을 지속시키는 5가지 비결은 긍정적 감정, 적절한 타이밍과 변화, 사회적 지원, 동기, 노력, 헌신, 그리고 습관이다" (Lyubomirsky, 2007; 오혜경 역, 2008).

이와 같이 Seligman(2009)은 긍정심리학에서 과거와 현재 미래의 긍정적 정서 키우기에 대하여 언급하고 있다. 뿐만 아니라 미래의 직업이나 행복한 결혼생활에 대한 사례 등을 언급함으로써 사람들의 미래탐색활동에 도움을 줄 수 있을 가능성이 있다. 즉, 사회적 관계로써 우정관계, 사랑과 결혼, 직업과 직무만족, 여가생활, 가족 및 관계성의 일반적 효과에 대하여 탐색해보도록 돕는다(이훈구, 1997).

이와 같이 긍정심리학은 일상생활의 자원과 피드백을 통한 생활과 학문의 접목이며, 따라서 이론에서 출발하였으나 다양한 실천적 차원을 함의하고 있는 행복한 삶을 위한 중요한 분야가 될 가능성이 있다고 할 수 있다. 다음은 긍정심리학의 생활적 기여 및 교류 가능성을 알기 쉽도록 도표화하여 나타낸 것이다.

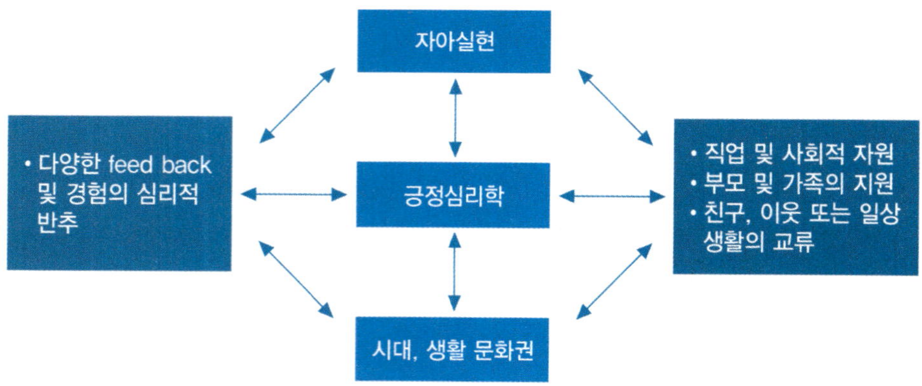

[그림] 긍정심리학의 다양한 생활적 기여 및 교류 가능성

권석만(2008)에 의하면 또한 웰빙의 차원에서 심리학을 다룰 때, 행복이 개인이 주관적으로 경험하는 유쾌한 상태라는 '쾌락주의적 입장'과 행복이 개인의 잠재적 가능성을 충분히 발현하는 것이라는 '자기실현적 입장'에 기반하고 있다는 점을 들어 생활만

족도 연구를 진행하였다. 그리고 이 두 입장은 심리학에서 '긍정심리학'이 태동하게 된 철학적 기반이 되었다. 이때 전자의 입장에서 행복을 탐구하는 학자들은 긍정적인 주관적 경험(주관적 복지감, 행복감, 생활만족도, 몰입 경험, 긍정 정서 등)에 초점을 맞추고 있으며, 후자의 입장을 중시하는 학자들은 **인간의 긍정적 특질, 즉 성격적 강점과 덕목**(지혜, 용기, 창의성, 관용, 절제, 영성 등)에 초점을 맞추고 있다(권석만, 2008).

5. 『영성』

웰빙과 영성은 관계가 깊다. '영성'은 현재의 객관적인 상황을 초월해서 새로운 차원으로 볼 수 있는 능력(Zohar & Marshall, 2000)으로 정의되는데, 스트레스를 감소시키며(Sheehan, 1979), 성공적인 대처 및 적응과 관련된다(Emmons, 1999). 또한 긍정적 성격 특성들이 보다 나은 삶의 질과 관련된다는 연구 결과들이 보고됨에 따라, 긍정심리학 분야에서는 인간의 강점 및 미덕에 대한 체계를 수립하게 되었다.

그 대표적인 예가 Peterson과 Seligman(2004)에 의해 개발된 강점과 미덕에 관한 강점 분류 체계(Values in Action)는 크게 6가지의 미덕(지혜와 지식, 용기, 인간성, 정의, 절제 및 초월성)과 24개의 강점(창의성, 호기심, 열린 마음, 학습에 대한 애정, 타인에게 현명한 조망의 제공, 진실성, 용감함, 인내심, 열의, 친절, 사랑, 사회적 지능, 공정함, 리더십, 협동심, 용서, 겸손, 신중함, 자기조절, 아름다움과 뛰어남에 대한 이해, 감사, 희망, 유머, 종교적인 신념)이 있다.

이를 바탕으로 긍정 심리학에서는 이론에 바탕을 둔 훈련 및 개입 기법들이 개발되었다. 몇 가지 영성을 활용한 긍정적 기법의 예를 들면 은총 헤아리기, 희망 상자 만들기 등이 있다. Seligman 외(Seligman, Park & Peterson, 2005)는 영성 훈련이 실제적으로 인간의 삶의 질을 향상시키는지에 대한 효과성을 검증하여 긍정적인 결과를 얻었다.

즉, 몸과 영혼의 건강을 돌보기 위한 종교생활과 영성훈련, 명상 등을 활용할 수 있다고 제시하고 있다(Lyubomirsky, 2007). 이러한 활동 중 영성에 대한 함의로는 영성이 사람마다 각기 다른 형태를 취하는 개인화된 현상이고 위대한 잠재력 확증의 과정(Snyder & Lopez 2002)이므로 사람들에게 유익한 활동으로 활용될 수 있다는 것을 들 수 있다.

행복은 먼 곳에 있는 추상적인 것이 아니다. 물론 외형적인 생애사가 자신에게 영향을 미치기도 했을 것이다. 하지만 가장 자신을 움직이게 하는 메커니즘은 때로 한 구절의 문구일 수 도 있고 그것이 자신의 삶에 있어서 좌표와 원동력이 되고 있다는 것을 느낄 수 있을 것이다. 그것은 긍정심리와 행복을 느낄 때 더 커다랗게 자신을 움직이는 힘을 발휘할 수 있다. 긍정심리란 그리고 행복이란 현재 주어진 삶을 내가 느끼는 만큼으로 환경까지 변화시키는 놀라운 힘을 가지고 있다. 그것은 아무리 복잡한 상황이어도 긍정적으로 오히려 삶의 여러 사건들을 필터링하고 늘 새로운 여정이 되게 하며 행복을 느끼게 한다.

긍정의 심리학은 가장 좋아하는 것을 가장 잘 할 수 있고, 가장 잘하는 것에 가장 잘 몰입할 수 있으며, 몰입은 행복 중에서도 질적으로 높은 위상의 것이라는 것을 이야기 하고 있다. 스스로 마음의 정원을 잠시 거닐어 보면 함께 했던 소중한 사람들과의 시간을 통해 우리가 공유했던 바람도 있고 꿈밭도 있고 우리의 행복도 있을 것이어서 인간의 삶은 결국 이러한 것들을 발견해 나가는 것에 의미가 있다.

우리의 삶 곳곳에 묻어있는 행복을 긍정심리라는 필터를 통해 극대화 할 수 있다. 행복을 추구하는 것이, 작은 습관으로 시작하더라도 상이한 결론에 도달할 것이다. 그리고 이미 많은 사람들과 행복한 대화를 나누었으며 행복한 시간을 함께 했다는 것을 발견할 수 있다. 좋은 사유는 삶을 행복하게 한다. 시간의 나눔 자체에도 행복은 가능하다. 행복하기로 결정한 그 순간 행복이 찾아올 수도 있으므로 행복은 결코 환경에 있는 것이 아님을 자신의 내면에서 영성을 통해 발견할 수 있다.

극한 상황에서도 삶이란 의미부여이며, 선택이 가능하다는 것을 솔직하게 자신에게 대입해보기도 할 수 있을 것이다. 진정한 self-esteem은 여러 차원과 해석이 있겠지만,

진정한 자아실현이란 결코 남들이 말하는 동일한 자아실현이 아니라 자신이 인정하는 그런 자아실현일 것이다.

6. 청소년과 강점관점

『오즈의 마법사』의 내용은 황량한 도시 캔사스의 도로시가 환상적인 여행을 하고 다시 돌아온다는 내용으로 아이와 성인 모두에게 교훈적인 내용을 담고 있다. 김태형(2012)은 다음과 같은 것을 통해 자신에 대한 성찰을 제안하였다.

동화의 주인공인 도로시가 여행 중에 세 명의 친구를 만나게 된다. 세 명의 친구 중 처음 만나게 된 친구가 허수아비였다. 이웃이라고는 아무도 없는 황량한 캔사스에 살았던 도로시는 고독과 지루함에 지쳐가던, 뇌를 갖고 싶다고 하는 허수아비와 함께 여행을 떠나게 된다. 두 번째 만난 친구는 양철 나무꾼이었는데 양철 나무꾼은 세상에서 가장 소중한 것은 뇌가 아니라 심장이라고 반박한다. 나무꾼은 뇌는 사람을 행복하게 만들어 주지 못하며 세상에서 가장 소중한 것은 행복이라고 말하며, 타인을 사랑할 수 있는 심장을 갖고 싶다고 말하였다. 양철 나무꾼은 사람을 사랑할 수 없다는 것이 얼마나 슬픈지 깨닫고 잃어버린 소중한 심장을 찾고 싶다고 말했다. 세 번 째 도로시가 만난 친구는 겁쟁이 사자였다. 사자는 용기도 없이 사는 것을 괴로워하면서 용기를 갖고 싶다고 했다. 세상을 살아가려면 허수아비가 원하는 똑똑함도 필요하고 양철 나무꾼이 갈망하는 사랑도 필요하며 사자가 원하는 용기 또한 필요하다. 더욱이 **환상의 세계로 도피**하여 그곳에서 벗어나지 못한 채 길을 잃고 헤매던 도로시에게는 **세상을 힘차게 살아갈 용기**도 필요했을 것이다.

허수아비는 자기에게는 똑똑함이 없다고 믿었고, 양철 나무꾼은 사랑의 마음이 없다고 믿었으며 겁쟁이 사자는 용기가 없다고 믿었다. 하지만 역설적이게도 도로시 일행 중에서 가장 똑똑한 이는 허수아비였고, 가장 따뜻한 마음을 가진 이는 양철 나무꾼이었으며 가장 용감한 이는 겁쟁이 사자였다.

길을 가던 도로시 일행이 커다란 도랑을 만났을 때 허수아비가 도랑 근처의 커다란 나무를 가리키며 양철 나무꾼이 그 나무를 넘어뜨리면 맞은편 둑에 닿게 된다는 아이디어를 제공했다. 그 외에도 세차게 흐르는 강이 나타나면 양철 나무꾼에게 뗏목을 만들게 해서 현명한 방안을 만들곤 했다. 또 양철나무꾼은 길을 건너다 길 위를 기어가는 딱정벌레 한 마리를 실수로 밟아 죽이게 되자 늘 생물들이 다칠까봐 조심했던 양철 나무꾼은 그 일로 속상해하며 슬픔과 후회의 눈물을 흘렸다. 또 불쌍한 사슴을 죽이지 말라고 하는 따뜻한 마음을 가지고 있었다. 또한 사자는 도로시 일행 중에서 가장 용기있게 행동해서 성공을 뒷받침했다. 사자는 여행 중에 '칼리다'라는 무서운 동물이 나타나자 크고 무시무시한 포효를 내어 일행이 무사히 다리를 건너도록 했고, 칼리다가 뒤따라오자 죽을 때까지 싸우겠노라는 용기를 발현했다. 위기의 순간에 허수아비는 일행이 위기를 모면하게 했고, 사자는 일행을 위해 싸웠고, 양철 나무꾼은 따뜻한 마음을 이야기했다. 즉 허수아비는 뇌를 얻기 위해서, 양철 나무꾼은 심장을 얻기 위해, 겁쟁이 사자는 용기를 얻기 위해 각자 오즈를 만나려고 했지만, 허수아비는 이미 **똑똑함**을, 양철나무꾼은 **사랑**을, 겁쟁이 사자는 **용기**를 이미 가지고 있었다는 이야기이다.

그들 스스로가 그것을 알지 못했을 뿐이다.

오즈는 허수아비에게 이렇게 말했다. "**너는 뇌가 필요없어. 매일 새로운 것을 배우고 있으니까**. 경험을 통해서만 무엇인가 배울 수 있단다. 세상을 오래 살수록 그

만큼 경험도 쌓이는 법이야"라고 말했다. 또 오즈는 심장을 원하는 양철 나무꾼에게 이미 사랑의 마음을 가지고 있는데 무엇 때문에 심장을 원하느냐고 말했다. 그리고 용기를 갖고 싶어하는 사자에게는 "넌 이미 용기있는 사자이다. 너한테 필요한 것은 용기가 아니라 자신감이다. 생명이 있는 것들은 무엇이든 위험에 처하면 두려워하기 마련이나, 그런 두려움을 이기고 위험에 맞서는 것이 진정한 용기인데, 이미 그런 용기를 많이 가지고 있단다"라고 말했다.

이 대화를 통해 알 수 있는 것은 허수아비는 이미 똑똑했음에도 더 똑똑해지기를 원했고, 양철 나무꾼은 이미 선량했음에도 더 선량해지기를 원했으며, 사자는 이미 용감했음에도 더 용감해지기를 원했다는 것이다. 그렇다면 허수아비와 양철나무꾼, 겁쟁이 사자는 왜 자기들이 이미 가지고 있는 것을 그토록 원했을까? 이에 대하여 김태형(2012)은 심리학적으로 '부정적인 자아상'을 가졌기 때문에 혹은 '자신의 잠재력을 신뢰하지 못했기 때문'이라고 하였다. 그는 그들이 세상 사람들 모두가 자기의 장점과 재능을 인정해주고 칭찬해주더라도 그것을 액면 그대로 받아들이지 못하고 있음을 지적했다. 왜냐하면 자기 스스로의 장점을 모르고 자기를 높게 평가하지 못했기 때문이라는 것이다. 김태형(2012)은 도로시 역시 고아출신이었으며 무뚝뚝한 엠 아줌마와 헨리 아저씨에게 양육되어 가장 큰 약점으로 부정적 자아상을 가지고 있었을지도 모른다고 하면서, 따라서 그녀에게 가장 필요했던 것은 그런 부정적인 자아상을 긍정적인 자아상으로 수정하고, 뛰어난 잠재력을 실천 속에서 검증하는 것이었을 것이라고 추측하였다.

이런 점에서 김태형(2012)은 상처입은 자신의 분신과도 같았던 허수아비, 양철 나무꾼, 겁쟁이 사자와 함께 했던 여행은 바로 도로시 자신의 마음을 치유하는 여행이었음을 지적하고 있다. 또한 상상의 세계인 오즈의 나라에서 마음의 힘이 자라난 도로시는 이제 현실로 돌아가기를 원하며, 환상의 나라는 아름다운 나라이지만 현실에서 도피해 이상한 나라로 왔을 때 현실이 아닌 세계에서의 아슬아슬함 속에서, 긴 시간 동안 정들었던 가족과 헤어져 지내는 과정에서 엠 아줌마와 헨리 아저씨가 힘겨운 생활 속에서도 항상 자기를 걱정해주고 사랑해주었다는 사실을 새삼 지각하게 되었을 것이라 추측하였다.

그리고 이제는 황량한 초원에 있는 그 집에서조차도 씩씩하게 살아갈 수 있을 것 같은 자신감을 가지게 된 것이라 이야기한다. 이야기의 마무리는 도로시가 집으로 돌아가고자 했을 때 남쪽 나라의 착한 마녀인 글린다는 도로시에게 이렇게 말했다. “네가 신고 있는 은구두가 사막을 건너게 해줄 것이다. 신발의 마법을 알았다면 이 나라에 왔던 그날 바로 엠 아줌마 곁으로 돌아갈 수 있었을텐데....”라고 말했다. 글린다가 말했던 것처럼 도로시에게는 진작부터 험난한 현실을 감당할 수 있는 충분한 잠재력이 있었던 것이다.

그러니 결국 현실에서 환상의 세계로 도피하는 것도, 그곳에서 벗어나 현실로 돌아가는 것도 모두 그녀의 선택이었고, 그녀가 마음먹기 나름이었던 것이라는 것으로 김태형(2012)은 지적했다. 이 의미는 오즈가 자신을 치유하는 힘이 자신에게 있음을 말하면서 마음의 상처를 극복함으로써 마침내 현실에 맞서 살아갈 마음의 힘을 되찾게 되고 도로시는 가족들 품에 안겨 행복하게 살아가게 된다는 점을 강조했다. 이것은 사람들의 마음 속에는 이미 강점이 있으며 세상을 살아갈 내적 자원이 있음을 이야기하는 것이다.

7. 청소년문화의 특징

1) 청소년문화의 특징

청소년문화는 수많은 요인으로 구성되어 있으며 지역적 특성을 반영하고 경제력이나 기타 사회적 가치관을 여과없이 받아들이기도 하며 논리적이기보다 다소 충동적인 요인을 반영하고 있으므로, 같은 청소년문화라 하더라도 다양한 사회적 맥락을 반영하는 하위문화를 이루고 있다고 보아야 한다.

2) 성숙을 향해 나가는 문화

청소년문화는 성인으로 나아가기 이전 단계의 문화이므로 충분한 숙고나 검증을 거쳤다기보다는 감각적이고 빠른 유동성의 특징을 지니며 기성세대의 삶에서 규정하고 있는 구조에 대한 유보성을 가지는 문화를 받아들이는 경향이 있다. 따라서 때로 탐험적이며 판단을 넘어서는 유연성을 가지고 있다.

3) 가족 문화의 반영

가족 내 상호작용은 청소년문화에 영향을 줄 수 있다. 간단한 예시를 통하여 이를 토론해보자.

(1) 가족 내 의사소통 유형

① 방임형

방임형의 가족은 가족 내에서 의사소통의 개념과 관계 모두를 강조하지 않는다. 따라서 부모와 자녀간의 커뮤니케이션이 원활하지 않으며 상호 관심도나 개입의 정도가 매우 낮은 경향을 보인다. 이러한 특성으로 인하여 가족 구성원 간의 타인을 배려하거나 어른들을 존중해서 관계 지향적으로 의사소통하는 것이 익숙하지 않으며, 이러한 습관이 반영되었을 때 다른 사람과의 대화에서 자신의 의견을 주장하는 것에 서툴고, 다른 사람의 의견을 올바로 반영하는 것에 서툰 모습을 보일 수 있다.

② 동의형

동의형은 가족과의 의사소통에 있어서 **개념**과 **관계성**의 2가지 모두를 강조하고 있으므로 부모와의 대화에 있어서도 비교적 자유롭게 자녀는 자신의 의견을 말할 수 있다. 따라서 자녀는 논쟁에 노출되는 경우에 기존의 사회관계와 배치되지 않는 범위 내로 자신의 의사표현을 할 수 있어, 다른 사람의 입장을 고려할 수 있는 태도를 보이지만, 함부로 맞서지는 않는 경향을 보이기도 한다.

③ 다원형

다원형은 관계성보다는 **개념**을 중요시하므로 기존의 사회로부터 비교적 자유롭게 다양한 논쟁을 할 수 있는 분위기가 형성된다. 이러한 경우는 원칙의 합리성이 유연하고 합의를 통하여 협상도 가능하며 왜 어떠한 가족 신화나 신념에 대하여 동의하고 준수해야 하는지의 시작점부터 **토론**을 할 수 있는 분위기이므로 시간은 걸리지만 민주적으로 어느 정도 양방이 성숙한 가운데 성립할 수 있는 개념이다.

④ 보호형

보호형은 **관계중심**의 커뮤니케이션의 특성을 보이므로 부모와의 반대의견이 잘 허용되지 않으며 자녀가 독립적이고 자주적으로 생각하고 행동하는 기회가 제한될 수 있다. 따라서 기존 질서에 대하여 순응하는 경우 갈등이 표출되지 않으나 갈등이 내재될 확률이 높으며 청소년이 미래 사회적응에 있어서 잘 통제되는 유형으로 성장할 수는 있겠지만 진취적이고 개혁적이며 혁신적인 사고를 요하는 분야에 있어서, 혹은 리더로 성장하기에는 어려운 부분도 있을 수 있음을 추측할 수 있다.

(2) 부모 자녀의 상호 작용 방식과 청소년의 사회적 성향

다음은 애정과 통제라는 차원에 의하여 부모의 유형을 구분한 것으로 부모의 유형은 청년기의 사회적 행동과 밀접한 관련을 보일 수 있음을 표로 나타낸 것이다. 여기에서 애정차원의 의미는 부모가 자녀에게 애정적이고 지원적이며 민감한 반응과 관심을 나타낼 수 있는 정도이며, 통제의 차원은 부모의 자녀에 대한 설명보다 통제력을 가지고 의사소통을 하는 정도를 나타낸다고 할 수 있다.

〈표 4-1〉 부모의 유형과 청년의 사회적 행동

부모의 유형	특성	청소년의 사회적 행동 성향
권위 있는(authoritative) 부모: 애정과 통제 차원이 둘 다 높은 경우	애정적, 반응적이고 자녀와 항상 대화를 가짐, 자녀의 독립심을 격려하고 훈육시 논리적 설명을 이용함	책임감, 자신감, 사회성이 높음
권위주의적(authoritarian) 부모: 통제 차원은 높지만 애정차원이 낮은 경우	엄격한 통제와 설정해 놓은 규칙을 따르도록 강요함, 훈육시 체벌을 사용하고 논리적 설명을 하지 않음	비효율적 대인관계, 사회성부족, 의존적, 복종적, 반항적 성격
허용적(indulgent) 부모: 애정 차원은 높지만 통제 차원이 낮은 경우	애정적, 반응적이나 자녀에 대한 통제가 거의 없음, 일관성 없는 훈육	자신감이 있고 적응을 잘하는 편이나, 규율을 무시하고 제멋대로 행동함
무관심한(neglectful) 부모: 애정과 통제 차원이 모두 낮은 경우	애정이 없고 냉담하며, 엄격하지도 않으며 무관심함	독립심이 없고 자기 통제력이 부족하고, 문제 행동을 많이 보임

출처: Baumrind(1991); 정옥분(1998: 247) 참고 재인용.

4) 학교문화의 변화

수업문화에 있어서 교사는 교육이라는 준거문화적인 형식의 사회적 책무성을 규율과 주의집중 등의 위계적인 질서를 존중하는 분위기에서 학습하는 전통적인 방식 안에서 수업을 진행하게 된다. 최근 학생들의 자발적이고 능동적 참여를 위한 교수법을 통해 수업의 질을 높일 수 있는 방안이 논의되고 있다. 그러나 교육과정은 정해진 교과목표를 가지고 있으므로 청소년 개개인의 개성과 특성을 반영하는 것에는 어려움이 있을 수 있으며 교사와 학생간의 신뢰문제가 더 중요한 화두가 되고 있다. 학습식

교육은 청소년들이 갖고 있는 문화적 의식이나 성찰능력이나 사고력의 수준을 강화하기 보다는 암기식 수업에 익숙한 특성이 있어 교사와 학생 상호 간의 원활한 소통을 위한 노력이 요구되는 부분이다.

따라서 학생의 적극성, 자율성, 잠재의식을 끌어낼 수 있으며 **호기심과 도전, 그리고 열정을 이끌어낼 수 있는 수업방식**의 개발이 필요하며 획일적 가치관보다는 다원적 가치관을 지향하여 다양한 토론과 참여문화, 그리고 양방향적인 학습을 위해 학생들이 미리 사전에 교과에 대하여 조사하고 발표하는 형식의 PBL수업과 TBL수업 등이 도입되어 진정한 상호존중 속에 교육이 이루어져야 할 것이다. 즉, 학습자 중심의 다양한 교육 과정과 적성에 맞는 **선택과 학습자의 욕구와 흥미에 기초**하여 학생의 소질과 특기를 살려갈 수 있는 수업문화가 요구된다고 하겠다.

5) 청소년문화와 기성문화와의 차이점

청소년문화는 기성세대가 가지고 있는 주류문화를 반영하는 일종의 하위문화라고 볼 수 있다. 청소년문화는 성인으로서의 유예기간이 있으므로 비교적 자유롭고 현대시대의 포스트모더니즘적인 탈구조형식과 상업성을 기반으로 하는 자본주의적 소비문화 및 지식 정보화 문화와 과학문명, 인터넷과 IT 등의 영향을 받고 있으며 주도적이기 보다는 자칫 비판 없이 받아들여지기 쉽기 때문에 사회적 범죄나 문제와 연결될 소지도 있다. 따라서 삶 전반의 갈등의 표출이 건강하지 못한 방식으로 문화를 통해 표현되지 않도록 하는 **문화의 분석이 특히 필요**하다.

제 5 장

인터넷 문화

제 5 장

인터넷 문화

현대사회는 정보사회로 인터넷과 미디어를 기반으로 하여 지식과 다양한 정보를 바탕으로 빠른 변화와 성장을 가져오고 있다. 새로운 정보들은 사람들의 지식의 범위를 넓히며 이메일과 같이 사람 간의 관계에 대한 문화를 바꾸어 놓았다.

또한 스마트폰의 보급으로 인터넷에 대한 접근이 용이하며 편리성으로 인하여 사용하는 연령층 또한 범위가 넓어지면서 그 사용시간과 빈도가 높아지고 있다.

우리나라의 정보화진흥원(2009)에 따르면, 우리나라 9~19세의 청소년은 인터넷 중독 고위험군과 잠재위험군을 합하여 전체의 12.8%에 달하며 증가추세에 있다. 문제는 인터넷 중독자는 다른 일상생활의 소홀을 가져오기 쉽고 가상세계의 폭력성으로 인하여 현실적응 문제를 일으킬 수 있다.

따라서 인터넷 중독은 청소년의 심리 및 정서 문제를 동반하기로 하고, 심지어 중증 고위험자들은 미숙함으로 인하여 폭력이나 범죄에 노출되기도 하는 사회문제의 원인이 되기도 한다. 인터넷 중독자들은 스트레스에 취약하고 대인관계 및 사회적 기술이 부족하여 일상생활의 만족도가 낮다(이정임, 2012).

인터넷 중독이란 인터넷에 반복적으로 접속하지 않았을 때 불안, 초조감과 같은 정서적 금단현상과 내성으로 인해 더욱 인터넷에 몰입하게 되어 현실생활의 어려움을 갖는 것을 말한다(Young, 1999). 인터넷 중독은 다른 중독과는 다르게 접촉을 아예 끊고는 현대사회를 살아가는 데 큰 어려움이 있으므로 인터넷 중독이 현대사회에 주는 문제는 정신적, 사회적으로 더욱 심각하다고 볼 수 있다(김연화 · 정연숙, 2005).

특히 청소년의 경우에는 인터넷에 빠져서 현실과 가상세계를 구분하지 못하고, 현실의 생활에 적응하지 못하여 현실세계에 적응하지 못할 뿐만 아니라, 대인관계에도 문제를 보이고 있다(정수현, 2014). 또한 청소년기의 심리적 특징으로 자기 통제력의 미숙, 감감적 행동, 사회 내에서의 존재에 대한 회의감, 충동적 성향 등이 있다(정수현, 2014).

청소년기의 시기는 신체적, 정서적, 사회적 변화로 인하여 부적응 문제가 심각하게 일어날 수 있는 시점이며 스스로 자기 자신을 제어하지 못하므로 문제가 더 심각해질 수 있다. 그런데 청소년기에 있어서 인터넷 중독과 가족 구성원과의 관계가 깊다는 연구가 있다.

즉, 가족구성원 간의 상호 측면의 원활한 **의사소통**과 결속력인 **가족응집력**이 높을수록 인터넷 중독의 경향은 낮아진다는 연구(조영, 2003)가 있으며, 학업성취에 따라 인터넷 중독 경향에 차이가 있다는 연구(조춘범, 2001; 강병희, 2003; 육원희, 2003; 이현주, 2006)가 있다.

1. 인터넷 중독의 개념

중독은 물질의 신체 생리적 의존이라고 할 수 있는 내성과 금단증상이 있을 때 사용하는 용어이다. 내성이란 즐거움과 행복감을 지속적으로 경험하기 위해서는 사용하던 물질의 양을 늘려야 함을 의미하며 금단증상이란 물질의 사용을 중단했을 때 불쾌감, 기분의 저조, 괴로움 등을 경험하게 되는 부정적 상태를 말한다(김은정 외, 2000). 따라서 중독은 어떤 특별한 활동에 지나치게 몰입함으로써 정상적인 생활을 제공해 주지 못하는 과도한 쾌락의 추구로 중독 물질이 없이 기능을 할 수 없는 특별한 경험에의 의존을 말한다(Egger & Rauterberg, 1996).

이렇게 볼 때 인터넷 중독이란 인터넷에 반복적으로 접속하지 않았을 때 불안, 초조감과 같은 정서적 금단현상과 내성으로 더욱 인터넷에 몰입하게 되어 현실생활의 어려움을 갖는 것을 의미한다(Young, 1999). 한국정보문화진흥원(2002)에서는 인터넷 중독(Internet Addiction)을 '정보 이용자가 지나치게 컴퓨터에 접속하여 일상생활에 심각한 사회적, 정신적, 육체적 및 금전적 지장을 받고 있는 상태'라고 정의한 바 있다. 홍경희(2002)는 이에 대하여 인터넷 과다사용은 인터넷 이용시간 통제의 어려움과 이로 인한 일상생활 및 학업에서의 문제를 경험하는 정도가 높게 된다고 하였다.

2. 청소년의 인터넷 중독

청소년에게 인터넷의 보급과 온라인 대인관계는 일상생활이자 문화가 되었다. 과거에는 여가시간에 TV를 시청하였다면 이제는 인터넷을 주로 이용하고 있으며 친구와의 대화도 e-mail이나 메신저를 활용하고 특정 장소에서 만남을 약속하는 것이 아닌 서로의 컴퓨터에서 온라인 게임을 통하여 만남을 가지는 것이 일반적인 현상이 되었다(류진아 · 김광웅, 2004). 더욱이 청소년들은 성인들보다 새로운 이용습관이 형성될 가능성이 높고 정보화나 기술 분야에 대한 적응력이 빠르기 때문에 인터넷 중독에 빠질 확률도 높다고 할 수 있다(김은정 외, 2000).

특히 우리나라는 10대의 인터넷 사용 비율이 20~30대의 사용비율보다 월등히 높고 이러한 10대 인터넷 사용자 구조의 특징은 사이버 공간에서의 새로운 사회집단을 형성하고, 현실에서 해결하지 못한 각종 괴리감을 사이버 공간에서 해결하려고 함으로써 결국 사이버 공간에 대한 신뢰감이 높아지고 원만한 대인관계가 불가능해진다(정수현, 2014). 지나친 사용과 몰입을 통해 인터넷 중독은 청소년의 학업과 신체적, 정신적 건강을 저해하는 등 여러 가지 부작용을 수반하며 결국 청소년의 인터넷 중독은 학교생활이나 가족생활에서의 소홀로 이어져 성적 저하는 물론 가정불화의 원인이 되기도 한다(정수현, 2014).

청소년의 인터넷 중독에 관한 연구들을 살펴보면, 인터넷에 과도하게 몰입하여 중독적으로 사용하는 청소년들은 밤늦게까지 인터넷을 사용하다가 학교에 지각하는 경우가 많고, 숙제를 제대로 하지 못하여 학교 성적이 저하되는 등 학교생활 유지에 어려움을 호소하였다(김정숙, 2004; 박중규 외, 2005). 또한 부모와의 관계가 좋지 않거나, 관리를 제대로 받지 못하고 있으며, 친구들과도 잘 어울리지 못하는 것으로 보고되고 있다(김교헌, 2001; 이소영, 2000; 장재홍, 2004).

또한 현실세계와 가상세계에 대한 혼돈으로 인하여 범죄가 발생하고 사용자 자신의 건강을 해치는 등의 여러 부작용이 발생하고 있는 것으로 나타나는데, 이렇듯 잘못된 인터넷 사용이 비단 개인의 문제뿐만 아니라 가족의 문제, 더 나아가 사회적 문제가 되고 있음에도 불구하고 인터넷을 어떻게 이용해야 하는지에 대한 올바른 지식이 보급되지 않은 채 급속하게 전해지고 있어서 청소년 자녀를 둔 가족 구성원 간의 갈등 요인으로 작용하기도 한다(정수현, 2014).

특히 열등감이 높을수록 인터넷 중독이 높은 것으로 나타났으며, 학교생활에 몰두하는 정도가 낮은 학생들은 그렇지 않은 학생들보다 인터넷 게임 사용시간이 길고 중독 정도도 높을 것으로 나타난다(이현주, 2006). 다른 여러 연구에 의하면 인터넷 중독 경향이 높은 청소년은 그렇지 않은 청소년보다 학습태도도 나쁘고, 학업에 어려움을 겪고 규칙이나 체계에 적응도가 떨어지는 등 전체적으로 학교 적응을 잘하지 못하는 것으로 나타났다(조춘범, 2001; 강병희, 2003; 육원희, 2003).

특히 스마트폰이 지니는 가장 큰 특징적인 속성은 장소에 구애받지 않는 이동성과 휴대기능성이다. 이로 인해 언제 어디서든 타인과 소통이 가능하다는 점에서 **중독적 이용**에 영향을 미칠 수 있다(한국정보문화진흥원, 2006).

그런데 인터넷의 사용시간이 길어질수록 청소년은 현실 세계와 가상 세계를 구분하지 못하고 모호한 상태가 되며, 이런 상태로 일정기간이 지나면 가상의 세계가 주는 즐거움에 빠져 현실의 인간관계가 주는 즐거움을 잃어가게 되어, 결국은 새로운 형태의 **인간소외 현상**을 야기하게 된다(황상민, 2002).

우리나라 청소년의 인터넷의 주된 이용은 인터넷 게임이다. 인터넷을 통한 게임 속의 가상공간은 이전의 게임과는 달리 개방성 · 익명성 · 쌍방향성의 매력적인 특징으로 인해 청소년들이 가상세계의 컴퓨터 게임에 빠져드는 중요한 요인이라고 밝혔다(이송선, 2000).

3. 가족건강성과 청소년의 인터넷 중독

가족건강성(family strength)은 1962년 미국의 가족학자 Otto를 시작으로 하여 지금까지 연구되어 오고 있으며 최근 들어 가족을 이해하는 데 중요하고 필수적인 영역으로 인식되어 우리나라에서도 활발히 진행되고 있다(정수현, 2014). 우리나라의 건강가족에 대한 논의는 최근에 와서 가족을 이해하는데 중요하고 필수적인 영역으로 인식되어 여러 분야에서 연구가 활발히 진행되고 있다(남영자, 2008).

가족건강성은 건강한 가족의 특성을 밝힘으로써 건강가족을 형성하게 하는 요인들을 파악하고 이것으로 가족 내의 계속적인 성장과 변화를 가져오는 기초를 삼음으로써 가족문제나 기타 병리적인 가족의 특성을 사전에 예방할 수 있다고 본다(권대희, 2003).

부모-자녀관계 요인들과 인터넷 사용에 관한 선행연구를 살펴보면, 부모의 **통제수준**이 높을수록(김종원, 2002; 김진순, 2002; 윤영민, 2000; 이정연, 최영선, 2002; 조춘범, 2001; 청소년보호위원회, 2000; 최영선, 2002), 부모가 청소년 자녀들의 생활을 지나치게 제한하고, 시간 관리를 하며, **부모의 양육태도**가 애정적이지 못하고 비합리적이라고 지각할수록(안세라, 2003; 조춘범, 2001), 부모와의 의사소통에 있어서 청소년이 부모의 행동이 일방적이라고 지각할수록(김경신 · 김진희, 2003; 윤영민, 2000; 조춘범, 2001), 부모가 자녀에 대한 관심을 가지지 않을수록(김경신, 김진희, 2003; 안세라, 2003), 부모와의 갈등 정도가 높다고 지각할수록(김교헌, 2001; 조춘범, 2001), 청소년이 부모의 정서적 지지가 낮다고 지각할수록(김경신 · 김진희, 2003; 안석, 2000) 청소년들은 인터넷을 중독적으로 사용하는 것으로 나타났다(정수현, 2014 재인용).

한편 청소년이 지각하는 부모-자녀관계 요인에 대해 기존의 선행 연구를 종합해 보면 부모의 통제가 심할수록, **부모의 지지**가 낮을수록 인터넷 중독 성향이 높은 것으로 보고된다(윤영민, 2000; 황상민, 2002; 정수현, 2014).

이와 같이 가족건강성은 청소년의 발달단계상 중요한 요인으로 작용할 수 있을 것으로 예상된다. 인터넷 중독을 설명하는 중요한 요인이 **자아존중감**과 **가족건강성**과의 관계(권대희, 2003)에서 가족건강성이 높을수록 자아존중감이 높은 것으로 나와 가족건강성과 자아존중감은 상관이 높으며 이에 인터넷 중독과 가족건강성과도 연관성이 높을 것으로 보인다(정수현, 2014). 가족건강성은 최근 가족연구에 있어서 점차 중요하게 인식되고 있는 개념으로서 건강한 사회를 유지하고 개인의 성장을 도모하기 위해서는 먼저 가족이 건강해야 한다는 것을 의미한다(정수현, 2014). 이를 토대로 하여 볼 때 가족건강성은 청소년의 자존감, 통제력 및 부모와의 관계에 밀접한 영향이 있으며, 그렇지 않은 경우 청소년의 **인터넷 중독과 높은 상관관계**가 있는 것으로 나타났다.

4. 온라인 게임의 특성

다음은 동시접속자 수 및 운영방식에 따른 온라인 게임 분류(이우현, 2007)와 온라인 게임의 장르(조영기, 2009)이다. 그러나 이 이후에도 더욱 다양한 장르의 온라인 게임이 개발 중이어서 청소년의 인터넷 게임 노출이 불가피할 것으로 보이므로 가상과 현실을 구분하고 한편 자신의 통제력 하에서 성숙한 온라인 게임문화가 정착되어야 한다.

〈표 5-1〉 동시접속자 수 및 운영방식에 따른 온라인 게임 분류(이우현, 2007)

구분	동시 접속자 수	정의
온라인 게임	최소 1,000명 이상	게임 소프트웨어 업체가 콘텐츠 공급자(CP)가 되어 통신서버에 게임을 올려놓고 다수의 유저가 사이트에 접속하는 형태
네트워크 게임	1~8명	PC게임이 기반이며 특정 서브를 통해 접속하여 유저 간의 멀티 플레이가 가능한 온라인게임을 갖춘 게임
인터넷 게임	1명	브라우저를 통해 인터넷에 접속한 상태에서만 구동되는 게임으로 별도의 인스톨 없이 브라우저에 탑재된 프로그램을 이용하거나 또는 클라이언트 PC에 간단한 설치를 통해 구동이 가능하여 접근 장벽이 낮음

다음은 온라인 게임의 장르의 구분이며 많은 청소년이 네트워크 게임을 통하여 다양한 게임에 함께 하여 게임을 통한 만남과 범죄가 지적 문제가 있거나 방임된 가운

데 사회문제로 발생하기도 한다.

〈표 5-2〉 온라인 게임의 장르

장르	특 징	예
롤플레잉게임 (RPG)	다사용자 롤플레잉 게임(MMORPG)이 대표적으로 개발사에서 제공하는 환경과 스토리를 기반으로 게임 속 캐릭터를 통해 플레이하는 게이머들 사이에 서로 상호작용하여 개인의 내러티브를 형성하여 플레이할 수 있는 특징이 있음	리니지(1,2), 월드 오브 워크래프트, 에버퀘스트, 던전 앤 파이터, 메이플 스토리, 아이온, 테라 등
일인칭슈팅게임 (FPS)	게이머가 게임 속 전투의 한 캐릭터의 1인칭 시점에서 상대 게이머나 등장인물들과 대전하는 특징을 가지고 있으며, 게이머들과 전략을 짜서 팀플레이도 가능	서든어택, 카운터스트라이크, 크로스 파이어 등
실시간시뮬레이션 (RTS)	스타크레프트와 같이 개발사에서 마련한 상황에서 게이머들이 상대 게이머에 대응하는 전략을 구사하여 상황 변화를 꾀할 수 있는 특징을 가짐	스타크레프트, 워크래프트, C&C, 에이지오브 엠파이어 등
레이싱게임	게임 속 캐릭터가 자동차를 운전하여 다른 게이머 혹은 컴퓨터와 경주를 하는 게임으로 단순한 경주 이외에 여러 상황이 주어지기도 하는 경우도 있음	레이시티, 팀레볼루션, 카트라이더 등
스포츠게임	게임 속 캐릭터를 이용하여 축구, 농구, 골프, 야구 등 스포츠 게임을 상대 게이머나 컴퓨터와 경기하는 특징	피파온라인, NBA스트리트 온라인, 샷온라인, 마구마구 등
아케이드게임	개발사에서 주어진 상황 없이 게이머가 대전하거나 목표치를 세우고 도달하기 위해 진행하면서 점수를 획득하는 특징	크레이지 아케이드, 오디션 등
보드게임	체스나 장기와 같은 보드게임을 온라인상에서 가능하게 옮겨 놓은 것	바둑, 오목, 체스, 장기 등

출처: 조영기(2009).

5. 온라인 게임의 긍정적 및 부정적 특성

1) 긍정적 특성-오락의 기능

온라인 게임에서의 몰입(flow)이란 '온라인 게임에 재미를 느껴 완전히 집중하고 시간의 흐름을 지각하지 못하는 상태'라고 정의할 수 있다(권정혜, 2005; 이상철 · 김남희 · 서영호, 2003). 온라인 게임의 장점이라면 게임을 통해 주어진 상황에서 도전과 기술이 일정 수준의 균형을 이루며, 본질적인 즐거움을 수반하며, 자의식을 경험하지 않으며, 내재적 보상을 느끼게 되고, 자기 스스로 강화되어 온라인게임 행위 자체에 완전히 몰두한 최적 경험 상태를 경험할 수 있다는 것이다(김정구, 2006).

(1) 스트레스 해소, 긴장 완화, 휴식, 여가

온라인 게임이 지니고 있는 본질적 순기능으로 스트레스 해소와 긴장의 완화가 있을 수 있다. 우리나라 청소년은 과중한 입시교육으로 인하여 건강한 문화와 휴식이 없는 경우가 많다. 이러한 환경에서의 몰입은 청소년의 심리 상태를 스트레스로부터 멀리하게 하여 여가의 의미를 줄 수 있는 유일한 조건이 될 수 있다.

(2) 다양한 간접 체험과 사회화 경험

게임을 통하여 학교생활과 학원에 지친 청소년은 가상 세계 속에서 마음껏 상상력을 발휘하여 현실적으로 구속되어있는 자아를 대신하는 캐릭터를 설정해 놓고 이를 통해 게임의 법칙에 따라 자신이 추구하는 목표를 성취할 수 있으므로 게임 속에서는 현실 속에서의 무기력을 극복할 수 있다. 이것은 긍정적이라고 할 수는 없으나 사회로부터 얻지 못하는 경험을 자유롭게 구애받지 않고 선택할 수 있다는 점에서 청소년에게 있어서는 매력적이지 않을 수 없다.

비록 현실세계가 아니더라도 긍정적인 사회화의 경험으로는 게임 속에서 리더가 되어 사람을 이끌고 성을 함락하는 성취감을 경험할 수 있고 게임을 통해 본인이 희망했던 이상형적 모습을 시행해 볼 수 있으며 자존감을 회복하여 자신에 대한 긍정적 인식을 할 수 있는 계기가 되며 현실 속에서 부족한 모습에 대해 대리만족할 수 있게 된다.

즉, 게임에 몰입하는 경우 현실에서 느끼지 못한 **자율성과 독립적 사고와 능력의 도전 및 테스트**가 가능하므로 청소년에게 있어서 인기있는 영역이 될 수밖에 없다는 것이다. 이러한 부분이 현실에서 유익한 부분은 운전게임을 통해 운전에 대한 기본지식을 갖을 수 있고 전투기 조종을 통해서는 계기판을 정확하게 이해하는 능력, 그리고 도시건설 게임을 통해서는 수학이나 경제의 일부 지식을, 음식 게임은 음식에 대한 기본 패턴 등 일정 동기의식을 불러일으킬 수 있다는 것이다. 그러나 초등학생이 이러한 게임을 통한 지식을 가지고 부모님의 차를 운전하거나 하는 것은 매우 위험하며 신종 청소년범죄로 지적된 바 있다.

2) 신체 능력 향상

스포츠 관람만으로 활동적 에너지가 재충전 되는 것처럼 게임에 임하면서 인체의 감각 사용범위가 증가하는 것은 몰입의 힘이기도 하며 게임선수의 신체 협응 능력과 감각능력은 게임이전보다 게임도중 월등히 발 게임에 인체의 감각 사용 범위가 증가되는 이유는 게임에 몰입할수록 모든 감각을 사용하므로 활성화 성향을 갖는다.

3) 다양성의 인정

게임 속에서는 다양한 장르와 문화에 기반하여 개인적 기호가 인정되고 현실 속에서 얻지 못하는 존재감을 얻을 수도 있으며 게임 속에서는 계층이나 사회에서 존재하는 형식의 차별이 존재하지 않는다는 그런 견해도 작용한다고 한다. 또한 새로운 기능이나 게임 규칙 등을 익히는 것은 또래에게 친목의 기능을 한다는 견해가 있어 청소년에 대한 적절한 가이드가 필요한 부분이다.

4) 온라인 게임의 역기능

온라인 게임의 가장 큰 역기능은 가상과 현실을 구분하지 못하는 것에 있으며, 현실적 자아를 상실하는 것에 있다. 오늘날 청소년 문화에 있어 가상과 현실의 구분이 소수의 경우에 혼란스러운 것이 자아존중감이 낮은 경우, 이상심리인 경우 영향을 주고 있는 것이 사실이며 그 결과는 매우 심각한 경우도 있다. 혹은 폭력에 대해 무감각해지거나 또는 폭력에 대해 묵인하거나 모방하고 싶은 심리를 부추길 수 있다. 또한 게임상에서는 죽음에 대한 의미가 크지 않아 현실의 본질적인 모습을 간과할 수 있다.

그 밖에 매체를 의존하게 되므로 정신적 가치관이나 인내나 현실에서의 변수보다는 프로그램된 현상에 의존하여 물질주의적인 가치관이 강화될 수 있다. 그 중에서도 가장 심각한 것은 바로 청소년의 충동적 행동이다. 청소년은 어른의 거울, 가족의 거울일 수 있다. 가해자의 가정이 결손가정이 많고 공감받지 못하며 가정으로부터 냉대나 폭력이나 폭언을 경험하는 가운데, 피해자가 가해자가 되는 것이 많은 연구를 통해 증명되었다. 즉, 왕따의 경험이 왕따를 경험하지 않기 위해 성숙하지 않은 인과관계를 조성하고 청소년들 사이에서 심각하게 확산되게 되는 것이다.

이와 같이 무분별한 모방은 자칫 위험한 수준을 넘어서게 되며 이것은 청소년이 성인이 되기 이전에 배워야 하는 덕목을 함양하지 못한 결과이기도 하여 사회적 부작용을 야기하게 될 뿐 아니라 사회적 문제가 될 수 있다. 그리고 폭력성향이 외부로 드러나지 않더라도 내재된 우울감이나 외로움 등으로 젊고 소중한 시기를 어둡게 보내게 할 수 있으므로 이에 대한 청소년 복지차원의 개입이 반드시 필요한 부분이다.

이러한 기계와의 커뮤니케이션은 가족 간의 대화단절로 이어지므로 올바른 관계

형성에 지장이 되며 심한 경우는 **일탈과 중독과 나아가 정신건강의 심각한 피해자**가 될 수 있다. 이것은 스스로를 소외시키는 결과를 가져오며 각종 사이버 범죄로 사이버 성폭력, 사이버 스토킹, 인터넷 성매매 및 알선 등의 희생자가 될 수 있다. 따라서 이러한 청소년에게 다양한 문화의 경험은 그 어느 때보다 중요하다 할 것이다.

6. 사이버 문화

가상공간의 출현으로 인하여 청소년문화의 변화가 시작되었다. IT의 문화를 이끌고 있는 청소년의 문화는 점차 연령이 낮아지고 있어서 10대 청소년이 문화의 경향을 새롭게 주도하고 있다. 청소년들은 아바타를 통해 자신의 모습을 현실적으로 느끼는 것에 익숙하며 게임을 통하여 친구들과 소통하면서 그들만의 소통문화를 구성하고 있다.

사이버 문화는 사실 오락 뿐 아니라 교육의 기능도 담당하고 있는데, 스크린 골프존이나 운전연습 그리고 사이버 강의 등도 매우 일반적이 되어서 현실세계의 변화까지도 가지고 오고 있다. 이러한 문화는 e-book, e-mail의 일상화를 가져왔으며 기성문화에도 영향을 미치고 있다. 또한 이러한 현상은 만화, 신문, 서적의 접근 방법을 종이가 아닌 스마트 폰으로 접근하며 **자신의 블로그나 페이스북**에 자신의 일상을 담아내면서 빠르게 대중과 소통하고 있다.

이러한 트랜드는 무한한 전산망을 바탕으로 빠르게 확산되고 있다. 그런데 문제는 그로 인하여 잘못된 정보나 깊은 생각이 없이 던지는 **얼굴 없는 언어폭력**도 확산되는 배경이 되었다. **사람들이 쉽게 의견을 개진하는 방식**으로 인하여 사이버 공간이 자칫 **기준과 도덕성이 부족한 공간**으로 전락하기 쉽다는 것이다. 이러한 양상은 사회적 공간을 통해서는 이루어지지 않는 사이버 폭력에도 이용되기도 하며 청소년들은 탈 제약성의 영향으로 자신의 의견을 과도하게 표출하거나 관여하고자 하는 성향을 보이기도 한다.

표출주의는 자기 자신을 무작정 익명의 사람들에게 언어적으로나 혹은 자기 과시용 폭력사진의 게재 등으로 나타내려고 하는 예로 제시될 수 있으며 이것이 기존의 규범이나 관례로부터 벗어나고자 하는 욕구와 맞물릴 때 위험한 사회문제가 되기도 한다. 또한 **관여주의**로는 상호 간의 체험을 나누며 다양한 동호회 등의 참여를 하기도 하는데, 네트워크상에서 만난 사람들에 대한 미약한 검증력은 그만큼 위험에 노출될 수 있어서 신중을 기해야 하는 부분이다.

〈표 5-3〉 정보화의 긍정적, 부정적 단면

	긍정적 단면	부정적 단면
산업 경제적 측면	• 생산성 향상 • 공정 합리화 • 노동의 질 향상 • 소비자 중심의 경제 • 새로운 직업의 창출 • 창의성 자율성의 중시 • 친환경적 기술 개발	• 불확실성의 증대 • 불안정성의 심화 • 대량 실업 • 소비주의의 확산 • 수많은 직업의 소멸 • 스트레스의 심화 • 새로운 유형의 환경 파괴
정치 권력적 측면	• 참여의 확대 • 자유의 확대 • 수직적 위계질서의 파괴 • 전자 민주주의 확산	• 보이지 않는 손에 의한 통제 • 프라이버시 침해 • 정보 권력의 강화 • 지식 정보 엘리트의 영향력 강화
사회문화적 측면	• 개성의 강조 • 사회적 협력의 증대 • 의사소통적인 사회 • 정보의 자유로운 접근 • 지적 수준의 상승 • 정보의 보편적 이용	• 코드화된 인간 • 개인의 고립화 • 생활의 탈인간화 • 정보의 홍수 • 문화의 향락화 • 세대/계층 간 불평등 심화

출처: 김문조(1999). 과학기술과 한국사회의 미래. 인문사회총서7. 고려대학교출판부. p. 198.

1) 사이버 문화의 특성

사이버 문화의 특성은 가상공간에서의 인터넷 커뮤니케이션을 통해 형성되는 문화 또는 다양한 디지털 콘텐츠로 이루어진 문화를 의미한다. 이에 대한 어원적인 의미는 'cybernation(인공두뇌)'와 'automation(자동화)'의 합성어이다. 다시 말하면 인공적 두뇌와 자동화에 의해 창출된 가상공간상에서의 문화라고 할 수 있다. 이러한 사이버 문화는 다음과 같은 몇가지 대표적 특징을 지니며 그 밖에도 다양하게 창출되고 있다.

(1) 익명성의 문화

사이버 문화의 대표적 특성은 익명성이다. 익명성이란 인터넷을 통한 가상공간에서는 누구나 제약받지 않고 상호적으로 정보교환과 의사소통이 가능한데 상대방에 대한 사전 정보가 전혀 없는 상태에서도 혹은 정보를 확인하지 않은 상태에서 의사소통하므로 익명성으로 진행되는 경우가 많다. 익명성에는 장점과 단점이 있는데 장점으로는 편안한 상태로 이야기를 나눌 수 있는 반면 단점으로는 예의가 무시될 수 있다는 것이며 거짓 정보나 고의적인 침해도 가능하므로 청소년의 주의를 요하기도 한다.

(2) 자율성의 문화

사이버 공간에서는 정보의 교환이 자유롭기 때문에 특별한 제한이 없으며 한동안 메신저나 청소년 간의 버디버디와 같은 사이버 상의 메신저가 호기심과 대화의 소통의 통로 구실을 한 적이 있었다. 최근에는 아는 사람들 간의 톡방과 같은 형태로 운영되며 면대면으로 만나지 않아도 의사소통이 가능한 면에 있어서 편리함이 있으나 소통의 귀중함이 희석될 수 있을 여지가 있으며 한편 사이버상의 왕따문제는 10대에게 있어서 문제가 되기도 하고 있다. 따라서 적절한 통제와 현실세계와 동일한 준거와 존중의 예의가 필요할 것이다.

(3) 자율성의 문화

자율이라는 개념은 스스로를 적절히 통제한다는 의미인데, 따라서 가상공간에서는 보이지 않는 타자를 위해 현실세계에서와 동일하게 스스로를 윤리적으로 통제하며 타자를 존중하는 행위가 필요하다.

(4) 진보의 문화

인터넷을 통한 의견의 교환은 정치적 소신과 의사를 분명히 하여 **새로운 시민사회의 모습을 창출**하며 새로운 민주주의의 모습을 보여주고 있다. 다양한 의견을 자유롭게 개진하는 모습은 미래지향적이며 창조적이라 할 수 있는데, 의식이 있는 성인들에 의하여 바람직한 문화가 확산될 수 있는 기능을 담당할 수 있다는 것이다. 또한 정의롭고 공명한 시민의 단합에 대한 새로운 가치로 보다 **진보한 사회**를 앞당기는 역할을 담당하기도 한다.

(5) 동호회나 취미활동의 자유

가상공간에서는 익명성을 바탕으로 하여 동호회, 산악회, 각종 마니아 활동이 가능하여 지리적인 지역사회를 뛰어넘어 문화적 경계를 보다 유연히 하는 효과가 있다. 또한 이러한 모임의 특징은 가입이나 탈퇴가 자유로운 **새로운 문화창출**에 이바지하고 있다.

2) 사이버 문화의 전망

(1) 미래적 가치의 문화

사이버 문화는 전파속도가 매우 빠르므로 인기있는 애니메이션, 게임, 소비재, 포털사이트 등이 매우 활발히 운영될 수 있는 장점이 있다. 이러한 사이버 문화는 쇼핑,

상담, 교육과 지역사회의 각종 포털의 원스톱 서비스에도 그 장점을 살릴 수 있다.

(2) 다양성의 문화

현실세계에서 규정되고 제한되는 개인의 삶이나 일상생활은 사이버 공간에서 보다 자유로운 자신의 모습으로 마치 분신인 아바타의 모습으로 존재할 수 있다. 이것은 자신에 대한 제한에 상상력을 더하여 달라질 수 있는 가능성을 간접적으로 경험하고 보다 목적의식을 가지고 새로운 변화에 도전할 수 있도록 한다.

제 6 장

청소년 또래집단

제 6 장

청소년 또래집단

[그림 6-1] 내일을 꿈꾸다!(2017, "경상남도 청소년 일시쉼터" 홈페이지 메인 이미지)

1. 또래집단의 개념과 특징

1) 또래집단의 개념

또래집단(peer group)은 흔히 자신이 속해 있는 연령과 비슷한 연령대의 집단 또는 계층을 의미한다. 그리고 이러한 또래집단이 만들어지면서 공감대를 쌓고 생각을 공유를 하면서 공동으로 형성되는 그들만의 특유의 문화를 또래 문화(peer culture)라고 지칭하게 된다.

'또래'란 청소년기의 가장 큰 특징 중 하나로, 비슷한 연령이나 비슷한 성숙도를 가진 아동 혹은 청소년을 말한다(안수영 2008; 김명숙, 2017 재인용). 또래집단은 자신의 생각과 가치관이나 정보 등을 공유하면서 자신과 비슷한 유형의 유대관계는 더욱 깊어지고 그 경계가 더욱 확실해지기도 하여 동질화와 이질화가 동시에 진행되는 특징이 있다. 또래집단은 신분이 비슷하다고 느끼면서 행동하는 동년배 집단으로, 자연스럽게 형성된 모임을 의미는데(오인수, 2008),[1] 청소년기의 또래집단 은 비슷한 연령대로 인하여 생겨나는 동질감으로 사회적 신분으로 인한 구분보다는 다양한 관심사 등을 공유하면서 공감대를 쌓아가는 유대관계를 형성하게 된다고 볼 수 있다. 이러한 또래집단의 영향력은 청소년이 성인이 되기 이전에 자아를 실현하고 성숙시키는 것에 크고 작은 영향을 상호 주게 받게 된다. 그렇기 때문에 청소년들의 또래 문화는 다른 계층들보다 더욱더 가치관 형성 및 성장 발달에 영향을 많이 주는 경향이 있다. 청소년들은 부모나 선생님의 말보다 또래의 조언에 더 민감한 것은 바로 이러한 특성 때문이다.

2) 또래집단의 특징

청소년기에 형성하게 되는 또래 집단의 상호 주고 받는 영향력은 다른 계층에 비해서 더욱 파급력이 있다. 위에서 청소년 시기에 또래집단을 통해서 가치관을 형성하고, 또래관계의 영향력이 강하게 드러나게 되는 특성은(황혜정, 2002), 청소년기에 있어서 매우 중요한 준거가 된다. 또래집단은 독특한 자신만의 사회화의 역할을 하면서 가치관을 형성하는데 중요한 역할을 하게 된다. 이와 같이 청소년기에 형성되는 가치관은 성인이 되어서도 진로 등에 영향을 줄 정도로 중요하다.

---

1) 오인수(2008), 청소년 또래집단의 문화적 동질성과 가족배경과의 관계에 관한 연구 : 전주시 지역을 중심으로, 학위논문(석사)-- 전북대학교 교육대학원 : 교육학(일반사회교육) 2008. 2 , 4p

그렇게 되는 이유는, 청소년에게 또래관계는 부모와 보내는 시간이 줄어들고, 동년배 또래와 보내는 시간이 늘어나기 때문이고, 청소년이 또래와의 시간이 점차 늘어나면서 사회적 관계의 중심으로 자리를 잡는다고 생각(김용석, 2015)하기 때문이다. 이것은 청소년의 특징이기도 한데 하나의 성장과정으로 **또래와의 동질적인 사고의 파장**은 독자적인 영역을 확보하면서 성인으로 향하는 **성장의 과정**을 거친다. 이와 같이 형성한 사회적인 관계는 성인이 되어서도 사회에 적응하여 원활한 인간관계를 형성할 수 있도록 도움을 주는 바탕이 된다고 볼 수 있다. 예를 들면 친구 간의 신의나 배려·이해·위로와 같은 중요한 정서와 도움주기, 함께하기 등을 배우며 이로 인하여, 행동준거의 자원을 얻게 되어 청소년 개인의 자아 정체성을 형성하는데 있어서 또래집단이 중요한 역할을 하게 된다(황혜정, 2002).

또래집단의 영향력을 살펴보면, 흔히 말하는 절친(切親)부터 시작해서 같은 학급 학생 또는 같은 동아리 학생, 비슷한 연령대 등 다양하게 살펴볼 수 있는데, 특히 현대사회에서의 인터넷과 스마트 폰 그리고 SNS(Social Network Services)의 발달 및 보급으로 인해서 청소년 또래집단의 울타리는 보다 더욱 광범위하고 확고하게 상호 직·간접적인 영향을 미친다고 볼 수 있다.

2. 또래집단의 역할

1) 긍정적인 역할

또래집단을 통해 건전한 교우관계는 자신과 교우의 발전을 위하여 상호 좋은 점을 배우는 관계가 아닐까 한다. 예로부터 친구는 좋은 친구를 사귀어야 한다는 이야기는 근묵자흑(近墨者黑)과 같은 맥락으로, 긍정적 친구가 있는 청소년이 대학 진학률이 더 높고, 친구들이 일탈 행동을 적게 할수록 청소년은 학교에서 성적이 좋으며 학교를 중퇴할 확률이 적다고 하는데(이승미 외, 2008; 김학령 외, 2011 재인용), 좋은 친구와 어울린다면 일탈로 인하여 학업에 영향을 끼칠 가능성이 줄어들며, 더욱 원활환 상호작용을 통하여 사회적 관계에 영향을 주며 우정을 쌓아가는 주도적 역할을 하기도 하면서 성장하게 된다.

또한 청소년 시기에 있어서 또래집단은 스트레스에 대처하는 정서적, 심리적 안정과 지지를 제공하는 등 고민과 갈등을 이해하고 해결방향을 이끌어 나가는 중요한 역할을 배우게 한다(Gross & Siperstein, 1997). 이와 같이 또래집단의 순기능을 통해 청소년은 인간관계에 있어서 보다 더욱 깊이 있게 성장할 것이고, 또래 문화를 공유하면서 사회적인 관계를 통해 또래집단의 개성과 가치관의 정립과 진취적인 미래의 구상을 하면서 혹은 상상력을 공유하면서 함께 하는 문화생활은 올바른 인간관계를 유지하게 되는 중요한 바탕이 된다.

2) 부정적인 역할

또래관계의 부정적인 역할은 비행이나 일탈에 있다. 최근 비행이나 일탈의 연령이 낮아지고 있으며 이는 과거의 가부장적 의사소통방식과 세대 간 의사소통의 장애 등의 영향이 맞물려 성장속도에 맞지 않는 의사소통의 부조화를 나타내주는 것이기도 하다. 청소년의 비행이나 일탈은 가정으로부터 부모의 적절한 애착과 양육방식에 있어서의 애정과 관심과 섬세한 관심과 지지를 필요로 하는 성장과정에서의 결핍으로 인한 것들이 많기에 청소년의 일탈이나 비행의 이면을 자세히 들여다 볼 필요가 있다. 아동기나 청소년기에 있어서 또래집단은 부모 외에 강력한 사회화의 대행자로서 집단생활을 하면서 서로 영향을 주고받는 또래의 성향이 행동과 가치관에 중요한 영향을 미칠 수 있다(이상훈 · 최보람 · 김성희 · 정규형, 2017). 따라서 청소년 비행은 소속되어진 또래집단 내의 특성으로 인해 또래집단을 통하여 영향을 주고받으며 확산되고, 청소년의 미숙한 사고로 인하여 상호 위험성이 보다 높아진다고 볼 수 있다.

3. 또래집단 관계에 영향을 주는 요소

또래집단의 관계에 있어서 영향을 주는 것을 '나'를 기준으로 볼 때 대내 · 외적인 요인으로 나누어서 다음과 같이 분류해볼 수 있다.

1) 내적인 요소

(1) 자아정체감

청소년은 성인에 비해 불완전하면서 미성숙한 존재이기 때문에 또래를 통하여 작은 사회를 미리 경험해 보면서 삶에 대하여 배워가고 가치관을 확립하게 되는 과정에 있다. 여기서 자아정체감의 역할은 매우 중요하다. 자아정체감을 제대로 형성하지 못한 청소년은 인생관이 확고하지 않기 때문에 삶의 목표와 방향이 분명하지 않게 되고(허정철, 2008; 김현순, 2014 재인용), 부정적인 자아정체감은 인생에 대한 방향을 상실하고 자신에 대해 열등감을 느낄 수 있다(이지민, 2009). 이는 집을 짓기 전에 철근을 통해 뼈대를 만드는 것과 비슷하다고 볼 수 있는데, 기초공사에 해당하는 것으로 자아정체감을 통해 자신의 위치와 역할을 정하는 것이 무엇보다 중요하다고 생각한다.

이로 인하여, 미래에 대한 자신의 역할을 수립하는데 혼란스러워하며 매사에 충동적이거나 동요되기 쉽다고 보게 되기도 하는데(허정철, 2008; 김현순, 2014 재인용), 청소년기에 확립하게 되는 자아정체감은 성인이 되어서도 그 영향을 줄 만큼 중요한 역할을 담당한다고 볼 수 있다. 따라서 자아정체감을 형성하는 것보다 더 중요한 것은 자아정체감을 올바르게 형성하도록 해야 한다는 것이다.

반면, 청소년기에 긍정적인 자아정체감은 정서적으로 안정되면서 인생의 목표를 설정하고 실천해 나갈 수 있도록 구체적인 노력들을 한다(이지민, 2009).[2] 청소년의 시기에 자아정체감을 긍정적으로 형성하고 인생에 대하여 안정적인 대인 관계를 맺으며 자신의 책임하에 인생목표를 실천해 나간다면 실패를 통해서도 성공을 배울 수 있을 것이다. 반면 자아정체감을 부정적으로 형성하게 되면 인생에 대하여 열등감을 느끼고, 실패와 성취를 통하여 건강한 독립성을 키우기 어려우므로 청소년기 때부터 자아정체감 형성에 있어서 주의와 관심이 필요하다고 할 수 있다.

(2) 또래관계

청소년에게 또래집단은 독자적 사회를 통해 상호작용을 통해 가치관을 쌓고 사회생활을 익혀 나가는 것에 연습이라고 볼 수 있다. 이는 서로에게 격려와 지지 그리고 피드백을 해줌으로써 스스로 유능하고 가치 있는 사람이라고 느끼게 해 주며 또래간 적극적이고 원만한 관계는 긍정적인 자아개념과 정상적인 사회생활을 영위하는 것이 중요한데(오인수, 2008), 올바르게 자아를 실현하기 위해서는 **또래와 올바른 상호작용을 배우는 것**이 중요하다.

또래는 **사회적 지원과 안정감**을 제공하고, 서로에게 중요한 강화자가 된다(최지은 외, 2003; 김영춘, 2014 재인용). 청소년에게 있어서 또래집단은 자신들만의 문화를 형성함에 있어서 서로에게 강력한 영향을 주며 청소년기 발달과 함께 더불어서 성인이 되는 것에 있어도 영향을 주므로 성찰적 차원에서 옳고 그름을 판단하는 것에 있어서도 신중해야 한다.

이때 부정적인 자아는 어른이 되어서도 사회에 적응하지 못할 수 있다(오인수, 2008).

2) 이지민(2009). 부모-자녀 간의 의사소통, 자아정체감, 청소년의 학교적응 간의 관계 구조. 한국생활과학회지 제18권 제5호, pp.1021-1033.

학창시절에 또래들과 어울리지 못했던 청소년들은 사회에 나가서도 직장 동료와 어울리는 방법에 서투르거나 잘 어울리지 못해 소외감을 느끼게 되는 경우가 있는데, 이직과 퇴직의 잦은 반복을 불러올 수도 있다. 따라서 청소년 자녀를 둔 부모들은 자신의 자녀가 학교에서 친구들과 잘 어울리는지, 따돌림은 당하지 않는지 혹은 따돌림을 하고 있지는 않은지 공동의 책임하에 세심하게 관심을 두어야 하며, 교사도 청소년들 간의 또래 간 문제에 각별히 개입하는 것이 필요한 시기이다.

(3) 스마트폰 중독

21세기를 맞이하면서 인터넷의 발달과 높은 보급률은 정보화 시대의 막을 열었다. 특히 스마트폰 등장 이후 계속해서 제품의 개발로 생체 인식(안면, 음성, 지문, 홍채 등), AI(Artificial Intelligence, 인공지능) 등의 첨단기술이 발달 및 보편화되었으며 청소년들의 스마트폰 이용률 또한 점차 증가하고 있다.

스마트폰은 편리한 의사소통수단이 되고, 또래 문화의 주요 공간이 되면서 **자기표현 욕구를 충족**시키게 되는데(김혜순 · 변상해, 2015: Jo, 2012 재인용), 시대가 흐를수록 일상생활에서 녹아들어 삶의 일부가 된 스마트폰의 사용은 순기능이 있지만 역기능도 존재하게 된다.

스마트폰의 중독은 다른 사람과의 관계에서 상호의존감이나 연결감을 느끼지 못하면서 소외감을 느끼는 사람들은 휴대전화를 대체 수단으로 사용하여 타인과 소통하고 관계를 맺으려 하였는데(김현순, 2014), 균형적 의사소통이 될 수 있도록 각별히 노력할 필요가 있다.

정보화 시대에서 SNS의 발달로 인하여 사람들은 얼굴도 모르는 가상의 상대와 더욱 친하게 지내게 되는 경우 불완전한 청소년의 경우 이러한 영향이 더욱 중요하게 자리 잡게 되면서 또 다른 문제를 낳기도 한다. 또한 지속적으로 휴대폰을 사용하여 청소년들은 또래관계를 소홀히 하고 싶지 않은 심리적 욕구를 충족하고 있다고 생각하는 것으로 인해(김혜순 · 변상해, 2015), 휴대전화에 중독되는 경향이 높다(김현순, 2014).

현재 스마트폰을 사용하는 학생들이 스마트폰을 사용하지 않는 학생 수보다 높다. 즉, 스마트폰을 통해서 카카오톡과 같은 수단을 통해 의사소통을 하게 되면서 스마트폰이 없으면 친구와 어울리지 못하는 것으로 청소년들이 체감한다는 것이다.

따라서 친구 관계를 마음으로 보는 것보다 SNS를 통해 보게 되었고, 스마트폰을 소지하면서 어디서나 할 수 있다는 장점으로 인하여 청소년의 스마트폰은 생활의 일부가 되었다. **카카오톡 단체 채팅방(일명 단톡방)을 만들면서 또래집단의 유대관계**는 더욱 강력해진다. 이로 인하여 상대방에게 언제 연락이 올지 모른다는 생각과 소외되고 싶지 않은 또래들의 특성상 스마트폰에 중독되고 집착하게 되는 경우가 증가한다.

2) 외적인 요소

(1) 가족관계

청소년과 가족 간의 관계는 또래관계에도 영향을 주게 된다. 부모로부터 **방임경험**이 많을수록 또래로부터의 공격 피해를 많이 경험하며(차정원 · 이형실, 2014), 부모-청소년의 관계가 갈등적이거나 부모의 역할이 부재할 때 또래집단은 구성원들에게 큰 영향력을 행사하게 된다(오인수, 2008). 청소년에게 있어서 가정은 학교와 사회에 앞서서 가장 기초적인 생활을 배우는 공간을 의미하고, 학교라는 사회의 생활을 원활하게 하기 위해서 가정으로부터 올바른 관심과 지지를 받아야 하는데 청소년에게 있어서 이것은 매우 중요한 역할을 하게 된다. 청소년이 부모와의 갈등이 크다고 지각할수록 또래관계가 원만하지 않고(An, 2006; 차정원 외, 2014 재인용), 부모의 양육태도가 부정적일수록 또래 괴롭힘 수준이 높아진다(차정원 · 이형실, 2014).

부모의 양육태도 중에서 방임은 아동학대의 하나의 유형에 속하며 청소년에게는 매우 치명적이 될 수 있다. 청소년 자녀는 부모의 방임 및 학대가 높을수록 사회적 상황에 대해 위축되고, 학교생활이라는 사회적 상황에 대해 위축적인 태도로 반응하면서 학교생활에의 부적응이 높아진다는 것이다(박기원, 2014; 장신재 · 양혜원, 2015 재인용).[3)]

이에 반해서, 가족 구성원들이 서로에게 관심을 갖고 애정을 기초로 하여 화목하게 생활 할수록 또래사이의 공격성이 낮아지고(차정원 · 이형실, 2014), 가족 구성원들이 서로 자유롭게 행동하고 감정을 표현하며 지지할수록 또래집단에서 관계의 유능성이 높아지게 된다(오인수, 2008). 청소년이 또래집단에 속하기 이전에 가정에 소속된 일원임을 인식하고, 가정에서는 청소년에 대한 관심과 애정을 통해 청소년이 엇나가거나 비행을 저지르지 않도록 가족의 도움이 가장 중요하다고 보고 있는데, 가족이 친밀한 유대관계를 형성할수록 청소년은 긍정적인 또래관계를 형성하게 된다(차정원 · 이형실, 2014)는 연구는 '가정의 중요성'을 함의하고 있다.

(2) 학교와 교사

학생과 교사와의 관계는 청소년의 인성 발달과 학급 내의 교육환경에 큰 영향을 주기 때문에 교육적으로도 매우 중요하다(이동미, 2015: 지은림 등, 2003). 학교는 학생들이 교과수업에 앞서 청소년들에게 인성교육을 통해 올바른 인성의 확립을 돕고 건강한 또래집단을 형성하고, 상호작용을 통한 가치관 형성으로 청소년들의 미래 과업에 대하여 생각할 수 있도록 돕는 장소이다.

태어나면서 가정에서 1차적 교육을 받은 청소년은 학교라는 사회를 통해 사회를 간접적으로 맛보고 성인이 되어 사회에 진출하여 사회에서 잘 적응할 수 있도록 미리 예행연습을 하게 된다. 교실 내에서는 학생과 교사 간의 다양한 상호작용이 일어나면서 학생들은 교사에 대한 신뢰를 형성하게 되는데, 이는 심리적으로 성장하는 단계가 된다(이민지, 2017: 이숙정, 2005). 입시위주의 교육방식으로 인하여 학생들은 교과 수업과 입시 및 진학 외에 의미를 두지 않는 경우가 많았으나, 요즘의 학교들은 교과 수업 이외의 영역에서도 중점을 두어 학생들이 올바른 가치관과 인성을 확립할 수 있도록 하는 다양한 기회를 마련하고 있다.

3) 장신재, 양혜원(2015), 부모의 방임과 중학생의 휴대전화 의존 관계에 미치는 자아존중감과 사회적 위축의 매개효과사회과학연구 제31집 2호, 2015.5, pp.133-156, 7.p: 박기원, 2014에서 재인용.

4. 또래집단의 문제와 해결

1) 또래집단의 문제

(1) 학교폭력 · 따돌림

부적응 청소년은 또래집단에게서 부정적인 영향을 받거나 또래집단과 잘 어울리지 못하면서 관계형성에 어려움을 겪게 된다. 관계형성에 어려움을 겪게 되면 자아정체감에도 손상이 일어날 수 있으며 성인이 되어서 사회생활에 지장이 생길 수 있다. 또한 사회적 기술이 부족하고, 낮은 자존감이나 공감 능력으로 인하여 자신의 욕구를 충족시키기 위해 강자가 약자로 나누어져서 폭력을 행사하게 된다(류연희, 2014).

폭력을 행사한다는 것은 힘이나 여건이 불리한 대상을 괴롭히겠다는 목적과 의도를 가지고, 일정 기간 지속적이고 반복적으로 괴롭히는 것으로 모두 또래 괴롭힘에 속하게 된다(김민지, 2013; 김여선, 2017 재인용).

청소년은 성인에 비하여 불완전하고 미성숙한 존재이기에 또래집단을 형성하여 자아를 실현하고 가치관을 확립하고자 하는데 독립적이지 못하여 의존하려 하는 청소년의 특성은 또래와의 관계형성에 어려움을 느끼게 되는데 이를 통하여 또래 애착은 더욱 심화되기도 한다(류연희, 2014).

(2) 스마트폰 따돌림 · 따돌림

스마트폰의 발달 및 보급률 그리고 SNS의 이용률이 점차 증가하면서 스마트폰 따돌림 현상이 증가하고 있는데, 스마트폰의 노출시간이 많음에 따라 반 친구들이 이용하는 카카오톡이나 SNS에서 특정인 비난하거나 따돌리는 또래들과의 관계는 스마트폰을 통해서 문제가 될 수 있다(한국청소년정책연구원, 2013; 김혜순 · 변상해, 2015 재인용). 현대사회에서 청소년에게 스마트 폰이라는 의사소통 수단을 통해서 청소년들은 SNS를 통해

존재감을 확인하고자 하는데 이는 서로 원활한 소통을 해서 유대감을 더욱 강화시켜 준다는 순기능이 있으나, SNS를 통해 또 다른 개인이나 **집단 갈등과 따돌림** 등의 **역기능의 문제**도 야기되고 있다.

2) 또래집단 문제의 해결

(1) 학교폭력의 해결

또래집단이 형성되면서 청소년들은 입시위주의 학교교육과 밀집된 환경에서 스트레스를 풀고자 하는 경우가 생기며 또래집단과 개인의 폭력 문제, 또래집단 간의 폭력 문제가 발생하기도 한다. 폭력 문제를 모두 학생의 문제와 책임으로 돌리는 것은 옳은 방법이 아니다. 청소년을 양육시키고 교육시키는 것은 가정과 학교 그리고 학생이 살아가고 있는 지역사회의 역할의 공동 연대적인 책임이라고 볼 수 있다. 가정·학교·지역사회 모두가 연계하여 청소년의 소외감을 줄이는 적극적인 노력과 상담 개입이야말로 청소년의 폭력비행을 감소시키고, 예방할 수 있는 근본적인 대책이다(김선주·김영희, 2012). 학교폭력과 집단따돌림 등의 문제는 청소년 또래 간의 갈등과 의견충돌 등으로 일어나게 되지만, 그 원인을 살펴보면 내면화된 **마음의 상처와 우울감, 좌절, 스트레스**로 인해 일어나는 일이기도 하다.

청소년의 경우에는, 반복되는 비행으로 인해 부모님마저도 자신을 포기하고 부모님의 신뢰를 잃었다고 생각하지만, 그렇기 때문에 오히려 더욱 부모님의 신뢰를 회복해야겠다고 하는 의지가 학교 폭력 재발을 막는데 긍정적으로 작용하기도 하였다(이미영·장은진, 2015).

학교 폭력을 일으키게 되는 학생 또한 가정 내 불화, 부모로부터 보며 배운 모습과 발달되지 않은 인성 등이 표출되어 나오는 것일 수도 있다. 학교 폭력과 따돌림을 학생의 탓으로 돌리기 전에 학생을 교육시키는 가정의 모습을 살펴보고, 가정교육의 중요성을 일깨워서 청소년을 가정에서 먼저 바르게 관심을 기울이고 학교와 연계하며 지역사회의 **다양한 건전문화**를 통하여 소통하는 여건이 마련되도록 관심을 기울일 필요가 있다.

(2) 스마트폰 따돌림의 해결

최근 교육부에서는 스마트폰 사용으로 인하여 발생되어지는 '**사이버 불링**(cyber bullying, 사이버 왕따)'과 같은 또래문제 해결을 위해 또래집단 간의 친밀성을 증진시키고 의사소통, 공감능력, 갈등해결능력, 자기존중감 등을 길러 또래와의 관계를 개선하고 안전한 학교문화를 형성하는 것을 목적으로 하는 프로그램을 진행하고 있다(송지원, 2017). 스마트폰은 청소년에게 가장 친숙한 도구이므로 일반적인 주입식 교육이나 캠페인 등의 방법은 지루하며 효과를 기대하기 어려울 수도 있으므로 스마트폰을 활용하여 청소년에게 스마트폰에 대한 순기능과 역기능을 일깨워주는 것도 하나의 방법일 것이다.

청소년들이 훗날, 미래 우리사회를 구축해 나갈 중요한 인재임을 인지하여 그들이 올바른 가치관과 인성을 확립하여 청소년이 지니게 되는 다양한 문제들을 스스로 건강하게 해결해나가는 능력을 기를 수 있도록 도움을 주어야 하는데, 청소년을 성인들의 잣대로 대하지 말고 청소년의 입장이 되어서 그들의 고충과 문제를 함께 고민하여 청소년이 자아실현을 위해 건강한 자아정체감을 형성하여 갈 수 있는 문화의 장이 더욱 절실하다.

제 7 장

청소년 언어문화

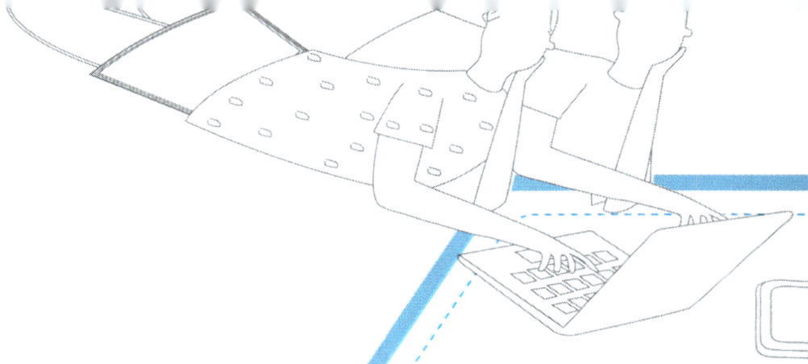

제 7 장 청소년 언어문화

1. 청소년 언어문화의 정의

언어문화의 사전적인 개념은 일상의 언어 생활 또는 언론, 문학, 출판 등 언어에 의하여 이루어지는 모든 문화를 통틀어 이르는 말(표준국어대사전, 2008)로 청소년 언어문화는 모든 청소년들이 비속어, 은어, 유행어, 줄임말 등 다양하게 일상생활에서 사용하여 이루어지는 모든 문화를 포괄하여 말한다고 할 수 있을 것이다. 정희금(2015)은 청소년 언어에 대하여 비속어, 은어 등에 대한 이론적 고찰을 통해서 정의를 내렸는데 청소년 언어의 경우 어른들의 세계로부터 독립하고자 하는 모습과, 음절을 마음대로 파괴하며 공공장소에서 예의를 지키지 않는 모습을 통해 '**비밀성, 파괴성, 소음성**'의 특징이 있다고 하였다.

2. 청소년 언어의 종류

1) 은어

은어는 은닉성이 강한 말로 특정 집단 내에서 사용하는 비밀스런 혹은 비밀을 지키기 위하여 독특하게 쓰이는 말(이응백 외, 1998)로 어떤 계층이나 다른 부류의 사람들이 다른 사람들이 쉽게 알아듣지 못하도록 집단 구성원 내부에서 빈번하게 사용하는 말로 정의할 수 있다. 청소년 학생이나 불량배 또는 조폭 등의 각종 집단에 따라서 다를 수 있는 줄임말, 특정 사람을 가리키는 언어로 병맛(재미없다는 뜻), 현피(인터넷상의 싸움을 실제로 만나서 싸우는 것), 문상(문화 상품권), 버카충(버스카드충전) 등은 그나마 알려진 청소년의 은어다. 이러한 은어는 사실상 매우 다양하여 나이 어린 젊은 세대들은 쉽게 알아들을 수 있으나 나이가 많으신 어르신이나 중년의 사람들은 이해하기 어려운 경우도 많다.

2) 비속어

비속어는 대개 우리 일상생활에서 상대방을 비하하기 위하여 혹은 욕설을 말하는 것으로 상대의 기분을 불쾌하게 만드는 언어폭력의 범주라고 정의할 수 있다. 종종 직설적이고 거친 말로 비속어는 보통 상대방을 경멸하거나 스트레스가 쌓여있거나 분노한 상태로 사용하게 된다. 또 어떤 경우에는 비속어를 사용하면서 토속적으로 가까운 사이의 정겨움을 표현하기도 하나 분별이 필요하다.

3) 줄임말

줄임말은 긴 단어를 줄여서 말하는 것으로, "중도에서 만나자(중앙도서관에서 만나자).", 사회복지과(사복과) 등 많이 보편화되어 있고 일반인이나 뉴스에서도 사용될 정도로 긴 단어를 사회적 용인의 범위에서 축약하여 사용하는 것이다.

3. 청소년 언어문화의 특징

청소년은 가정, 학교 안이나 밖에서 또는 사이버 공간 안에서 어문 규정에 어긋난 단어나 문장 표현들을 은어의 형식 등으로 사용하며, 무분별한 비속어, 신조어의 사용을 추가하면 청소년의 **불안정한 심리표출**을 단어로 하는 경우는 너무나 흔히 찾아볼 수 있다. 오히려 욕을 사용하지 않으면 친구들이 만만하게 보거나 오히려 또래관계에서 적응하기 어렵다는 것이다. 그러나 **올바른 언어습관**을 기르지 못하면 사회에서의 스트레스를 겪을 때 마치 청소년과 같은 어른의 모습으로 살아갈지도 모르는 일이다. 청소년이 은어나 신조어 등을 사용하는 이유는 다음과 같다.

1) 재미와 쾌락 추구

언어를 통한 유희는 그만큼 우리나라에 청소년들을 위한 문화다운 문화가 정착해 있지 못하는 것을 의미하기도 한다. 대학생이 되기 이전까지 학생들은 입시에 대한 부담으로 **또래 간의 우정**을 쌓는 시간을 공유할 시간이 많지 않다. 학생들의 지적인 능력과 **스팩 쌓기**에 연연해야 하는 현실에서 학생들 간의 오락은 자연히 말초적 즐거움에 급급할 수 있게 된다. 저급한 언어는 더욱이 사고나 행동을 단순하게 하면서 재미와 쾌락만을 추구하게 한다.

청소년들은 또래끼리의 언어 문법에 벗어난 언어들은 예를 들어 동문서답하는 게임이나 비속어나 욕설, 신조어 만들기를 비롯하여 청소년만이 알아들을 수 있고 다른 사람은 못 알아듣는 은어, 신조어, 심한 외국어는 저급한 청소년 언어문화를 부추기게 된다. 이 현상이 지속되면 청소년은 남을 이해하고 배려하는 생각과 행동보다는 매우 **즉흥적이고 반응적인 단어구사의 수준**에 머무를 수 있으므로 주의가 필요하다.

2) 또래 문화의 형성

청소년은 컴퓨터 즉, 사이버 공간 안에서 청소년들끼리 사용하는 **통신 언어**가 있는데 그 통신 언어를 이해하지 못하는 경우, 그들끼리의 집단 따돌림이나 배척 현상이 일어날 수 있다. 청소년 또래끼리의 언어를 원활하게 이해하지 못하면 집단 안에서 놀림을 받거나 무시를 받는 경우도 발생하므로 **또래 문화** 안에서의 언어를 청소년들이 지속해서 사용하게 된다.

3) 통신언어로 활용

청소년 간의 무분별한 언어는 어른들이 이해하지 못하는 경우가 많다. 특히 사이버 통신 내의 언어들은 더욱 일반화되어 있지 않은 경우가 많아 외부인과의 단절감과 거리감의 발생을 마치 세대 차이라고 오인하는 경우도 있다. 청소년들은 언어를 통하여 절제되지 않고 **다듬어지지 않은 인성을 표현**하는 것이다. 따라서 이러한 현상이 또래 내 집단을 위한 언어가 되는 것이 바람직하지도 않으며 **개성**이나 **올바른 의사소통의 가치**를 지니는 것은 아니라는 것을 청소년들이 어느 정도 지각을 하고 사용해야 할 것이다.

4) 사이버 공간상의 익명성

사이버 공간은 익명성의 특징이 있으며 아날로그식 의사소통이 어렵다. 즉, 표정이나 어투, 혹은 제스처와 같은 정보가 언어에 표현되지 않기 때문에 이모티콘 정도로 기분을 알 수 있는 정도이다. 따라서 이러한 익명성은 언어폭력으로 번질 수 있는 요인이 될 수 있다. 한동안 익명성에 의한 악플로 인하여 고통받는 사람들이 많아 사회적 문제가 되었으며 이에 대한 사회적 성찰과 범죄로 분류하는 대응성으로 인하여 완화되기는 하였으나 여전히 악플은 문제가 되고 있어 익명성에 대한 부분의 숙고가 필요하다. 최근에는 이러한 이유로 본인의 인증을 통해 정보를 게시하는 작업이 보편화되고 있다.

5) 시간 단축과 개성

청소년은 컴퓨터 하는 시간을 통하여 학업과 학원 등의 입시 스트레스를 풀곤 하는데 많은 이야기를 짧은 시간에 넘어가는 채팅방이나 단톡방에서 하기 위해서는 언어를 간략하게 줄이고 빠르게 사용할 수 있는 기능이 요구되었다. 통신언어는 대화의 응집성을 높이면서도 감탄사, 이모티콘, 표정을 나타내는 특수문자 등은 시간의 단축의 기능과 함께 언어만 사용할 수 있는 사이버 공간에서 감정을 잘 전달할 수 있다는 장점이 있다.

이상과 같은 청소년 언어는 사회에 나와서 올바른 한글 맞춤법과 문법적 지식이 축적되지 않아 고급언어를 구사할 때 왜곡된 표현을 할 수 있으며 이러한 언어의 사용은 공문서 작성 등에 지장이 될 수 있다. 현재의 언어사용은 무질서와 혼란을 부추겨 어린 청소년들에게 확산될 수 있으므로 더욱 조심할 필요가 있다.

● 청소년 언어문화에 대한 뉴스기사

- [청소년기자 광장] 청소년층 신조어 확산 무분별 사용 자제해야

여정민 청소년기자 혜화여고 2학년

요즘 청소년들 사이에서 신조어가 매우 빠르게 늘고 있다.

'신조어'란 새로 생긴 말 또는 새로 귀화한 외래어를 뜻하는 단어다. 그 예로 '빼박캔트'(빼도 박도+캔트: 빼도 박도 못 하는 상황), '갠소'(개인소장), '노잼'(재미없다), '금수저'(좋은 집안 출신의 자녀) 등이 있다. 이 외에도 굉장히 많은 신조어가 존재한다.

신조어는 청소년들 주위에 매우 가깝게 있고 실생활에서 많이 쓰인다. 학생들 대화는 물론 수업시간에도 신조어는 자주 쓰인다.

청소년들이 좋아하는 아이돌 가수의 노래 제목으로도 쓰인다. 신조어를 보면 우리 사회와 문화의 모습을 볼 수 있다. 신조어를 쓰면서 서로 유대감과 친밀감을 느낄 수 있고 공감대를 형성할 수도 있다.

하지만 신조어 확산이 소통을 방해하기도 한다. 세대 차이는 물론 친구들끼리 대화에도 장애가 발생한다. 최근에는 SNS 확산으로 신조어 생성과 확산 속도가 굉장히 빨라지는 추세다. 이런 상황은 소통 장애를 더 빈번하게 일으킨다.

신조어로 인한 소통의 불편함을 자세히 알아보려고 혜화여고 30명을 대상으로 조사한 결과 30명 중 27명이 신조어로 인해 소통에 불편함을 느낀 적이 있다고 답했다.

이처럼 계속된 신조어 증가는 청소년들에게 부정적인 영향을 가져올 것이다. 하지만 청소년들 대부분은 신조어 사용에 무감각하다. 청소년들은 무분별한 신조어 사용을 피하고 올바른 언어생활을 할 필요가 있다.

[2016. 01. 14. 부산일보]

6) 청소년 언어문화에 대한 주요 문제점

(1) 무분별한 언어의 사용으로 인한 고유 언어의 소멸 위기 및 욕설/비속어의 증가하는데 다음과 같은 배경과 의견이 있다

컴퓨터의 발달로 인하여 이용하는 시간과 인구가 많아지면서 인터넷 공간에서 빠른 속도를 위하여 사용되고 있는 통신 언어의 문제가 두드러지게 나타나고 있다. 여기서 통신 언어란 컴퓨터 통신 또는 인터넷 온라인상에서 이루어지는 모든 의사 소통 과정에서 사용되는 음성, 문자, 이모티콘을 총칭한 것을 의미한다. 물론 컴퓨터뿐 아니라 스마트폰 안에서도 통신 언어는 포함되는데, 작은 스마트폰의 화면에 사람들은 가능한 많은 내용을 담아 전달하기 위해 보다 빠르고 보다 간략하게 언어를 표시하는 현상으로 표준어의 문법, 맞춤법, 띄어쓰기 등이 무시되고 있다. 예를 들어, 난림다(난리입니다), 걍(그냥), 셤(시험), 등 소리 나는 대로 적고, 음운이나 음절을 축약하거나 탈락시켜 줄여 표현하는 특징을 보인다. 이에 대한 국내 학자의 의견은 다음과 같다.

- 박용성(2009): 청소년들은 자기들만의 비밀스러운 언어세계를 향유하며, 기성세대를 따돌리고 동지적인 결합을 이루어내는 은어, 비속어의 증가와 일상 언어생활에 욕설이 증가하고 있는 현상이 나타나고 있다(이정복 외, 2006).
- 이동민(2013): 학생들이 인터넷에서 사용하고 있는 의사소통 방식은 문법 파괴, 축약, 이모티콘, 비속어 등으로 인터넷 공간은 익명성을 지닐 수 있다는 특성 때문에 은어, 비속어 등이 난무한다. 즉, 학생들이 주로 사용하고 있는 인터넷 사이트나 게임에서는 문법 파괴 현상이 심각하며 서로 간의 비속어로 인해 심리적 상처를 주는 경우도 있다.
- 백경녀(2001): 청소년들은 통신언어의 흥미를 가지게 되거나, 또는 또래집단에서 소외되지 않기 위해서 통신 언어를 무분별하게 받아들이고 따라서 사용하며, 통신 언어는 PC통신에서만 사용하는 언어라고 생각하기 쉽지만 청소년들의 일상 언어를 비교해보면 반드시 그런 것은 아니라는 것을 알 수 있다면서 청소년들의 일상 언어에도 심각하게 나타나고 있어 이러한 현상이 지속될 경우 국어가 혼탁해지고, 개인의 정서가 황폐해짐은 물론, 교육적, 사회적으로 혼란을 초래하게 될 수 있다고 하였다.

(2) 타 세대와의 대화단절

청소년의 비속어, 은어, 통신 언어의 줄임말, 이모티콘 등을 자주 사용하게 되면서 그 언어들을 쓰는 청소년들과 그 언어에 대해 거북하거나 알아듣지 못하는 기성 세대들과의 차이 때문에 대화의 단절이 발생할 수 있다.

박용성(2009)은 인터넷이 활성화 되면서부터 인터넷 사용자만의 언어가 무수히 생멸되어 왔다고 하였다. 모든 사람이 인터넷을 사용하게 되면서 인터넷의 통신 언어는 점점 청소년들이 먼저 받아들이거나 참여하기 쉬운 언어가 되고, 인터넷, 문자, 오프라인까지 경계를 넘어서서 사용되는 언어가 되고 있는데 그로 인하여 세대 간의 의사소통에 장애가 될 수 있다고 하였다.

(3) 청소년 언어문화의 문제점에 대한 개선 방안

청소년 언어문화의 문제점에 대한 개선 방안으로 청소년이 사용하고 있는 비속어, 은어, 통신 언어 등에 있어서 청소년 스스로가 자신의 사용하는 언어에 대한 비판의식을 가지고 이에 대한 성찰과 향후 진로에서의 사용에 대한 문제의식이 필요하다. 그러나 이에 대하여 다음의 의견이 있어 좀 더 청소년을 이해하고 기다리는 문화도 필요하다는 지적이다.

- **이윤지**(2012): 현재의 청소년 자신이 부적절한 언어 사용이 습관화되면 어른이 되어서도 그 언어습관이 고착화되기 때문에 가정에서 또는 학교에서 고치기 힘들 수도 있다는 것을 청소년들에게 알려주어야 하며, 청소년들이 자신들의 언어생활에서 개선되어야 할 점이 무엇인지를 깨달을 수 있도록 충분한 시간을 갖고 기다려 주어야 한다는 것을 가정과 학교에서의 충고와 역할이 필요하고 중요하다고 하였다.
- **백경녀**(2001): 학교에서 교사 및 학교 관계자가 청소년 학생들의 잘못 쓰인 단어나 표현에 관심을 가져주어야 한다면서, 교사가 직접 고쳐주는 것은 학생들의 거부감을 불러올 수 있으므로 관심을 가지고 교정이 될 수 있도록 지도해야 한다고 하였다. 그리고 심한 욕설 등의 비속어나 은어,

외래어를 사용할 경우 일부 게임 프로그램에서 사용하고 있는 장치로 "이 말은 잘못된 표기 또는 오자입니다.", "바르고 고운 말을 사용합시다." 등의 문구가 나타나도록 할 수 있다면서 지나친 표현은 바르게 교정해주는 프로그램을 운영체계에 포함하는 것은 잘못된 표기나 표현을 사용하지 않도록 지도하는 길이 될 수 있다고 하였다. 즉, 청소년들의 부적절한 언어 사용에 대한 바른 지도와 관심, 청소년 언어 순화 프로그램 등을 개발하고 활용하게 되면 청소년과 다른 세대와의 차이를 좁히고 대화의 단절은 개선될 수 있을 것이다.

현대 사회는 매스컴과 통신기계의 발달로 인하여 문화의 변화를 가져오고 있다. 이러한 변화는 청소년이 사용하는 언어에 나타나게 되는데 청소년의 언어 사용 행태를 보면 표준 언어와는 상당히 다른 말들이 많다. 그럼에도 우리는 그동안 너무나 무심하게 이 문제를 대해왔는데, 학교에서의 통제부족, 가정에서의 소외, 사회적인 무관심이 결국 표준어와 맞춤법 등 언어 규범으로부터의 일탈에 대해서 방관해 왔다고 해도 과언이 아니다.

따라서 이제 가정과 학교는 당연히 이러한 문제점들을 개선하기 위해 노력하고 청소년들의 부적절한 언어 사용에 대한 언어순화 교육과 프로그램들을 개발하고 지속적으로 실천해야 할 것이다. 또한 언어의 다양성이 결여된 채 줄임말과 단순한 표현들에서 오는 정서나 심리적 영향은 없는지 연구되어야 할 것이다. 그리고 지금이라도 청소년의 언어사용에 관심을 가짐으로 정화된 언어, 올바른 언어를 사용하도록 노력하는 것이 필요할 것이다.

제 8 장

청소년 비행

제 8 장 청소년 비행

1. 청소년 비행

청소년 문제란 청소년이 해결해야 하는 어려움 혹은 청소년이 직면하는 어려운 상태, 바람직하지 못한 상태 및 부족의 상태를 의미한다(Hoghughi, 1992; Korea Youth Counselling & Welfare Institute, 2000). 과거 비행 청소년은 일반학생과 구분되는 집단으로 규정되어 개인적으로나 사회적으로 문제를 안고 있는 존재로 정의되었다(Gottfredson & Hirsch, 1990). 그러나 비행에 관한 정의는 관습이나 문화 혹은 시대에 따라 다르며 한 시대의 사회에서도 법률적, 사회적, 도덕적, 교육적 기준에 의해 다양하게 규정될 수 있기 때문에 어떤 행동을 비행에 포함시킬 것인가를 결정하는 것은 어렵다(정원식 외, 2002).

또한 청소년 비행은 형벌에 저촉되는 행위와 그 사회의 규범에 벗어난 일탈행동으로 정의되기도 한다(김준호 외, 2009). 따라서 비행 청소년이란, 광의로는 음주, 흡연, 싸움 등의 불량 행위를 한 소년 및 보호자 또는 아동복리법 등에 의하여 보호를 요하는 요보호 청소년을 모두 포함하며, 협의로는 비행 행위를 한 청소년을 의미할 것이다. 또한 사회학 분야에서는 사회문제 측면에서 일탈행위를 한 청소년을 비행 청소년으로 보며, 심리학 분야에서는 왜곡된 인성발달의 측면에서 청소년의 문제행동이나 행동장애 혹은 부적응 행동을 하는 부류로 비행 청소년을 정의하고 있다(김준환, 2008).

우리나라의 청소년폭력예방재단(2007)의 자료에 의하면 전국 청소년 4,569명 중 학교폭력 및 괴롭힘 등의 가해경험 비율이 전체 청소년의 15.1%로 나타나고 있었으며, 반면 피해경험 비율은 16.2%로 나타나고 있다. 지난 5년간 전체 청소년범죄를 살펴보면, 19세 소년범죄비율이 가장 높았으나 2007년에는 16세 소년의 범죄율(21.1%)이 19세 소년의 범죄율(15.6%)을 앞지르고 있으며 그 연령도 점차 낮아지고 있는 추세이다(Ministry for health welfare and family affairs, 2008).

청소년의 중요한 행동의 문제로는 청소년 음주와 흡연이 있을 수 있고, 이와 같은 행동의 양상은 증가추세에 있다(Korea Centers for Disease Control and Prevention, 2009). 문제 증후군의 예를 들면 학교 청소년들에게 관련되는 문제로써 흡연이나 도박 혹은 도벽과 같은 행동이 포함되며 청소년의 신분에서 문제가 될 수 있는 지위비행이 이에 포함된다. 청소년기에 나타나는 문제 행동들은 실제로 학교생활을 통해 빈번하게 발견되며 두 가지 이상의 행동들이 동시에 혹은 연속적인 행동 증후군(problem behavior syndrome)으로 나타나게 되는 경우가 많다(한상철, 2006).

2. 청소년 비행의 원인과 낙인감

청소년은 경우에 따라 다양한 상황에 노출될 경우 충동적인 문제행동을 보일 수 있다(Adams & Overholster & Spirito, 1994). 그런데, 중요한 것은 또래 집단의 가치가 반사회적으로 설정되는 경우 부정적 결과를 가져올 수 있다는 것이다(강영배, 2009). 청소년에게 일어나는 문제나 비행은 부적절한 지지환경이나 부족한 충동제어 등으로부터 기인할 수 있으며, 그 밖에 청소년 비행의 사회구조적인 요인으로 가정환경, 부모, 형제,

교우관계 또는 **사회 경제적 구조**나 **규범적 문화체계** 등으로 부터 문제행동이 유발될 수 있다(표갑수, 1986).

즉, 청소년의 문제행동의 발생원인은 **개인의 심리적 요인 이외의 환경적인 요인**을 들 수 있으며, 이러한 환경에는 가정 및 학교의 또래 관계 등도 작용하고 있다(정경옥, 2010). 또한 청소년 문제는 개인적인 특성적 요인과 함께 가족의 환경요인 혹은 학교와 관련한 요인을 포함한 요인들이 **복합적**으로 작용한다(우채영 외, 2010; Toprak, Cetin, Can & Demircan, 2010).

그런데 이와 관련한 기존의 연구들을 보면 비행 청소년의 행동이나 비행의 과정에 대한 **인과론적인 관찰**에 초점을 두어 이들이 지니고 있는 개인적인 특성이나 이들을 둘러싸고 있는 **위협환경**에 보다 중점을 둠으로써 이들이 지니고 있는 심층적인 내면에서 가지고 있는 **마음의 욕구**에 관해서는 간과하는 경향이 있어왔다. 또한 비행 청소년들의 행위를 **낙인화**하여 접근하는 경우도 있어왔으며 비행 청소년의 사회와의 상호작용에 있어서 선도, 처벌, 낙인이 당연시 되어온 경향이 있어왔다.

즉, 많은 연구에서 비행 청소년을 개인적으로나 사회적으로 많은 문제를 안고 있는 존재로 정의해왔다(정혜숙 · 김수경, 2010). 그러나 낙인은 하나의 사회적 지위 같은 역할을 하게 되고, 이것은 이차적 범죄의 가장 중요한 원인(김준호 · 노성호, 1991)이다. 이에 대하여 스케프(Scheff, 1996)는 비행 청소년으로 낙인 되면 타인들은 낙인에 해당되는 반응을 기대하게 되고, 비행 청소년은 낙인에 일치되는 행동을 하여 점차 그 역할이 내재화되고 중심적 정체성으로 통합된다고 주장하였다.

주위 사람들로부터 **비공식적인 낙인**을 경험하면 이러한 부적응 행동을 다시 저지르고, 학교, 교우 및 부모와의 관계에 영향을 미치기 쉽다(Matsueda, 1992; Triplett & Jarjoura, 1994). 그러므로 학교에서 지속적으로 낙인을 경험한 청소년들은 커다란 좌절감과 수치심을 경험하며 이후의 삶에도 영향을 받을 수 있다(강세현, 1995). 따라서 최근 연구에서는 비행 청소년을 병리적인 시각에서 바라보는 것에서 벗어나 청소년이 경험하는 사회적인 경험의 영향이 크다고 보고 있다(김지혜, 2003).

3. 청소년 비행에 대한 개입방향

비행 청소년에 대한 선도나 교정의 시도 이전에 이들을 보다 잘 이해하기 위해서는, 개인이나 사회적 인식의 판단을 중지한 상태에서 먼저 이들을 있는 그대로 바라보는 것이 필요하다. 여기에서 간과하지 않아야 할 것은 청소년이 비행 행위 이후 학교나 교사로부터 비행 행위를 인지 받고 교정을 요청받는 과정에서 이들의 내면에 자리하고 있는 **섬세한 역동적인 심리 상태**가 간과될 수 있다는 것이다.

비행 문제가 있는 청소년들도 **세계 내 존재**(world-in-the-world)로서의 **자기**(self)를 실현하고자 하는 **기본적인 성장욕구**가 있다(이희연, 2005). 그러나 그동안 지역사회의 역할과 임무가 중차대함에도 불구하고 이러한 분야의 연구는 부족했다.

청소년과 비행 간의 역동성을 살펴보기 위해서는 현상학적인 연구방법으로 **'괄호치기'**를 통하여 이들에 대한 선입견을 내려놓고 살펴보아야 한다. 이에 대하여 김지혜(2003)는 비행 청소년의 문제가 비단 개인이나 가정의 책임에 국한하여 대처하기보다, **청소년들이 스스로 대안**을 발견하고 **어려움을 소통하며 성장**할 수 있도록 하는 **사회적인 서비스 구축**이 필요하다 하겠다.

4. 청소년 지위비행

일반적으로 청소년기라 함은 **「청소년 기본법」을 근거로 할 때, 9세에서 24세의 연령**에 해당하는 시기를 지칭한다. 이 중 비행 청소년이란 통상적으로 무단결석, 지각, 폭언, 도벽, 폭행 등으로 학교 내에서 징계를 받는 청소년을 지칭한다. 비행 청소년을 어떻게 정의할 것인가에 관해서는 국가나 제도에 따라 다르나 공통적인 입장은 청소년 비행이 인격형성과정에서 일어나며 정신적으로 성숙되지 못하였으므로 **순화 가능성**을 감안하여 형벌보다는 교육에 중점을 두고 있다는 것이다(Ministry of Gender Equality & Family, 2008; 2011).

따라서 청소년 비행은 성인이 되었을 때는 문제가 되지 않는 즉, 청소년이 했을 때 지위에 걸맞지 않은 행위의 차원에서 문제가 되는 **지위비행**(status offense)을 포함하고 있다(김준호 · 노성호, 1991). 여기에서 지위비행이란 법률상으로 위법행동은 아니지만 청소년이라는 신분에 맞지 않는 행동을 하는 것으로 흡연, 음주, 가출, 무단결석 등이 이에 속하며 이러한 지위비행은 비행에 비하여 심각한 피해를 초래하지 않기 때문에 대수롭지 않게 생각할 수 있으나, 청소년 범죄비행의 대부분이 지위비행에서 출발하고 있기 때문에 이에 대한 이해가 필요하다(이미라 · 박미정, 2012).

청소년기에는 많은 심리 및 신체의 변화를 경험하므로 이 시기에 청소년들은 다양한 문제들에 직면할 수 있다. 이러한 현상은 청소년 시기의 발달과 무관하지 않는데 실제로 아동기에서 청소년기로 넘어가는 시기에 청소년들은 다른 연령의 집단에 비해 더욱 반항적인 양상을 보이기도 한다(Borum, 2000). 이에 대하여 다양하게 표출되는 청소년들의 문제 행동에 관하여 **한국 청소년 상담복지개발원**(2000)에서는 청소년들이 호소하는 문제를 **가족, 비행, 학업 · 학교 부적응, 진로, 성, 대인관계, 성격, 정신건강, 생활습관의 태도**(인터넷 중독과 식습관 포함)**의 10개 영역**으로 청소년 문제의 유형을 분류하였다(Korea Youth Counselling & Welfare Institute, 2000).

5. 청소년 비행에 대한 연구

청소년 비행에 대한 개입에 관한 연구로는 다음과 같은 것이 있다. 최경일(2009)은 사회복지사와 교사 간의 대인관계가 중요하며, 이들에 대한 학교 및 사회의 개방적이고 **수용적인 태도**가 중요하다고 하였다. 또한 카플란(Caplan, 1974)은 **사회적 지지**가 개인의 기능에 영향을 미치는 유의미한 대인관계의 범위로, 이것은 개인의 심리 및 신체적 통합을 유지하는데 중요한 역할을 한다고 하였다.

그리고 청소년들의 사회적 배제 문제에 대한 접근에 있어서는 **사회통합 및 정책적 차원의 접근**이 필요하다(강영배, 2009). 그 밖에 학교 부적응 청소년을 위한 개입에는 다양한 형태의 교육과정과 학생들이 중심이 되는 교과가 필요하며 사후에도 지속적인 연계 프로그램이 필요하다(윤계순, 2000). 청소년 대부분은 가정과 학교로부터의 부정적인 경험을 호소하고 있다. 이를 뒷받침하는 자료로 한국청소년상담원에 의하면 부모와 청소년 및 자녀는 **상호 간의 잦은 충돌**을 가장 심각한 문제로 지각하고 있는 것으로 조사되었다(Korea Youth Counselling & Welfare Institute, 2000).

즉, **가족의 기능적 요인**도 청소년 비행에 영향을 미치는 중요한 변수로 인식될 필요가 있다(조윤경, 김경신, 2000; 김준호 · 노성호, 2002). 따라서 비행 청소년들의 문제에 올바르게 대처하기 위해서는 가정과 학교를 비롯한 지역사회의 **통합적인 역할**이 중요하게 인식되어야 할 것이다. 특히 청소년에게 있어 **'지지'**는 청소년들의 위험행동에 어느 정도의 완충 및 보호의 효과를 갖는다(곽한영, 2006). **지지와 보호요인**의 제공은 **위험적인 요인을 완충**하고 부정적 산물의 발생을 막는데 도움이 된다(박현선 · 이상균, 2008).

6. 비행 청소년의 사회화

비행 청소년의 사회화에 대하여 놀튼(Nolten, 1994)은 사회적 지지가, 다양한 자원으로부터 개인의 기능을 강화하게 하고 대인관계를 향상시키는 데 도움이 된다고 하였다. 청소년기에서 두드러진 사회지지 체계의 기능으로는 '사회화의 기능과 보호의 기능'을 들 수 있다(Nestman & Hurrelmann, 1994). 이때 사회적 지지는 완충효과로 작용하며 이것은 경험으로 인한 부정적 결과의 예방과 치료에 중요한 역할을 수행 한다(강민주 · 전경숙, 1995). 또한 사회적 지지는 본질적으로 상호작용하는 사람들과의 관계로부터 얻을 수 있는 사회적인 대처자원을 포함하며, 의사소통과 관련된 사회적 관계망의 일부이다(정혜정, 2000). 따라서 사회적 지지가 높은 경우, 위기 요인의 부정적인 영향은 억제될 수 있고, 오히려 위기 요인을 통하여 청소년은 목표에 도달하도록 동기화되기도 한다(Rosenthal, 1995). 즉, 청소년의 개인적 문제에 초점을 두고 제삼자의 입장에서 문제를 진단하는 병리적 접근의 경우에는 청소년 입장에서 그들의 구체적인 삶의 경험을 이해하려는 시도가 배제될 가능성이 크고 청소년 욕구의 복잡성과 고유성이 드러나지 못할 수 있다(정혜경 · 김수경, 2010). 따라서 사회적 처벌과 낙인을 반복적으로 경험한 사람은 이후 부정적인 자기인식을 내면화하게 되고 대인관계는 물론 기회 구조에서도 제약을 받게 되어 일탈 행동을 반복하게 된다(강세현, 1997).

크로스웰(Creswell, 2007)의 해석학적 접근방식의 현상학적 접근의 특성에서 중요한 것은 '판단중지(epoché)'로 이것은 비행 청소년을 현실적인 편견이나 고정관념 없이 있는 그대로 바라보기 위하여 적절한 연구방법이다. 크로스웰(Creswell, 2007)의 현상학은 인간의 의식에 나타나는 그대로의 경험을 중시하고 사람들이 경험하고 있는 특정한 경험적인 의미가 일상적인 세계와 연관되어 어떠한 방식으로 설명되는지 해석하고 이해하고자 하는 주요한 전략이다(홍기형, 1986).

따라서 비행 청소년을 바라보는 선입견 없는 시각으로 비행 청소년에 대한 판단을 중지하고, 비행 청소년들 간의 생활과 경험을 통해 이들 간의 상호 역동성과 경험 및 변화 과정을 살펴보는 것이 중요하다. 즉, 이들은 어떠한 지지에 힘을 얻고 변화하게 되는지, 나아가 비행 청소년에게 지역사회의 차원에서 유기적인 지지를 위해서는 지역사회의 어떠한 변화가 필요할 것인지에 관한 논의가 필요하다.

즉, 현재의 청소년을 중심으로 한 사회복지 서비스의 제공은 **기관-기관의 네트워크(net-work)의 정보교류** 뿐 아니라, 서비스의 제공의 교류에도 상호 간 밀접하고 조직적이며 **개방적인 연계**가 필요하다. 이것은 체계적이고 안정적인 서비스 체계를 구축해 나가려는 **CYS와의 협력적인 사업** 등을 통하여 다각적으로 시도되어야 한다.

이러한 유관기관을 통한 교류의 의미는 청소년을 둘러싼 개인 및 가족 그리고 학교에 대한 통합적 개입을 의미하며, 그 중요성에 대하여 실무자를 포함하여 관련기관과의 협력적인 체계의 절실함이 인식되어야 한다. 이와 같은 과정은 비단 비행 청소년뿐 아니라 보편적인 청소년에게도 통합적으로 적용되어야 할 것이다. 그 이유는 모든 청소년들이 더욱 건강한 청소년으로 자라날 수 있도록 하는 연대적인 도움이 필요하기 때문이다. 이것은 건강한 청소년과 비행 청소년들을 아우르는 사회적인 연대 책임의식을 나타내는 것이기도 하다. 이를 위해서는 **다양한 지역사회 및 기관을 중심으로 한 네트워크의 형성에 대한 중요성**이 인식될 필요가 있으며 이를 통한 유기적인 협력체계가 구축되어야 한다.

그동안 비행 청소년에 대해서 사회적으로 문제의식을 가지고, 예방적 차원에 관심을 기울여왔다. 이에 **학교**와 **부모의 관심 및 협조**를 통해 선도적인 입장에서 문제를 어떻게 개선하고 참여를 유도할 것인지에 관해 끊임없이 숙고해야 한다. 즉, **청소년들의 욕구인 개별적인 수요를 포괄적인 차원**에서 감당해 갈 수 있는 **문화 활동**의 기획이나 프로그램 진행 등에 관하여서도 숙고할 필요가 있다.

향후 비행 청소년이라는 특수한 입장의 청소년을 포함하여 궁극적으로 지역사회에서의 일반 청소년까지 아우르며 흡수하여 청소년들이 보다 건강하게 성장하도록 하기 위해서, 궁극적으로 학교-가정-지역사회의 기관이 공통된 책임의식을 가지고 협력하여 각각의 역할을 수행해 나가는 것이 필요하다.

이를 위해서 개별적 개입과 함께 연계적인 부분도 고려하여 이에 대한 책임을 활동적으로 수행하는 것이 향후 임무이며 과제라고 할 수 있을 것이다. 또한 청소년의 비행 행동이 재발되거나 사례가 다양해지는 만큼 대상 청소년의 **인테이크 과정**에 있어서 **다양한 정보 수집**이 필요할 것이다.

이에 대하여 안희연(2005)은 청소년기의 탈 비행의 개입방향이 현재의 비행억제나 제제에 중점을 두기 보다는, 청소년의 **개별적 · 심리사회적 욕구와 주관적 경험을 존중**하고 청소년들의 자기(self)를 실현하고자 하는 **기본적인 성장욕구**에 초점을 두어, 청소년의 성장과정을 도와주는 것이 필요하다고 하였다.

즉, 이들에 대한 개입으로 비행에 초점을 두어 처벌이나 교정에 중점을 두기 보다는 이들의 내면의 이야기에 귀를 기울이는 자세가 먼저 요구된다고 할 수 있다. 그리고 비행 청소년에 대한 구체적 개입전략으로 조급한 개입의 효과를 기대하기 보다는 **다양한 사회적 참여와 학습의 기회**를 제공하고 사회적 지지망을 형성하는 등 청소년 관련 서비스 개발 및 시스템을 구축하고, 청소년이 마음의 문을 열 수 있도록, 이해와 존중을 바탕으로 친밀한 관계를 형성하며 **지속적인 관심과 수용적 태도**로 청소년이 적응적 일상으로 회귀할 수 있도록 도와주고 지켜봐 주는 것이 필요하다(안희연, 2005).

이를 위해서 비행 청소년에 대한 개입은 학부모와 학교 교사 그리고 지역사회의 전문적인 기관과의 유기적인 협조가 필요하며 향후 비행 청소년들에 대한 **다각적이며 다양한 문화 활동**과 함께 **지속적인 사후관리**와 **끊임없는 관심**이 요구된다.

7. 청소년 문제의 대처 방안

1) 가정의 기능이 강화될 필요가 있다. 청소년의 비행은 가정과 매우 밀접한 관계가 있음이 다양한 연구 자료에 의하여 보고되고 있다. 즉, 부모와 자식 간의 불화, 가정폭력, 부모들의 무관심한 태도는 청소년들의 학교폭력 · 약물중독 · 성폭행 · 학교중퇴 등과 같은 비행으로 연결되는 경우가 많다. 따라서 청소년들이 건전하고 바르게 이루어질 수 있도록 가족의 기능이 보다 강화되어야 하며 부모가 자녀에 대한 관심과 지도의 여러 기술을 포함하여 체계적인 교육을 실시하는 것이 필요하며 청소년의 보다 적극적인 부모 교육, 의사소통과 함께 공감 훈련 등 관계 개선을 위한 상담 및 서비스를 제공할 수 있어야 할 것이며, 가족 캠프 등을 통한 유익한 경험을 가족 프로그램을 통하여 제시할 필요가 있을 것이다. 가정으로부터의 건강하고 올바른 가치관의 함양은 자녀에게도 영향을 주고 자녀들이 적절하고 올바른 방법으로 양육될 때 청소년 비행은 줄어들 것이다.

2) 학교의 대처 능력의 강화도 필요하다. 그동안 학교에서는 입시 위주의 일관된 교육 체제를 가지고 일방적인 의사소통을 해왔다고 해도 과언이 아니다. 입시 위주의 주입식 교육의 강조는 청소년 비행에 대한 책임이 있다. 따라서 인성교육과 사회교육, 감수성 훈련, 공감교육 등 다양한 교육활동이 이루어져야 하며 학생들의 비행 예방을 위한 방안 수립이 이루어져야 할 것이다. 이를 위해서 학생들의 다양한 교육에 대해서 학교는 지식위주의 교육보다는 개개인의 개성과 소질을 개발하고, 능력에 적합한 교육과 흥미와 적성을 키우는 수업 환경이 조성되어야 한다.

3) 비행문제와 관련하여 지역사회 내 여러 유관 기관들 간의 네트워크 구축이 필

요하다. 지역사회를 중심으로 청소년 관련 핵심 기능을 효과적으로 강화할 수 있도록 지원하기 위한 **청소년통합지원체계(CYS-NET)를 활용**하여 비행 · 위기 청소년들을 포함한 지역사회 내 청소년들의 각종 문제 해결을 위한 협력이 필요하다.

제 9 장

위기 청소년에 대한 개입

제 9 장

위기 청소년에 대한 개입

1. 두드림 존 및 해밀 센터

본 장에서는 청소년을 위한 지역사회의 기관에 대하여 알아보기로 한다. 우리나라는 청소년에 대한 문제의 접근에 있어서 유관기관과의 연계의 중요성에 대한 인지에 따라 CYS-Net 운영 기관 중 16개 시도 및 34개 시군구 상담복지센터에서 두드림 존 및 해밀 센터를 운영하고 있다. 두드림 존 프로젝트는 현재 학교에 다니지 않으면서 경제 활동에도 참여하지 않은 상태에서 경제적 · 사회적 · 심리적 어려움을 겪고 있는 사각지대에 놓여있는 청소년들을 위한 체험중심의 종합자활지원 사업이라고 할 수 있다. 청소년은 환경에 대한 거울이기도 하다. 또한 문화의 부재는 많은 부작용을 양상하게 된다. 따라서 만 16세 이상 25세 미만 사이의 청소년으로 진로 및 취업 문제를 고민하는 청소년이나, 가정에서 적절하게 보호받지 못하여 경제적, 사회적인 지지가 필요한 가출 청소년 또는 교정 시설 및 보호시설 퇴소 후 경제적, 사회적 자립이 필요한 청소년과 새터민 가정 · 다문화 가정 자녀 등을 대상으로 새로운 환경에 대한 적응을 돕는다.

1) 두드림 존

두드림 존은 청소년의 실질적 자립을 위한 맞춤형 서비스를 제공하게 되며 기존의 파편화된 자립지원 프로그램을 체계화하여 네트워크화한 것이라 할 수 있다. 즉, 서비스를 종합화하며 청소년의 자립지원을 돕기 위한 활동으로 타 기관과의 연계 서비스 활성화, 프로그램 운영과 사후 관리까지 아우를 수 있도록 이에 대한 전문 인력 양성 및 전국 지역사회통합지원 체계를 통해서 청소년 자립을 지원하는 역할을 한다.

두드림 존에서 제공하는 서비스는 총 4단계로 사전단계, 1~3단계까지 진행된다. 먼저 사전 단계에서는 프로그램 신청과 접수 면접, 진로 검사 등을 다각적으로 실시하여 향후 맞춤형 개입이 가능할 수 있도록 작업하게 된다.

사전단계 실시 이후의 1단계에서는 드림 빌딩, 경제야 놀자, 직업의 바다로 출항, 신입직원 선발의 날, 독립 만세, 이 세상 최고의 밥상 등의 이색적이며 실질적인 프로그램으로 자립의 동기화를 도우며 직업의 세계를 탐색하고 구직이나 적응 기술, 경제 등에 관해서 이해하는 단계를 제시하게 된다. 2단계는 위기 청소년으로 하여금 체험 프로그램으로 직업의 체험, 실물경제 체험, 캠프 등 실제 체험을 할 수 있도록 돕는다. 청소년에게 제공되는 경제교육은 실질적 교육을 통하여 청소년 스스로가 자립과 독립의 동기를 형성하게 한다. 마지막 3단계는 전 단계에서 구체화된 진로에 의하여 직업훈련학교나 복교, 상급학교의 진학 준비 등을 지원하거나 취업, 인턴 쉽 과정을 통하여 실제 직업을 구하는데 도움을 줄 수 있도록 하고 있다.

2) 해밀

해밀은 학업을 중단한 청소년들에게 학교 밖의 공간에서 자신감을 회복하고 미래의 꿈을 실현할 수 있도록 청소년의 욕구에 부합하는 맞춤형 서비스를 제공하는 것을 목적으로 한다. 이를 위하여 국가차원의 지원 사업으로 학업중단 청소년을 생산적이고 건강한 사회구성원으로 양성하기 위해 시 · 도 청소년종합상담실이 중심이 되어 지역 내 유관기관 간의 연계, 협력을 통하여 통합적이고 체계적인 지원을 제공을 할 수 있도록 하고 있다.

이를 통하여 학교 밖의 청소년들의 여러 가지 문제나 고민을 즉각적인 원-스톱 서비스를 통하여 체계적인 관리와 경제, 학업, 심리, 사회적인 통합적인 지원을 지역의 특성에 맞게 연계 할 수 있도록 수요를 발굴하고 찾아가는 서비스 체계를 구축한다.

3) 두드림 존과 해밀 센터의 연계

두드림 존과 해밀 센터는 2012년까지는 분리되어 운영되었었으나 2013년부터 효과적 서비스 제공을 위해 통합되어 운영되는데 지역사회 청소년 **통합지원체계**(CYS-Net)이 이러한 기능을 담당하고 있다. 이를 통하여 학업중단 청소년의 발굴, 개인별 사정(Assessment), **학습역량 및 자립강화 프로그램 운영, 학습 지원** 등을 통하여 검정고시 합격, 복교 등 학업복귀 및 직업훈련의 자립역량 강화 프로그램을 추진한다.

이에 연계된 청소년 동반자, 1388 상담전화, 해밀 및 두드림 존은 CYS-Net을 중심으로 활발하게 진행되고 있다. 이러한 서비스를 통해 청소년들의 위기를 통합적으로 진단하고 개입을 전문적으로 진행하여 청소년과 그 가족은 One-stop 서비스를 이용할 수 있다. 그런데 2011년 실시된 CYS-Net에 대한 평가에서 전체 CYS-Net 중 66%에 해당하는 시군구 청소년상담지원센터가 '**지도 점검**'이 시급하다는 결론이 나왔다.

이러한 모니터링을 통하여 시군구 청소년상담지원센터는 각 지역단위에서 CYS-Net이 어느 정도 효과적으로 작동하고 있는지를 평가하고 향후에 대한 제언을 함으로써 올바른 지역사회의 개입이 기여하고 있다. 그 밖에 청소년을 위한 시스템으로 다음과 같은 것이 운영되고 있다.

(1) 학교 안전 통합시스템

학교 안전 통합시스템(Wee Project)은 빈곤·이혼·학업부진·학교폭력 등 다양한 이유로 위기 상황에 처한 청소년들을 체계적으로 지도하여 학업중단 상황으로 연결되지 않도록 하는 위기 청소년을 위한 개입이다. 이를 위하여 3차원의 안전망 구축을 목적으로 하고 있다. **학교 안전 통합시스템**(Wee Project)의 주관부처는 **교육과학기술부**로서 주로 학교에서 부적응·따돌림·우울·불안·가출·학습문제·진로 갈등·이성문제·교우 관계 등 청소년의 다양한 고민에 대하여 **학생 및 학부모를 대상으로 하여 서비스**를 제공한다.

학교 단위의 차원에서 1차로 부적응 학생에 대한 상담 등 지도와 예방을 강화하는 "Wee Class"를 설치하여 운영하고, 지역 교육청 차원에서는 2차로 "Wee Center"를 설립하고 있으며, 단위 학교에서 선도, 치유가 곤란한 학생에 대하여 전문적인 상담가, 의사 등 전문가들을 통하여 청소년관련 문제를 진단하고 상담하며 이에 대한 상담 치료서비스를 제공한다.

한편 위기 상황이 심각한 학생은 3차로 시·도 교육청 단위에서 위탁 **교육센터**(Wee School)에서 별도의 장기간 치유를 위한 교육을 받게 된다.

(2) 교육복지 우선 지원 사업

교육인적자원부의 교육복지 우선 지원 사업으로는 저소득층이 밀집하여 있는 지역 내 소재한 학교를 지정하여 집중 지원함으로써 **청소년의 교육과 함께 문화 및 복지 수준을 제고하고, 교육 격차를 해소하려는 목적**을 가지고 운영되고 있다.

「초·중등교육법 시행령」 제54조 및 교육부 훈령인 교육복지 우선 지원사업 관리운영에 관한 규정에 근거하여 추진되고 있는데 2011년부터는 지방자치단체로 이양되어 보통 교부금으로 전환되고 **시·도 교육청 자체 사업**으로 추진 중에 있다. 주요 사업은 다음과 같다.

첫째, 학습으로는 교육과정과 연계한 기초학습의 능력 확보 및 학습 결손 치유·예방 프로그램을 운영하는데 그 내용으로는 일대일 학습, 방과후 학교 프로그램, 방학 중 캠프, 대학생 멘토링 등으로 **청소년의 기초능력**을 돕게 된다.

둘째, 문화체험 활동으로 위기 청소년들에게 각종 현장체험학습 실시로 문화체험 기회 결핍을 해소하고 살아있는 학습 경험을 제공하여 교육 효과 극대화하고 자아존중과 함께 문화에의 활동을 통하여 비행에 노출되지 않도록 하고 있다. 예로는 **예술제**, **축제**, **캠프**, **동아리**, **자원봉사 활동**, **박물관 및 미술관 견학** 등 다양한 문화체험을 돕는다.

셋째, 상담프로그램의 지원으로 건강한 자아 형성 및 부적응 치유를 위한 맞춤형 상담 및 심리치료 지원을 하고 있다. 내용으로는 **학생상담 및 심리 검사**, **심리 치료**, **학교 부적응 예방 프로그램 참여** 등이 있다.

넷째, 복지차원에서 **학교－가정－지역사회와 연계한 학생 통합 보호 및 지원체계**를 구축하고 있는데 예를 들면 치과, 안과와 같은 치료나 학습준비물 지원, 그리고 가정 방문과 간식비 등의 지원이 있다.

이와 같이 **종합적이고 체계적인 지원**을 통해 개별 학생들의 교육적인 성취를 지원하며 지역사회와 다양한 협의체를 구성 및 운영하여 공동사업 활성화하여 학생들의 특성을 고려하고 교육과정과 연계된 맞춤형 프로그램을 제공하며 이는 개별 학교가 자율적으로 진행하고 있다.

교육복지 우선지원 사업은 학교 안에 학교사회복지사가 상주하여 위기청소년들에 대해 개입할 수 있도록 지원하고 있는데 교육복지 우선지사업으로 이르어지는 프로그램들은 학교사회복지사가 교내 학생들의 문제와 요구를 파악하여 **사례관리**하고 이를 지역사회 자원과 연계함으로써 이루어진다. 사업대상에서는 저소득층 지역에 거주하는 수급자 또는 차상위계층의 청소년들을 대상으로 하지만 대부분의 프로그램은 대상에 제한을 두지 않으며 개방적으로 이루어지고 있다.

(3) 아동청소년 심리지원(구 문제행동아동 조기개입)

청소년의 치유를 담당하기 위하여 지역개발형 바우처 II의 아동청소년 심리지원(구 문제행동아동 조기개입)을 실시하고 있다. 정신보건사업안내에 의하여 의사 진단서 및 소견서, 임상심리사 및 청소년상담사 소견서, 정신보건센터장의 추천서, 교사, 유치원장, 어린이집 원장이 심층평가도구에 의한 검사가 필요한데 이는 문제행동을 보이는 아동에 대한 상담 및 언어 · 인지 · 놀이 및 미술 프로그램을 지원하여 청소년 문제의 행동을 감소시키고 정서 행동장애로 악화를 방지하는 것을 목표로 하고 있다.

또한 인터넷 중독을 치료하기 위하여 만18세 미만 아동 중 인터넷 중독 선별 검사 결과 고위험군이나 잠재 위험군 판정을 받은 아동에 대해서는 인터넷 과몰입 아동치유 서비스가 제공되고 있다. 이것은 인터넷 과다사용 청소년을 조기에 발견하여 상담 및 대체활동을 제공함으로써 인터넷 과몰입을 치유하는 프로그램이다.

2. 고위험군 청소년을 위한 서비스 및 체계

경제는 비행과 밀접한 연관이 있다고 보고된 바 있다. 빈곤으로 인한 빈곤 가정의 가출청소년 증가는 성매매나 각종 비행에 노출될 수 있다. 따라서 고위험군 청소년을 위한 서비스는 가출 청소년을 위한 쉼터, 성매매 피해청소년을 위한 지원 시설 등이 제공되고 있으며 최근 아웃리치 프로그램이 가출 청소년들에 대한 프로그램으로 제공되고 있다.

즉, 가출청소년 쉼터를 제공하여 전국적으로 90여개를 개설하였고 위탁사업자 선정은 「청소년복지지원법」 제32조의 청소년복지시설의 설치 조항에 근거하고 있다. 국가 또는 지방자치 단체 외의 자는 청소년 복지시설을 설치 및 운영하려면 해당 시설이 있는 지역을 관할하는 특별자치 도지사 또는 시장 · 군수 · 구청장에게 신고하는 것을 원칙으로 하고 있다. 가출청소년 쉼터는 가출청소년이 가정 및 사회로 건강하게 복귀하는 것을 지원하는 것을 주된 목표로 삼고 있으며 일시 · 단기 · 장기 등 머무는 기간에 따라서 몇 가지 형태로 운영되고 있고 이는 지속적으로 증가하는 추세에 있다.

한편 최근 세계 각국에서는 청소년의 성보호에 적극적으로 임해야 하며, 현재 우리나라 NGO를 중심으로 성매매 청소년들에 대해 피해자로 간주하여 성인과 차별되는 접근 방식에 대한 접근이 이루어지고 있다. 성매매피해 청소년을 위한 시설 및 위탁교육기관은 성매매 피해 청소년들을 위한 사후 지원에 중심적 역할을 하고 있으나 이에 대한 인식은 예방적 차원에서도 필요하다.

따라서 현재 운영되고 있는 성매매피해청소년에 대한 지원시스템은 성매매피해 청소년을 통합적으로 지원하는 데 한계가 있는데 일반 위기청소년 지원망 안에 성매매피해청소년을 포함시킴으로써 성매매피해청소년을 위한 특화된 서비스와 인프라가 충분하지 않으며, 성매매피해 청소년들을 위한 지원이 생활기반을 중심으로 획일화되어 있다(김인숙, 2011; 정혜원, 2011).

1) 위기청소년

(1) 위험군에 따른 위기 요인의 분석

2009년 한국 청소년상담원이 실시한 "전국 청소년 위기상황 실태조사"에 따르면 학교 급별로 위기수준의 분포에서 볼 때 고위험군 비율의 경우 학교에 다니지 않는 청소년, 전문계고, 인문계고, 중학교 순으로 조사되었다.

가정 요소와 또래 요소에서 고등학생들의 고위험 수준 비율은 5% 이상으로 높게 나타났고, 이는 학년이 올라가면서 고위험 수준 비율의 증가 폭이 더 커지는 것으로 조사되었다. 이러한 결과는 가정 요소 및 또래 요소가 전반적으로 고위험군에 중요하게 작용하고 있으나, 고등학교로 올라갈수록 고위험군 분포가 높아지는 것은 학년을 올라가면서 문제가 더 심해질 수 있다는 것을 함의하고 있어 **조기개입의 필요성**을 함의하고 있다.

① 가족 형태별 위기수준

가족 형태별 전반적 위기 수준의 분포를 살펴보면, 친부모를 제외한 편부, 편모, 재혼가정, 양부모, 부모 부재 모두가 고위험 비율이 높게 나타났다. 그러나 편부의 경우 편모의 경우 보다 고위험군의 비율뿐 아니라 **잠재적 위험군의 비율**도 더 높았는데 그 이유는 양육에 있어서 정서적 지원이 취약할 수 있음을 함의하고 있다. 재혼 가정의 경우에는 편부와 편모의 경우 보다 고위험군의 비율이 더 높았는데, 친아버지와 새어머니의 경우가 친어머니와 새아버지의 경우보다 위험군의 비율이 더 높게 나타나 친모의 중요성을 간접적으로 짐작하게 했으며 재혼가정에서 겪을 수 있는 갈등요인이 있음을 짐작할 수 있다.

각 위험 요소별 고위험군 비율을 살펴보면, 가정 요소에서 고위험 비율이 가장 높게 나타나는데, 양친이 모두 부재한 경우를 제외하면 친아버지와 새어머니의 경우에 고위험 비율(20.1%)이 제일 높은 것으로 나타났으며 이는 양육 스트레스로 짐작할 수 있다. 그 다음이 친아버지만 있는 경우(14.5%)와 친어머니와 새아버지의 경우(14.3%)였다. 어머니만 있는 경우도 고위험 비율이 8%로 나타났다.

고위험 비율에 있어서 또래 요소도 중요했는데, 가정 요소에서와 마찬가지로 친아버지와 새어머니(8.6%), 친어머니와 새아버지(8%), 친아버지(6.7%) 순으로 고위험 비율이 높게 나타났다. 다른 위기 요소들에서도 이러한 경향은 비슷했으며 가정 및 또래 요소가 가장 컸다.

② 거주형태별 위기수준

거주형태별 전반적 위기 수준의 분포에서는 아르바이트 하는 곳에 거주하는 경우 고위험군 비율이 가장 높았고(30.3%), 그 다음이 청소년 보호시설에 거주(21.5%), 친구 또는 선후배와 함께 거주(18.8%), 그리고 혼자 거주(15%) 등의 순으로 고위험군 비율이 높은 것으로 나타났다. 조부모와 함께 거주의 경우 고위험군 비율이 5%로 부모와 함께 거주하는 경우의 2.1%에 비해 높아 부모와 함께 거주하는 것이 청소년들에게 보다 나은 환경일 수 있음을 알 수 있었다.

③ 가정경제 지각수준

가정경제가 고위험에 미치는 요인은 '매우 어려운편'이라고 지각하고 있는 청소년들이 고위험군으로 분류되는 비율(16%)이 가장 높은 것으로 나타나 경제에 대한 어려움이 고위험에 영향을 줄 수 있는 것으로 생각되었다. 반대로 '매우 잘 사는 편'이라고 지각하고 있는 청소년들이 고위험군으로 분류되는 비율은 6.9%에 달하고 있어서 '어려운 편'이라고 지각하고 있는 청소년들이 고위험군으로 분류되는 비율(4.2%)보다 높아 고위험군에 있어서 매우 잘사는 경우에 오히려 정서적 어려움을 크게 지각할 수 있음을 추측할 수 있었다.

한편 '어려운 편'이라고 지각하고 있는 청소년들에서는 잠재적 위험군으로 분류되는 비율(20.8%)이 높았다. '매우 잘 사는 편'이라고 지각하고 있는 청소년들에서는 잠재적 위험군으로 분류된 비율은 8.2%로 높지 않았다.

개별 위기 요소별 위험수준의 비율을 살펴보면, '매우 어려운 편'으로 지각하는 청소년들의 고위험수준 비율이 가장 높아서 공통적으로 매우 어렵게 지각하는 청소년들에게 지각되는 어려움이 큰 것으로 나타났다. 이러한 결과는 청소년들에게 심리적 개입만이 아니라 환경적인 개입과 고려도 함께 병행되어야 함을 나타내주고 있다.

(2) 방과후 나홀로 청소년

보건복지부의 청소년종합실태조사 자료에 의하면 보호자의 적절한 도움을 받지 못한 채 방치되는 방과후 나홀로 청소년이 많이 존재하는 것으로 나타났는데 그 숫자는 4백만 명이 넘었으며 이중 80만 명 정도는 보호자의 경제적 이유로 인한 방임으로 나타났다. 맞벌이 가정의 현황을 살펴보면 맞벌이 가정은 주부의 취업 이유에 따라 몇 가지 형태로 분류할 수 있으나 우리나라의 기혼 여성들은 대부분 생활비 및 교육비를 위해서가 50%이상이었고 내 집마련을 위한 비율도 컸다. 그런데 자녀가 영유아 혹은 초등학생인 경우에는 지방자치단체 및 중앙정부 차원의 **일-가정양립 차원의 서비스**가 지원되고 있으나 중학생 자녀를 위한 돌봄 서비스는 상대적으로 취약한데 그 이유로는 부모 및 보호자들도 중학생 이상의 자녀들에게 독립적 능력을 기대하기 때문이다.

김기헌(2011)은 "**한국 아동·청소년 종합 통계체계 구축 연구**"를 통하여 방과후 나홀로 아동 및 청소년은 부모 모두가 취업이나 부재 등의 이유로 평일 방과 후 시간에 혼자 혹은 형제자매끼리만 있어야 하는 아동 청소년은 이들에 대한 돌봄이 취약한 것으로 나타나 사춘기의 시기를 보내는 중요하고도 어려운 시기에 이들에 대한 개입이 필요하며 이들을 위한 문화활동의 지원도 필요할 것으로 추정되었다.

(3) 성매매 피해청소년들

정혜원(2011)에 의하면 성매매 경험과 가출 경험 정도를 교차 분석한 결과 가출 경험과 성매매 경험이 모두 있는 청소년들은 전체 청소년 중 25.6%인 것으로 나타났다. 김종휘(2001)의 연구에서는 성매매 경험 청소년의 51.3%가 가출 경험이 있는 것으로 보고되었으며, 청소년 상담원의 조사에서도 성매매 경험 청소년의 48.6%가 가출 경험이 있는 것으로 나타난 것이다. 이러한 결과를 종합해 보면 가출이 성매매로 이어지는 비율은 25% 정도이지만 가출하지 않은 청소년들도 성매매에 유입될 수 있다는 가능성을 본다면 가출과 성매매의 관련성에 대한 다양한 연구가 있어야 하며 이들에 대한 개입이 필요함을 함의하고 있다.

성매매 경험이 있는 응답자를 중심으로 성매매의 주된 경로는 인터넷 채팅으로 이루어지는 경우가 41%로 가장 많았고, 그 다음으로 친구나 선후배의 소개로 이루어지는 경우가 20.5%, 부킹 15.4%, 전화방, 기타 경로 10.3%이었으며 유흥업소를 통해 이루어지는 경우는 2.6%에 불과한 순으로 나타났다(정혜원, 2011). 따라서 학교나 다양한 기관으로부터의 교육뿐 아니라 보다 건전한 문화생활 그리고 사후의 찾아가는 아웃리치 서비스 등이 모두 매우 필요하며 적극적으로 이루어져야 함을 알 수 있었다.

2) 지역아동센터, 공동생활가정 및 그룹홈

지역아동센터는 이용시설로 지역사회 청소년의 보호와 교육, 건전한 놀이와 문화의 제공, 보호자와 지역사회의 연계 등을 통하여 청소년의 건전육성을 위하여 종합적인 복지서비스를 제공하는 것을 목적으로 하는 기관을 뜻한다. 이는 방과 후에 청소년들의 활동에 대하여 학습이나 취미활동의 지원을 사회적으로 지원사는 실천서비스이다. 그리고 공동생활가정(그룹 홈)은 청소년에게 가정과 같은 주거여건과 보호를 제공하는 것을 목적으로 하는 기관이라 할 수 있다.

3) 학교사회복지

학교사회복지의 역할은 학교 내에 학생 등을 대상으로 학교사회복지실천에 관련한 전반적인 업무를 담당한다. 즉, 학교 내에 상담이 필요한 학생, 각종 사회복지관련 실천 프로그램, 워크 샵 등을 담당하며 학교 사회복지사는 학교 뿐 아니라 지역사회와의 연계, 타학교와의 연계사업을 통하여 다양한 학교사회복지의 실천의 장을 넓혀가고 있다.

이러한 학교사회복지사의 역할은 학교와 지역사회의 연계를 통해 학생의 심리사회적 문제를 예방하고 해결하며 유관기관과의 연계로 학생들의 역량을 고취하는 역할을 담당하게 된다. 모든 학생이 자신의 잠재력과 능력을 학교와 지역사회를 통하여 최대한 발휘할 수 있도록 학생복지의 실현을 도와주는 교육기능을 담당하는 것이다.

학교사회복지의 대상자는 학교상황에서의 문제 소지자로 학습부진·학교공포증·공격적·반사회적 행동·퇴행적 행동·비행, 무단결석·비사교성·정서적 불안감 및 이상심리 및 이상행동을 보이는 모든 청소년이 될 수 있으며, 정상적인 청소년일지라도 청소년들의 성장을 도모하는 교육복지 우선지원 사업 등을 주관하여 학교생활을 돕는다.

그 밖에도 저소득층 가정의 학생교육, 복지, 문화 수준 등을 향상시키기 위해 학교가 중심이 되어 지역사회와 함께 교육공동체를 구현해 나가는 사업의 일환으로 실시되고 있다. 이에 대하여 남미애 등(2009)은 청소년 가출의 원인을 개인적 차원과 환경적 차원으로 분류하였으며 그 중 환경적 차원을 다시 가정적 요인과 학교요인, 사회적 요인으로 유형화하였다. 그리고 가정적 요인은 가족의 구조적 해체와 그로 인하여 파생되는 방임과 갈등, 빈곤이 청소년의 위기를 불러오는 중요한 이유였고, 구조적으로 가족이 해체되지 않더라도 가정불화로 부부간의 불화, 부모와 자녀간의 갈등, 부모의 훈육방법, 의사소통 유형, 방임, 무관심 등 심리적 갈등으로 인하여 가족이 제대로 기능하지 못하는 기능적 해체가 가출의 더 큰 요인으로 작용하는 것으로 분석되었다(남미애 외, 2009).

제 10 장

청소년 여가문화

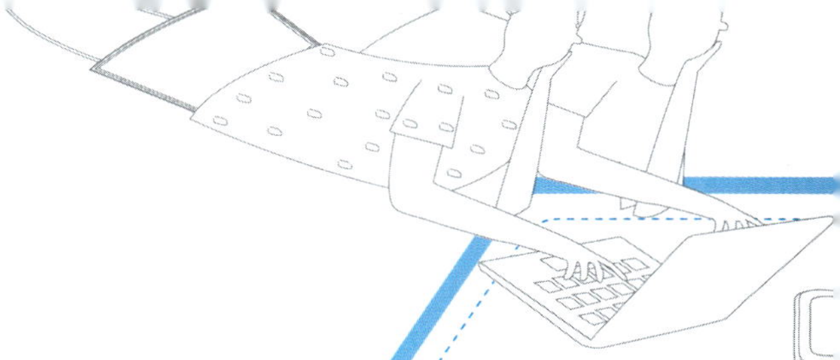

제10장 청소년 여가문화

1. 청소년 여가문화의 개념 및 목적

1) 청소년 여가문화의 개념

여가(餘暇, Free time)는 보통 1일이 24간이라는 절대적인 시간의 한계 속에서 생활 필수 시간과 노동시간 등 구속 시간을 뺀 나머지 자유 시간으로 볼 수 있다(김광득, 1997; 장계영, 2012). 그러나 현대사회에서 여가의 의미는 더 확대되어 단순한 자유시간이 아니라 여가를 통한 다양한 재충전과 창조적인 활동이 이루어지고 있다.

청소년의 여가활동은 사회가 지향하는 가치를 내포하고 또한 일상적인 학업에서 쌓이는 긴장과 권태를 해소할 수 있으며 정서를 순화시키며 원만한 인간관계를 맺어주고 생활에 활력을 불어넣어 준다(이행 연, 2009). 그리고 청소년들에게 자유롭고 충분하게 활동을 보장할 수 있는 시간과, 여가활용에 대한 올바른 의식을 교육하며, 능률적으로 자기 목표를 세우고 자기 자신과 가족을 위해 행복한 여가생활을 만들어 갈 수 있다(김은수, 2014).

2) 청소년 여가문화의 목적

청소년기는 아동기를 거쳐 성인기로 접어드는 중요한 시기로 정신적, 신체적, 사회적으로 건전하고 균형적인 발달을 요구하게 된다. 어린 시절부터의 균형있는 생활과 부모와의 여가활동 경험은 조화로운 성장을 가능하게 한다. 가정 폭력, 청소년 비행, 부모 자녀 간의 대화단절, 이혼율 증가 등 현대 사회가 겪고 있는 가정 문제를 가족 여가를 통해 가족 관계 만족을 높이고 청소년과 가족 간 갈등을 줄이고 해결하여 가족의 삶의 질을 높일 수 있다고 보았다(최성희 · 전영자, 2016 재인용).

2. 청소년 여가문화의 분류

1) 청소년 여가문화의 분류

청소년의 여가문화의 종류를 분류하는 것은 전문가들의 견해에 따라 범주와 특성이 달라진다. 청소년의 여가 및 문화 활동에 속하는 활동으로 여행 · 전시회 · 음악회 · 연극 · 영화 · 뮤지컬 관람 등의 문화 활동(차동혁 외, 2014; 김남희, 2017)이 있다. 그 밖에도 여가활동 유형으로 문화 · 예술 활동, 스포츠 · 건강 활동, 야외 · 관광 활동, 취미 · 오락 활동, 사회참여 활동, 사이버 활동, 평생학습 활동, 휴식 활동으로 분류(조수영, 2012; 김현기, 2007)도 가능하다.

2) 청소년 여가문화의 대상

청소년들이 여가 · 문화 활동을 실시하는 대상을 살펴보면, 친구 또는 혼자서 여가

활동을 보내는 형태가 많으며, 그 밖에는 가족과 여가활동을 보내는 형태가 대부분(김지혜, 2009)[1)]이라고 하였다. 이는 청소년이 학업위주의 생활을 하다보면 다른 친구와 시간을 맞추기 어려운 이유도 있고, 번거로운 여가활동 보다는 혼자서 하는 여가활동을 즐기게 된다는 것이어서 이러한 현실은 다시 한번 되짚어 볼 필요가 있다.

3. 청소년 여가문화의 효과

1) 긍정적인 효과

현대사회는 매우 빠르게 변모하며 청소년은 이러한 변화에 적응해야 하는 과제를 안고 있다. 이러한 가운데 청소년의 여가활동은 자기가 좋아하는 활동을 즐기며 자기표현을 할 수 있는 기회를 가짐으로써 쌓인 욕구불만을 건전하게 풀어주는 좋은 구실을 하므로 여가는 청소년의 욕구불만이나 스트레스를 건전하게 해소할 수 있도록 자유 시간을 이용하여 즐거움과 만족을 느낄 수 있는 흥겨운 활동이다(박영아, 2010).[2)]

또한 **사회화의 과정**으로 삶의 만족도를 높이고 노년기의 삶의 질을 향상시키기 위해서 여가 활동을 오랜 기간 지속하여 자신의 경력으로 형성하고 이를 통해 전문성을 획득할 필요가 있다(박민정, 2012).

즉 청소년이 바른 여가문화를 즐길 기회가 주어진다면 청소년은 더욱 다양화된 시각으로 세상을 바라볼 수 있는 여건이 마련되며 더욱 **성숙된 자아**를 가지게 되는 것

1) 김지혜(2009), 가족 중심 청소년 여가활동 활성화 방안연구, 학위논문(석사)-- 명지대학교 사회교육대학원 : 청소년지도학과 2009. 8, 16.p

2) 박영아(2010), 청소년 여가활용 실태조사에 관한 연구 : 군포시 중학생을 대상으로, 학위논문(석사)-- 中央大學校 行政大學院 : 福祉行政學科 2010. 8, 28.p

과 함께 진로를 선택하는 것에 있어 더 넓은 시야를 지니게 되는 효과를 기대해 볼 수도 있게 된다. 뿐만 아니라, 청소년들은 여가문화를 혼자 즐기기도 하면서 다른 사람들과 함께 즐기면서 개인의 삶을 풍요하게 하기도 하고, 집단 안에서의 사회성을 통하여 즐거움과 의미를 찾을 수도 있다.

이와 같이 여가에 참여함으로써 자연스런 인간관계와 사회적 관계가 형성이 되며 그 속에서 각자가 처한 역할과 위치를 습득하게 하고 사회적 역할을 배우게 하는 기능이 있다(김은수, 2014).

2) 부정적인 효과

청소년들은 스트레스를 받아도 해소할만한 여건이 제대로 마련되어 있지 않다. 성인들의 눈치를 보며 대부분의 시간을 상급 학교에 전학하기 위한 입시공부에 지치고 시험과 성적의 압박을 받으면서 살아가고 있으며, 때로는 지나친 스트레스를 해소하기 위하여 일탈 행동을 하기도 하므로, 이러한 상황에서 청소년들은 무력감과 소외감, 욕구 불만과 욕구 좌절, 상대적 박탈감 등을 느끼기 쉽다(박영아, 2010).

즉, 청소년도 사람이고, 사람은 로봇이 아니라 따라서 일과 공부만 하며 살아갈 수는 없다. 청소년에게 여가를 위한 시간이 주어져도 어른들은 공부를 하는데 사용하기를 원하므로 장시간을 투자하거나 하는 여가를 즐기기 어렵고 다만 게임 정도가 가능한 것이 현실이다.

그런데 여가·문화 활동이 청소년의 인격형성뿐만 아니라 사회 및 심리적으로 성숙한 개인의 완성에 영향을 미치며, 건전한 여가·문화 활동이 비행, 범죄 등의 부정적인 측면을 해소한다는 연구가 있다(조호제·이윤호, 2012; 김남희, 2017). 따라서 청소년이 다양한 동아리 활동과 진로체험, 특화된 자원봉사, 문화 바우처 제공 등으로 보다 성숙한 문화가 청소년들에게 제공되었으면 하는 바람이다.

4. 청소년 여가문화 문제

1) 가족관계

가정은 청소년이 사회로 나가기 이전에 양육을 통해 기본적인 인성을 형성하는 곳이다. 건강한 가정 안에서 자라난 청소년은 일탈의 확률이 낮다. 청소년에게 있어서 가족들은 중요한 의미 있는 구성원으로 가족과 함께 보내는 여가시간도 중요한 역할을 청소년에게 미치게 된다.

그런데 이러한 여가가 가족이나 청소년에게는 긍정적인 경험을 제공하지만, 한편으로는 어머니는 가족여가를 또 다른 일(work)로 여겨 오히려 스트레스나 갈등이 증가하는 부정적 기능도 작용하기도 한다(최성희 · 전형자, 2016). 가정 내에서 어머니의 역할이 고대 국가 형성 이전부터 가족들을 보살피고 챙겨주는 역할로 인지되어 스트레스가 쌓이는 것이다.

더구나, 현대사회에서 맞벌이 부부의 증가로 인하여 가족끼리 여가를 즐길 수 있는 기회가 줄어든 것은 사실인데, 맞벌이 부부가 증가했음에도 집안일과 육아 그리고 내조 등이 여성의 몫이라는 인식이 아직 남아있어 여성의 사회적 지위에 대한 평가는 논란의 소지가 있다.

뿐만 아니라, 청소년들도 주말에는 가족들과 여가를 보내기 원하지만 입시 위주의 교육방식으로 청소년들은 주말에도 공부를 하지 않으면 가정에서 곱게 바라보지 않거나 혹은 마음 편히 여가를 즐길 여유가 없을 수 있다. 또한 연령이 높을수록 가족 여가활동이 없다는 응답이 높아지는 경향을 보이며, 연령이 낮을수록 가족 여가활동이 있다는 응답이 높아지는 경향을 보인다(김지혜, 2009).[3] 그런데 청소년기야말로 가장

3) 김지혜(2009), 가족 중심 청소년 여가활동 활성화 방안연구, 학위논문(석사)-- 명지대학교 사회교육대학원 : 청소년지도학과 2009. 8, 42.p

감수성이 뛰어나며 추상적 사고가 가능하고 미래에 대한 창조적 시간을 가져야 하는 시기로 이 시기의 여가는 그 어느 시기의 여가문화보다 중요하다 할 것이다.

2) 청소년의 시간부족

우리나라는 2000년대 초에 들어서서야 학생들의 학업으로 인한 스트레스를 해소시키고 건전한 정신건강을 지니게 하고 가족들과의 시간을 증가시키면서 경제의 활성화를 도모하고자 2002년경에 시범적으로 '주5일 수업제'를 실시하게 되었는데 일부의 학교에서는 초반에는 매월 넷째 주 토요일만 실시하였다가 이후에는 보편적으로 둘째, 넷째 주 토요일만 실시를 하게 되었으며, 현재는 모든 토요일이 휴무일로 지정되어 학생들은 토요일에 등교를 하지 않는다.

그러나 입시위주의 교육으로 인하여 충분한 여가 시간이 없고 여가 시간의 활용에 대한 관심도 가질 수 없으며 청소년에게 적정한 여가 시설이나 프로그램도 부족한 실정(박민정, 2012)이다. 학생들은 쉬는 날에도 공부를 해야 하는 경쟁적 구도에서 일상생활을 하고 있다. 따라서 여가활동 참여의 기회는 극히 제한되어 있으며 그나마 이루어지고 있는 여가활동도 본인의 의사가 반영된 활동보다는 오히려 부모의 권유에 의한 과외학습의 형태가 많기 때문에(성기덕, 2014) 우리나라 청소년들은 자율적으로 힐링을 위하고 정신건강을 위한 여가활동을 제대로 하지 못하게 된다.

아직까지 우리나라 사회는 기성세대로부터 대학 입시를 비롯하여 직장에서의 변별력을 위하여 고학력(高學歷)과 고스펙(高+specification)을 바라게 된다. 뿐만 아니라, 인생에서 가장 중요한 과업 중 하나인 결혼에 있어서도 고학력과 고스펙인 배우자를 선호하고, 현대사회에서 맞벌이가 보편화됨에 따라 여성도 고학력과 고스펙을 기본으로 갖추어야 할 덕목으로 생각하는 청소년의 부담감과 그렇지 않은 경우 받게 되는 사회적인 인식으로 인하여 발생하는 과부하 및 역효과는 폭발과 일탈을 야기하는 원인이 되어 이에 대한 대안이 필요하다.

5. 청소년 여가문화 문제 해결

1) 인터넷 및 게임 중독 개선

청소년들에게 여가시간에 주로 무엇을 하는지 물어보면 많은 청소년들이 흔히 게임을 한다고 대답하게 된다. 게임은 청소년들의 스트레스 해소뿐만 아니라 또래 친구들과 어울리고 쉽게 어울리기에 좋은 방법으로도 통용된다. 학창시절에 게임을 안 한다고 하면 오히려 청소년들은 이상하게 볼 정도로 게임은 청소년들에게 있어서 빠질 수 없는 여가문화의 요소로 자리 잡힌다.

이러한 청소년을 둔 부모는 자녀의 게임을 통제한다고 하여 개방된 장소 또는 부모의 방 등에서 인터넷 게임을 하도록 통제하게 되면 자칫 역효과가 발생하며 부모-자식 간의 갈등을 초래할 수 있다. 즉, 부모와 자녀와의 갈등으로 인터넷 게임 중독의 성향이 증가한다는 보고는 인터넷 게임 중독을 예방하기 위한 부모의 감독이 자녀에 대한 무조건적인 감시나 통제보다는 부모와 자녀 간의 양방향적인 효율적 대화의 중요성이 강조되는 부모관련 요인(안은경, 2006; 김기숙, 2009)이 중요함을 시사하며 그 보다는 마음을 알아주는 가족의 관심이 필요하다고 볼 수 있다.

2) 학업과 학력 위주의 탈피

우리나라의 대학 진학률은 2008년에 83.8%를 정점으로 서서히 하락하기 시작하여 2011년에는 72.5%에서 2017년은 68.9%가 되었다(통계청, 2017). 이는 인생에 있어서 대학이 꼭 필요한 것이 아니라는 것과 자신의 진로를 내다보았을 때 그것이 대학을 꼭 필요로 하지 않을 수 있다는 것을 알려주는 중요한 지표이기도 하다. 요즘은 수능이 아닌 공무원 시험을 준비하는 학생들도 늘어나고 있으며, 특성화 고등학교 등에 진학하면서 자신의 진로에 적합한 활동을 통해 미리 진로에 대한 길을 다른 분야에서 준비하는 추세가 늘어가고 있다.

3) 가족관계 개선

청소년 문화에 있어서 가족들과의 여가시간을 함께 보냄으로써 가족 여가에 대한 의견 중 긍정적인 응답이 73.4%로 부정적인 응답보다 높았다. 가족 여가활동이 긍정적인 가장 큰 이유로는 가족관계 형성에 도움이 될 수 있고, 건전한 여가활용과 바람직한 인격형성에 도움이 되기 때문이다(김지혜, 2009). 청소년에게 있어 1차적 집단에 속하는 가정의 역할이 크고, 가정이 화목할수록 청소년이 성인이 되어서도 올바른 가치관과 인격을 형성함으로 인해 안정된 사회생활을 할 확률이 높은데 자연스러운 소통에 있어서 가족여가가 청소년에게 좋은 작용을 할 수 있다.

과거에는 청소년들에 대하여 '학생은 학생다워야 하고 학생의 본분은 공부다'라는 생각을 강요하여 청소년의 여가활동에 대하여 부정적인 시각이 강하였다. 그러나 시대의 변화와 흐름에 따라서 요즘은 청소년에게 건전한 범위 안에서 여가활동을 장려하는 분위기로 바뀌고 있다.

이러한 관점에서 본다면 청소년의 학업에 대한 스트레스를 해소하고 일탈을 방지하는 것이 1차적 목표라고 한다면 청소년이 여가활동을 통하여 진로를 생각하는데 더욱 풍부한 경험과 생산성을 제공받는 것은 2차적 목표라고 볼 수 있다.

현대사회에서는 다양한 청소년의 개성을 인정하고 다양화된 직업에 대하여 개방적인 사고방식을 키우는 것이 중요하다. 이를 위해서는 유연한 사고와 가정－학교－사회의 역할이 중요하다. 1차적 집단인 가정에서는 청소년이 진정으로 원하는 것이 무엇인지 파악하면서 청소년의 여가활동에 대하여 관심을 기울이고 함께 하며 믿어주는 것이 중요하다. 2차적 집단으로 학교에서는 청소년이 학업과 여가를 적절히 활용하면서 즐길 수 있도록 학교에서 다양한 프로그램을 제공하고 지도하는 역할이 필요하다. 마지막으로 사회에서는 가정과 학교와의 원활한 연계를 지원할 필요가 있다.

6. 가족과의 여가활동의 중요성

가족과의 여가활동은 일생의 과정을 통해 경험되는 사회화의 과정이다. 인격을 형성하는 유・청년기 동안 습득된 여가에 대한 좋은 태도들은 이후 생애주기의 노년기 단계에서의 만족스러운 여가활동을 위한 기초가 될 수 있고, 유년기나 성인기에 있어 사회화의 방향과 정도는 다르더라도 모든 개인은 생애주기를 통해 성장하게 되면서 **여가사회화**(leisure socialization)에 대하여 논의할 필요가 있다.

이에 대하여 Iso-Ahola(1980)는 여가 사회화를 **여가 지식・태도・가치・기술・동기**들이 학습되고 내면화되는 과정이라고 언급하였다. Kleiber와 Kelly(1980)는 여가를 기초로 한 활동들이 인간의 발달에 있어서 사회화에 기여하는 반면, 사회화는 다시 여가행동과 태도에 영향을 미치게 된다고 하였다.

이에 고동우(2007)는 여가활동을 통한 사회화(socialization through leisure)와 여가활동에 대한 사회화(socialization into leisure)의 개념으로는 여가활동을 통한 사회화는 여가활동의 경험을 통해 사회인으로 살아가는 데 필요한 다양한 기술과 능력과 성향을 획득하는 과정이므로 여가활동에 대한 사회화는 인생의 중요한 영역으로 의미를 가질 수 있다고 하였다.

또한 **가족과의 경험**은 다양한 영역에 대한 사전 경험으로서의 가치를 가진다. 여가활동을 통한 사회화는 인간발달 측면에서 중요하며 삶의 각 단계에 연계된다고 가정될 수 있다. 어린 시절의 가족과의 여가활동은 인생의 다음 단계에서 추구하는 삶의 가치나 삶의 질에 영향을 미칠 수 있다.

따라서 가족과의 건강한 여가의 활동은 개인의 발달측면에서 개인이 각 생애단계에서 그 다음 단계로 전환될 때 건강한 사회인으로서의 **역할, 능력, 태도, 기초 관계**를 형성하는 데 의미가 있다. 즉, 여가는 여러 사회적 기능을 수행하고 있으며 특색있는 문화로 정착할 필요가 있다.

1) 초기 여가 사회화가 가족관계에 가지는 함의

가족관계를 통하여 생애주기에 따라 축적되고 개인의 삶 속에서 청소년기에 경험한 여가활동은 성인이 되고 노년에 이르러서도 지속적으로 유지되고 활성화될 수 있는 반면 생소한 여가활동을 노년기에 처음으로 시작하기는 쉽지 않는 연구보고가 발표되었다.

최소한 청소년기에 경험한 여가활동이나 신뢰있는 혹은 활동적이고 의미있는 경험은 이후의 생애과정에 많은 영향을 미친다는 것은 중요한 개념이라는 것이다. 즉, 여가의 사회화나 인간관계 특히 가족관계는 갑작스럽게 이루어지기 보다는 장기간에 걸쳐 이루어지게 된다.

이와 관련하여 Iso-Ahola(1980)는 활동적인 놀이 경험에 있어서 놀이의 기회가 제한되면 성인기에 여가를 추구하는데 있어 인식 및 행동의 적응성이 떨어질 수 있다고 하였다. 이것은 어릴 때부터 활동적인 사람은 성인기에서도 여가를 적절히 활용할 수 있으며 활동적일 경향이 있으며, 과거의 비활동성은 성인기 비활동성의 전조가 될 수 있다고 보았다. 또한 Ken Roberts(2006)는 어렸을 때 정기적으로 연주회를 관람했거나 미술관을 방문했던 사람들은 그들의 일생 동안 지속적으로 수준 높은 활동을 할 경향이 높다는 것을 언급하였다.

2) 여가경력 개발

DeCarlo(1974)는 여가활동과 성공적 노화와의 관계에 대하여 전 생애동안 여가활동에 정기적으로 참여하게 되면 단발적으로 여가에 참여하는 것보다 **성공적인 노화**가 더욱 가능하다고 하였다. 이처럼 여가와 삶의 질의 관련성은 여가활동의 중요성을 함의하고 있다.

이와 같이 생애주기에 걸친 여가행동의 의미는 중요하며 따라서 전 생애 걸친 변화와 지속성을 검토해야 한다. 가족과의 여가활동은 다른 인간행동과 마찬가지로 전 생애기간 동안 이루어지면서 **지속**(continuity)**과 변화**(change)라는 두 가지 패턴으로 발달한다. 즉, 현재의 생활환경의 변화에도 불구하고 여가행동의 지속성은 존재하며 어렸을 때의 여가경험들은 성인의 여가행동 패턴에 지속적으로 영향을 미치게 된다(Scott & Willits, 1998).

3) 가족과의 자원봉사활동의 경험

(1) 가족과의 활동으로서의 의의

사회참여란 깨어있는 시민이 자신과 공동체 간의 질적인 발전을 목표로 하여 전 사회과정에 대하여 지속적인 관심을 가지고 개인적 또는 집단적으로 연대하여 자발적으로 필요한 자원을 투여하고 다양한 영향력을 발휘하는 것이다(Richardson, 1983).

가족과의 자원봉사활동의 경험은 **협동심, 정직함, 성실함 등 인성개발**은 물론 학습내용의 정확한 이해라는 점에서 중요하다(한국청소년개발원, 1998). 자원봉사활동의 현장참여를 통해 삶에 대하여 이성적으로 통찰하게 되며 향후 시민으로서 바람직한 자세와 태도를 함양하는 효과가 있다. 청소년의 자원봉사활동 경험은 향후 **민주시민**으로서 자질형성에 도움이 되며 **건강성, 협동심, 책임감** 등을 배우게 된다. 또한 가정 밖에서 자신과 타인을 비라보고 존중하는 사회성을 배우는데 유익하다.

그리고 자발적 참여는 자유의사 또는 선택에 의한 자율성이 구현될 수 있는 개념이라 생각될 수 있다. 그 이유는 자원봉사자는(volunteer)는 라틴어의 'voluntus'라는 단어에서 유래했으며 **자발적인 것, 자주적, 임의적 자유의지**를 의미하기 때문이다.

'자원봉사'란 '특정한 요구의 인식 하에 사회적 책임감을 가지고 금전적 이득에 관심 없이 자발적으로 선택되어 이루어지는 활동'이다. 한국사회복지협의회의 좀 더 구체적인 정의에 의하면 '자원봉사란 사회문제의 예방 및 해결 또는 국가 공익사업 수행에 자발적으로 참여하여, **인간존중정신과 민주주의 원칙**에 입각하여 필요한 서비스를 제공하고 이타심의 실현과 자아실현을 성취하는 활동'이라고 하였다.

그런데 현대인들은 육체적 · 인지적 · 사회적 변화들이 급속하므로 스스로 정체성을 확인하기가 쉽지 않다. 이 시기의 올바른 성장은 자신과 타인의 역할 인식과 타인의 입장에서 이해하려는 노력을 거쳐 사회의 관습적 체계 역할 인식을 하게 된다. 특히 청소년기의 다양한 경험들은 점진적으로 책임감 있는 사회인으로서의 인생관을 형성하게 한다(김남순, 1997).

이렇게 볼 때, 청소년기의 자원봉사활동은 사회 구성원과의 의사소통과 건전한 인격형성에 도움을 주며 공동체 의식을 함양하고 성숙하게 성장할 수 있도록 도움을 준다. 자원봉사활동은 **'통합성 원리'**를 교육 이념으로 하고 있기 때문이다. 자원봉사활동은 그들이 봉사활동을 통해 사회에 얼마나 실제적 도움을 제공하고 공헌했는가의 평가보다는 봉사활동을 통해 얼마나 즐겁고 보람 있는 경험을 했으며, '민주적이고 협동적인 인간성을 함양 하였는가'가 중요시된다(조휘일, 2009).

(2) 자원봉사활동의 동기

동기는 한 개인의 행동을 설명할 수 있는 내적, 외적 상황에서 얻게 되는 힘들의 총체라고 할 수 있다(조휘일, 2002). 동기이론으로 이타주의적 행동은 동정심과 내재화된 가치들과 연관된 행동을 포함한다는 것으로 타인의 이익을 위한 자발적 행동 전체를 포용한다(Moore, 1985).

그 밖에 맥 클리랜드(Mc Clelland)의 성취동기이론에 비추어보면 **성취욕구, 친화욕구, 권력욕구**에 의해 자원봉사활동이 이루어질 수 있으며 따라서 자원봉사의 행동의 동기는 이타주의의 행위 관점과 이기주의의 행위 관점으로 복합적인 검토가 바람직하다(윤기종, 2009).

이를 근거로 스트라이거스와 잭슨은 자원봉사활동의 동기를 다음의 네 가지 요소로 정의하였다. 첫째, **자기개발적 동기**이다. 이것은 자원봉사자들이 기술향상 · 지식습득 · 사회교류 및 네트워크를 형성하려는 동기를 말한다. 둘째는 **대의적 동기**이다. 이것은 지역사회의 발전을 도모하고자 하는 동기이다. 셋째는 **외부적 동기**이다. 이것은 가까운 사람들로부터 외부적인 영향에 의한 동기를 말한다. 마지막은 여가적 동기인데 이것은 자신의 내적인 흥미성에 의한 동기를 말한다. 이러한 가족과 함께 하는 활동은 구성원들의 관계성을 함양하고 사회적으로도 유익한 활동이다.

제 11 장

현대사회와 청소년문화

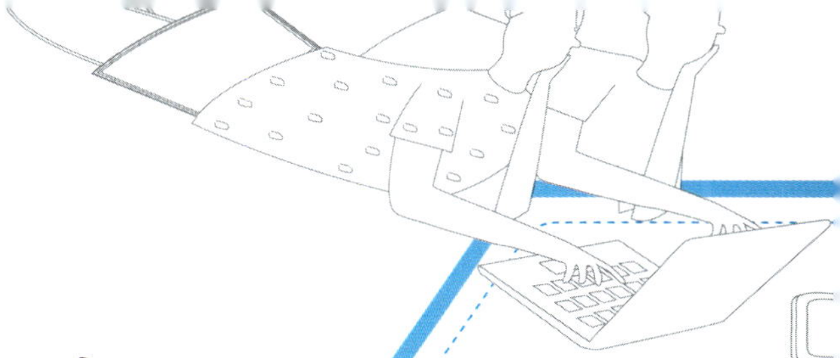

제 11 장 현대사회와 청소년문화

1. 현대사회의 청소년문화

우리나라는 1970~1980년대 정치적 격변의 시기를 거치면서 민주화를 맞이하고 급성장을 하면서 다양한 문화 스타일과 가치관의 혼재 등을 겪으며 후기 산업사회의 특성이 사회에 팽배하게 되었다. 또한 1980년대부터 지역사회의 활성화와 영상매체의 확산 및 미디어의 발달은 청소년문화가 시장에서 뜨겁게 주목받기 시작하고 본격화되는 계기가 되었다. 따라서 청소년문화는 다음의 특징을 지닌다.

1) 청소년들은 문화의 소비뿐 아니라 생산을 주도하고 있다

1980년대에는 생산에 소비를 맞추는 구도였다면 점차 이제는 소비 패턴을 읽어 그에 맞는 생산을 하는 '프로슈머', 즉 '생산(산출)하다'라는 의미의 produce와 consumer(소비자)가 합쳐진, prosumer의 신조어가 생길 만큼 청소년의 문화소비감각은 매우 높아졌다.

청소년들은 대중문화를 이끌어가는 능동적 주체로 게임산업, 패션산업, 광고, 한류문화 등에 있어서 주도적인 역할을 한다. 즉, 그 연령도 점차 낮아져서 새로운 대중문화의 주역으로 자리하고 있다.

2) 청소년문화는 국경이나 지역의 경계를 넘어 확대되고 있다

오늘날 청소년문화는 국경이나 지역의 경계를 넘어 확대되고 있다. 이는 한국의 스타일 · 한국의 음악 · 한국인의 패션 등에서 인기가 있으며 이는 한류 열풍, K-pop 열풍에 힘입어 직접 한국을 방문하고, 한국의 대중 스타들의 공연을 기대하거나 한국으로 진출하고자 하는 아이돌 스타가 늘어나게 되는 계기가 되었다.

3) 청소년문화는 최신 기술산업과 무관하지 않다

오늘날 청소년들은 컴퓨터 · 스마트폰 등 일상의 생활의 도구에 대한 업그레이드 수요를 높이고 새로움을 추구함으로써 청소년과 관련한 다양한 테마를 중심으로 산업의 부흥을 가져왔다.

2. 청소년문화의 올바른 정착을 위한 제언

1) 청소년문화를 이해하기 위해서 문화상대주의적 관점이 정착되어야 한다

이제 우리나라 사회도 획일화된 문화가 아니라 다양성을 인정하고 다양한 시각과 논리에서 상대의 문화를 이해하려는 노력이 있어야 한다. 즉, 주류문화에 동화하기를 바라는 주류 동화주의는 다시 재해석되어야 한다.

2) 청소년들은 다양한 문화들과의 소통 속에서 성장한다

청소년 문화는 다양한 문화들과 환경과 체계와 관계 속에서 형성된다. 따라서 멀티미디어, 스마트폰, 대중문화를 이끌어감에 있어서 주체의식을 가진 존재로 존중되어야 한다.

3) 청소년문화 형성 과정에서 청소년은 행위자, 의지를 가진 주체로 고려되어야 한다

문화형성에 있어서도 어른들의 입장에서 특정한 문화가 강요될 것이 아니라 자율적으로 선택하고 책임질 줄 아는 문화가 정착되어야 한다.

4) 청소년문화의 다양성과 변화가능성에 대한 잠재의식을 지원하여야 한다

청소년은 어른의 전유물이 아니며 기성세대의 획일화된 가치관을 강요할 수 없다. 이전보다 훨씬 유연하고 창조적인 사고를 요구하는 시대를 살아갈 인재들로 성장시키는 것이 중요하다. 아이러닉한 것은 부모들은 청소년들의 도전의식과 진취성을 높은 덕목으로 보면서도 한편으로는 부모의 의견에 순종하기를 기대한다.

5) 청소년의 하위문화의 건강성을 지원하는 문화활동이 있어야 한다

모든 계층에는 이를 대변하는 하위문화가 있다. 현재 게임과 같은 하위문화는 사실상 어른들의 잘못이기도 하다. 이제 교육풍토도 다양한 하위문화들이 형성되고 역동성을 가지며 활성화될 수 있는 다양한 문화를 제공해야 한다. 다양성과 창조적 시각과 유연성을 배양할 수 있는 문화가 정착되어야 한다.

3. 새로운 문화의 형성[1)]

현대사회는 스마트폰, 태블릿 PC, 스마트 TV 등으로 IT 패러다임이 확산되고 있으며, 이들이 서로 융합되는 환경 하에서 **콘텐츠의 전략적 가치**가 더욱 증가하고 있다. 이에 따라 비즈니스 모델의 핵심인 콘텐츠산업 육성을 위해 어떠한 진흥체계와 거버넌스 구조를 가져가느냐에 따라서, 그리고 **무한경쟁 · 글로벌 산업에 의해 국가경쟁력**이 좌우될 수 있다.

이에 대하여 이미 애플 · 구글 등 글로벌 기업들과 선진국들은 콘텐츠와 서비스, 기기를 연계 또는 제휴하는 전략으로 글로벌 경쟁력을 확보하고 있으나, 우리나라 콘텐츠산업 환경은 플랫폼 사업자 등 유통의 힘의 우위가 지속 되면서 불공정 거래 관행의 고착이 다양한 발전을 저해하고 대기업과 중소기업 간의 상생 협력 체계가 부족한 상황이다. 따라서 콘텐츠의 **문화적 측면과 창의성**을 훼손하지 않으면서, 새로운 행정 환경과 산업 변화에 부합하는 콘텐츠 정책 진흥 체제에 대한 심도 있는 검토가 필요하다. 여기에서 중요한 것은 기업의 노력과 시장의 자정 작용이지만 더 중요한 것은 특히 문화를 배경으로 하는 콘텐츠산업의 경쟁력 향상에 관여하는 콘텐츠 관련 부처의 효율적 업무 통합과 조정이 매우 중요하다.

그 이유는 정보통신 기술이 미디어와 콘텐츠와 통신 네트워크가 결합된 새로운 융합사회를 만들고 있어서 문화 정책과 콘텐츠산업 정책은 물론 정보미디어 환경과 나아가 정보통신산업까지를 종합적으로 보는 시각이 필요하기 때문이다. 그러나 콘텐츠 산업이 IT산업을 이을 국가 성장 동력산업으로 육성할 범정부 차원의 전략적 육성과

1) 최창현 · 곽미정, 2016, 국제학술대회 발표

추진사업은 아직은 미약하고, 대형 국책사업 등의 투자에 비하여 콘텐츠산업에 대한 국가적 지원이 부족한 실정이다. 2011년 콘텐츠 분야 지원은 국가 전체 예산의 0.2% 수준에 불과하였으며 기존 자동차, IT 등 국가전략산업의 재정 투입 비율(2~7%)에 크게 미달하고 있는 실정이었다. 따라서 기존의 사회 간접자본(SOC) 중심투자에서 콘텐츠산업 부분에 국가 재정 및 민간 자본을 집중 투입할 필요성이 있다.

콘텐츠 정책 진흥체제의 업무통합·조정은 단기적인, 정략적인 차원에서 이루어지는 것이 아니라 포괄적이고 중장기적인 안목에서 신중하게 이루어져야 하며, 정부 내 다른 부처 간, 관련 조직 주체 간 **업무분화**(differentiation)**와 업무통합**(integration)이 중요한 과제이다.

이를 종합화하여 콘텐츠의 핵심가치를 분석하고, 현재 논의되고 있는 ICT 거버넌스의 현황과 문제점을 분석한 후 콘텐츠산업을 위하여 생태계 조성 및 강화를 위한 대안을 제시하고자 한다. 이를 위해 플랫폼, 네트워크(인터넷) 중심의 **콘텐츠**(C)**－플랫폼**(P)**－네트워크**(N)**－디바이스**(D) 부문의 수평적 통합이 지닌 문제점을 진단하고, 이를 포괄하는 거시적 개념으로서 콘텐츠 중심의 '**콘텐츠산업 생태계**(c－P－N－D에서 C－p－n－d로의 진화)'의 근거 논리를 이해하는 것이 필요하다.

1) 복잡계 관점에서 본 C-P-N-D ICCT 생태계

(1) 복잡계 이론과 특성

복잡계 과학에서 이야기하는 복잡계란 노벨 물리학상 수상자인 머레이 겔먼 교수에 의하여 언급되었다. "복잡계는 그 특징이 구성 요소들을 이해하는 것만으로는 완벽히 설명이 되지 않는 시스템이다. 즉, 그 요소들의 **상호작용**을 통해 얽혀있는 많은 **부분, 개체, 행위자**들로 구성되어 있다."라고 설명한다.

산타페 연구소의 경제학과 교수 브라이언 아써는 "복잡계란 무수한 요소가 상호 간

섭해서 어떤 패턴을 형성하거나, 예상 외의 성질을 나타내서, 각 패턴이 각 요소 자체에 되먹임 되는 시스템이다. 복잡계는 시간의 흐름에 따라 끊임없이 진화하고 펼쳐지는 과정에 있는 시스템이다."라고 정의내리고 있다.

예일대 심리학과 제롬 신저 교수는 "복잡계란 상호작용하는 수많은 행위자를 가지고 있어 그들의 행동을 종합적으로 이해해야만 하는 시스템이다. 이러한 종합적인 행동은 **비선형적**이어서 개별요소들의 행동을 단순히 합하여서는 유도해 낼 수 없다."라고 말한 바 있다. 이를 정리하자면 복잡계(complex system)란 수많은 구성요소들의 상호작용을 통해 구성요소로 하나하나의 특성과는 사뭇 다른 **새로운 현상**과 **질서**가 나타나는 **시스템**을 말한다(최창현, 1999; 2000; 2005; 2010a; 2010b).

간단히 말해서 복잡계 이론은 반면 아무리 복잡한 체제라도 단순한 규칙에 의해 지배된다는 것이다. 예를 들어 하늘을 나는 새나 바다 속의 물고기를 생각해 보면 이들은 매우 복잡한 행태를 보이면서 이동하지만 절대로 서로 충돌하지 않는 것과 같은 이치다.

새의 이동을 예로 들어보면, 컴퓨터로 그들의 단순한 세 가지 규칙(1.앞에 가는 새가 리더, 2.일정한 거리유지, 3.일정한 속도유지)만을 프로그램하고 모의실험한 결과, 새무리가 서로 충돌하지 않으면서 모든 장애물을 피해 날아가는 것으로 입증되었다.

이러한 모의실험과 자연계의 현상이 시사하는 바는 사회체제가 복잡하기는 하지만 우리가 고안한 관리 원칙이 너무 많고 복잡하지 않은가 하는 의문들이 복잡계라는 학문의 시작이라고 할 수 있다.

① 공진화(Coevolution)

공진화(coevolution)는 상호 의존적인 종들이 **서로 영향을 주면서 함께 진화**하는 것을 말한다. A라는 종의 변화가 B라는 종의 생존 환경을 만들고, 다시 B의 변화가 A의 생존 조건이 되는 연속적인 과정이다(Moore 1996;12). 즉, 생존 환경이 곧 생존 조건이 된다. 예를 들면 사자가 약한 얼룩말을 잡아먹기에 얼룩말은 더 빨라지고, 빨라진 얼룩말을 잡아먹기 위해 사자가 더 빨라지는 식으로 진화하는 것이 공진화의 개념이다.

먹이 사슬이 공진화를 설명하기 가장 좋은 예다. 피터스와 워터맨은 지속적으로 이윤을 많이 내고 혁신적인 제품과 기술 발전을 해온 보잉 · 듀퐁 · 코닥 · 아타리 그리고 아봉과 같은 우량 기업의 관리에서 나타나는 공통된 특질을 규명하고 우량 기업이 되기 위해 이러한 특질을 다른 조직도 갖추어야 한다고 했다.

그러나 5년이 지나지 않아 우량 기업으로 선정된 조직 중 3분의 2가 우량 기업으로 간주되지 않았다. 예를 들어 IBM은 우량 기업으로 선정되었으나 몇 년 후 죽은 기업으로 판단되었다. 하지만 1980년대 후반 다시 한번 우량 기업으로 컴백한다. 더 경쟁력 있는 창조적 경쟁자가 나타나서 게임의 규칙을 바꿔버릴 경우 환경에 과도하게 적응된 기업은 마치 급격한 기후 변화에 직면한 적응 동물처럼 빨리 환경의 변화에 반응할 수도 없다.

과거에 조직 성공의 요인이던 것이 조직 실패의 원인이 되기도 하고, 동물처럼 기업도 사멸할 수 있다. 「텍사스 인스트루먼트」라는 회사는 제품을 다른 회사보다 싸고 빨리 만들어서 성공했다. 초기에는 반도체의 산업표준을 정하고 혁신적인 제품 흐름을 주도했으나 점차 가격 인하에 집착하여 유행에 뒤떨어진 싸구려 제품만을 고객에게 제공하고 만다. 그 결과 좀 더 정교한 반도체칩을 개발하지 못함으로써 경쟁자에게 밀리고 말았다. 결국 신제품을 개발할 필요성을 간과한 채 가격에 의해서만 물건을 팔려고 한 것이다. IT의 초기 성공 원인이었던 것이 조직이 쇠락하는 원인이 되고 만 것이다. 낡은 지도에 따라 행동했고 조직의 장점에 안주했으며, 안정적인 평형 상태에 집착했기 때문이다.

공진화 이론은 개체의 돌연변이가 환경에 의해 선택된다는 적자생존의 논리를 벗어나서, 실제의 진화는 개체가 전체를 진화시키고 전체가 개체를 진화시키는 상호 진화의 과정이었음을 보여 준다. 공진화는 하위 체제의 구성 요소들이 공진화를 통해 만들어내는 질서는 상위 체제의 자기조직화 과정이라고 볼 수 있다. 즉, 체제 내의 한 요소가 다른 요소에게 미치는 영향이 순환고리가 되어 자신에게 돌아오는 순환적인 특성은 결국 '자기 인과성(self-causality)'으로 일컬어진다.

예컨대 꿀벌의 사회는 식물 체계, 곤충, 동물, 인간 사회와도 구조적으로 연결되어 있다. 그리고 이러한 연결은 인간의 인식 수준에서만 분리되어 있을 뿐이다. 모든 체제는 다른 체제와 구조적 연결을 통해 자기 조직화되며, 이때 공진화 메커니즘이 작용한다. 다음은 공진화를 좀 더 이해하기 위해 생물학, 특히 진화생물학과 조직 관리의 유사점을 알아보겠다.

다음 다윈이 제창한 진화론을 간단하게 정리해보면 다음과 같은 5단계로 구분할 수 있다. 그 출발점은 1. 생물은 일반적으로 새끼를 많이 낳는다는 사실이다. 다음은 2. 수가 많기 때문에 그들 사이에는 격심한 생존경쟁이 일어난다. 그러나 3. 변이를 수반하는 것이 있어서, 그 변이는 생존경쟁에 유리하게 작용하는 경우가 있다. 그 결과 4. 유리한 변이를 일으킨 변종은 살아남을 가능성은 극히 적지만 진화의 가능성은 높아진다. 5. 이러한 과정이 오랫동안 반복되어 몇 백 몇 천 세대 계속된 결과, 그 변종은 드디어 해당 종 내에서 다수파가 될 것이다. 이것이 바로 새로운 종의 탄생, 즉 종의 진화다.

② 창발성(Emergence)

창발이란 시스템의 각 부분들의 성질만을 이해해서는 예측하기 어려운 성질이 시스템 전체의 수준에서 나타나는 현상을 말한다. 예를 들면, 개미나 꿀벌의 집단이 보여주는 놀라운 사회적인 질서는 이들을 한 마리씩 떼어 놓고 관찰할 때에는 유추해내기 어렵다. 마찬가지로 금융시장의 복잡한 메커니즘이나 인터넷상의 사이버 공간에서 벌어지는 놀라운 현상들은 거래인 한 사람, 네티즌 한 사람씩을 따로 떼어놓고 본다면 이해하기 어려운 현상이며 이를 '창발'이라고 한다.

다시 말해서 유기체의 창발성이란 복잡한 과정이 예측되지도 않고 누적되지도 않는 결과로 나타나는 것을 말하며, 창발적 성질이란 존재하는 것을 벗기는 것이 아니라, 그때까지 존재하지 않던 것이 새로 튀어나오는 과정을 강조하는 것이다. 새로운 관계가 계속 돌출하면서 전체 체계가 다양하고, 풍부하고, 복잡하게 진화하는 것으로도 이해할 수 있다. 그리고 이는 경영과 경제 현상을 기계론적인 인식에서 유기체적인 인식으로 보도록 전환하는 계기를 제공하게 되는 것이다.

세상은 여러 층이 존재하는 위계 구조로 되어 있기 때문에 각 단계에서 일어나는 창발적인 형상을 그보다 한 단계 낮은 단계로 환원하여 설명할 수는 없다. 그에 따라서 생물학에서 이야기하는 집단 선택이나 사회과학에서 이야기하는 집단 지식도 그보다 낮은 단계로 환원하지 않고 설명되어야 한다는 생물학자 마이어와 머피의 이야기를 인용해보면, "어떤 체계를 구성하고 있는 부분들을 조립하면 새로운 성질이 탄생하는데, 새로운 성질은 부분에 대한 지식으로는 전혀 예측할 수 없는 성질을 갖는다.

이렇게 탄생한 전체는 과거 그보다 한 단계 높은 단계의 한 부분이 되고, 동시에 그보다 낮은 단계에 있는 부분들에 영향을 미친다. 현대 생물학의 핵심은 보다 단순한 부분들로 환원될 수 없는 새로운 현상이 복잡한 것에서 출현한다는 점에 있다. 생물계의 위계 구조는 우리의 위계 구조와 중요한 특질을 공유하는데, 한 단계 높은 수준은 그보다 낮은 단계에 있는 부분들의 성질에 영향을 미친다.

따라서 예측할 수 없는 성질과 생물계의 낮은 단계에 있는 부분들의 성질에 영향을 미친다는 것은 예측 불가능성에도 불구하고 자기 조직화적 진화 과정을 통하여 새로운 질서, 즉 분산 구조로 도약해 나갈 수 있다고 하는데 이를 자기조직화라고 한다. 이러한 자기조직화 관점에서 보면, 질서는 외생적 혹은 내생적인 요인에 의해서가 아니라 자생적으로 생긴다. 중앙집권적 지시보다는 상호 조정과 자기 규제에서 질서가 창출되며, 위에서 아래로가 아니라 아래에서 위로의 방식으로 형성된다. 질서란 개별 요소들의 집합이 아니라 개체가 소유하지 않던 특성을 갖게 됨을 의미한다. 또한 자율적인 행위자들의 행동은 분권적 방식으로 결합하기 때문에 분산적 혹은 분권적이라고 기술된다.

그래서 창발성은 자기조직화가 체제 외부에서 강요될 수 없으며, 체제 내에서 기능하는 내재적인 것이다. 조직은 체제의 구성요소로 짜 맞춰지는 것이 아니라, 구성 요소의 상호작용에 의해 만들어지는 것이다. 이는 국지적인 규칙에 따라 활동하는 국지적 단위 혹은 행위자들은 상호작용에 의해 체제의 조직을 만들어 낸다고 할 수 있다는 것으로 이해할 수 있다. 이러한 현상을 표현하기 위한 다른 용어는 **'혼돈에서 질서', '창발적 특질', '자생적 질서', '전체적 일관성'** 등이 있다.

복잡체제의 창발적 특질은 거시적인 체제 수준에서만 구분할 수 있다. 이는 미시적인 구성요소 수준에서는 구분할 수 없다. 일반적으로 이는 집단의 특질이기 때문에 낮은 수준에서 개인적인 요소들에 대한 지식만 가지고는 높은 수준에서 창발적으로 발생하는 전반적인 유형이나 구조를 추론해낼 수 없다.

복잡성 과학의 관점에서는 경제나 **조직 현상을 역사에 의존하고**(경로 의존적), **유기적이고 지속적으로 진화하는 복잡체제**로 본다. 사회 현상은 마치 체계론에서 제시하듯이 서로 영향을 주고 받으며 유기적으로 계속 진화하고 있다. 실제로 조직 현상은 구성 요소들의 아주 복잡한 상호관계를 통해 새로운 현상을 만들어내기도 한다. 이런 일들을 계산적 합리성만으로는 설명할 수가 없다. 그리고 이런 복잡성은 지속적으로 재생산되고 있다. 이런 과정에는 우연성이 개입하고, 이것은 다시 새로운 진화와 시발점이 되기도 한다.

웨이크의 조직화에 대한 진화론적 근거는 **생태학적 변이, 조작, 선택**(도태), **유지** 등 네 가지 기본적인 단계를 포함한다. 이 견해는 다윈주의를 생존 전략에 적용시키고 있으나, 그것만으로는 조직의 자기 혁신성을 설명할 수 없다.

생물의 경우를 보더라도 경쟁 전략만으로 생존하지는 않는다. 대체 어떠한 구조가 생존을 유지해 나가는가 하는 의문에 대한 해답으로 '자기조직화'라는 이론이 주목을 받았다. 자기조직화란 조직이 조직 그 자체를 만들어 간다는 진화 과정에 초점을 맞춘 이론이다. 외부의 강한 무엇인가를 조직에 적용시켜서 강화되는 것이 아니라, 조직이 **자기의 특질**을 파악하고, **그 특질을 활용하여 조직을 성장**시킨다는 것이다.

단편적인 정보에서 고차원적인 정보를 창출하는 자발적인 작용이 있다. 자기조직화 과정을 보면, 생명 조직이란 '동요'와 같은 불안정성과 불확실성을 유효하게 활용하여 질서를 수립한다는 것을 알 수 있다. 질서를 수립하는데 평범한 무질서를 활용하는 것이다. 모순적인 면이 있긴 하지만 그야말로 자율적인 정보 생성의 방법을 이용하여 전통적 조직이론에서 강조하는 계획적 조직 설계와 조직 변화 관점에서 탈피하여 자기조직화를 촉진하고, 미래를 예측하는 대신 창조하는 것이다.

서구의 오래된 전통적 조직 관점인 분할적·기계론적 배경에서는 한국적 경영이 성공하기 어렵다. 조직의 타성은 자꾸만 옛것으로 회귀하려 한다. 근본적인 사고의 전환이 필요하지만 현실에서는 예측하고 분석하며 잘 짜인 계획과 규칙을 강조한다. 이러한 현상의 원인은 고전적 이론의 철학에서 제공하는 기계론적인 관점을 고수하는 데서 연유된다고 하겠다. 반면에 동양 사상은 많은 부분에서 복잡성 이론과 유사점을 발견할 수 있지만, 필요성만큼 많이 연계되지 못하고 있는 실정이다.

뉴턴의 고전역학 체계는 그 기본 가정이 **평형 상태의 유지와 복원**이다. 다윈의 진화론은 경쟁을 통한 **자연 선택 과정**을 주장한다. 그러나 복잡성 과학에서 사회체제는 복잡하고 비선형적이며 동태적 유기체의 성격을 갖고 있으므로 분석적이고 환원론적인 전통적인 과학적 방법론으로는 설명할 수 없다고 보고, 문제들을 전일주의 입장에서 이해해보려고 시도한다. 따라서 생존하고 번성하는 창조적인 조직은 순환 과정을 중시하고, 이러한 상호 보완적 순환 과정을 **긍정 피드백과 부정 피드백의 자기조직화적 과정**으로 보는 것이다.

카프라는 이것이 서양의 기계론적 세계관·원리 접근법과는 상반되는 사상으로 인식하고, 사물의 모든 이름은 단지 관념일 뿐이며, 언어의 거부는 자연에 대한 선입관을 배제하고 자연의 객관성을 있는 그대로 확보해주는 것으로 이해한다. 도가에서는 추론적 지식보다 직관적인 지혜에 관심을 기울이는데, 이것은 추론적 사유 세계의 한계와 상대성 논리를 인식한 결과로 볼 수 있다. 도가에서 깨달은 가장 중요한 통찰 중의 하나는 변용과 변화가 자연의 본질적인 모습이라는 것이다.

중요한 것은 **변화의 역동성** 없이는 새로운 질서나 창조를 기대할 수는 없다는 것이다. 모든 만물은 변하는 것이고 고정되어 존재하는 것은 없다. 단순한 행위자들이 수많은 방식으로 상호작용하는 **복잡 적응체제**는 자발적으로 질서를 형성하는 자기조직화의 능력을 갖고 이는 **비선형적인 혼돈 상태에서 질서**를 만든다. 조직이 창조적 파괴를 통해 새로운 질서로 발전해 나가려고 할 때 **성장과 쇠퇴**의 두 경로 중 어느 것을 택할지는 예측이 불가능하다. 이러한 **예측 불가능성**에도 불구하고 변화의 역동성을 통해 조직의 새로운 성질이 개발되어 새 질서로 도약할 수 있는 것이다.

만물의 역동적 변화에 대하여 그리스의 철학자 헤라클리투스는 **항구성과 변화성**이라는 두 특징을 모두 구현하면서 우주는 부단한 유동의 상태에 있다고 주장했고, 런던 대학교의 이론물리학자 데이비드 봄은 우주를 끊임없이 유동적이면서도 나뉘지 않은 전체로 이해하게 해주는 독특한 이론을 개발했다. 그는 어떤 한 시점에서 우주의 상태는 보다 근본적인 실재를 반영한다고 주장하면서, 헤라클리투스와 같이 과정·흐름·변화를 가장 근본적인 것으로 간주했다. 그는 이 실재를 '내재적인 혹은 **닫힌 질서**'라 부르고, 그것을 우리의 주변 세계에서 창발되는 외재적인 혹은 **'펼쳐진 질서'**와 구별했다. 또 데이비드 봄은 후자가 전자의 내부에 존재하는 잠재력을 실현·표출한다고 주장했다.

③ 경로의존성(Path-Dependence)

어느 산업이나 기술·품질에 특화되면 경험의 축적 때문에 그 방면에서 보다 강한 비교우위를 차지한다. 이와 같이 현재의 산업 구조와 기술의 발달은 과거에 경제가 걸어온 경로의 영향을 받는다. IBM과 매킨토시의 경쟁 사례를 보자. 더 많은 사람이 IBM 컴퓨터를 사면 더 많은 소프트웨어 회사들이 IBM 컴퓨터용 프로그램을 개발할 것이고, 더 많은 IBM용 소프트웨어가 개발되면 더 많은 사람들이 IBM용 컴퓨터를 찾는 것과 같다. 브라이언 아서는 VCR 시장에서 VHS 방식과 베타 방식의 기술전쟁에 있어서 이러한 **파급 순환고리**가 어떻게 작용하는지 설명하고 있다.

이는 무작위적인 사소한 사건들(행위자들의 미시적 상호작용)에 의존하여 예상치 못한 결과가 야기되는 것이다. 예측 가능한 평형 상태는 가정집의 자동 온도 조절장치 등과 같은 편차상쇄 순환고리 과정에 의해 지배되는 단순한 체제에서만 발생한다. 평형상태에서 벗어나 편차가 발생할 경우, 체제는 편차상쇄 순환고리에 의해 원래의 평형상태로 회복되는 탄역성을 가지고 있다. 내부에 편차증폭 순환고리가 없을 경우는, 체제의 편차상쇄 순환고리를 극복할 수 있을 정도로 강력한 외부의 힘에 의해서만 변화될 수 있다. 이 경우 사소한 동요는 결과에 영향을 미칠 수 없으며, 따라서 일련의 상이한 역사적 사건은 모두 한 가지의 유일한 평형상태로 흐를 것이다. 이는 역사를 단지 불가피한 것을 전달하는 전달자로서 격하시키는 것이다(Arthur, 1987).

그러나 체제의 절대 다수는 스스로 변화할 수 있는 능력을 지니고 **편차상쇄 순환고리와 편차증폭 순환고리의 과정**을 결합시킬 줄 아는 복잡 적응체제이기 때문에 이와는 매우 다른 행태를 지닌다. 결국 발생하는 결과는 경로의존성의 개념에 따르면 이는 체제의 사소한 사건, 즉 초기 조건의 민감성에 달려 있다는 것이다. 다시 말해 무작위적인 사건 · 행동 · 조건들과 같은 사소한 사건에 달려 있다. 이것은 곧 **자율적인 행위자**들에 의한 **지속적인 상호작용**이다.

분기점에서 우연한 환경과 사소한 사건이 결합되면 실제 어떠한 결과가 창발적으로 발생될지를 결정짓는 중요한 요소가 될 수도 있다. 어떤 사소한 사건들은 체제를 한 방향으로 몰고 갈 수도 있고, 또 다른 사건들은 체제를 다른 방향으로 몰고 갈 수도 있다. 따라서 사소한 사건이 평균화되거나 돌이킬 수 없는 것이기 때문에 역사가 중요하다고 할 수 있다(Arthur, 1987). 모든 결과는 역사적 경로에 의존적이다.

공진화에서 보았던 예를 **경로의존성**에서도 적용할 수 있다. 다윈의 진화에 비판적인 이마니시는 사자와 얼룩말의 관계에 대하여 다음과 같이 설명한다. 사자가 얼룩말 무리를 습격하면 얼룩말은 필사적으로 도망치고 사자는 전력을 다해 쫓는다. 다윈식으로 말하면 발이 빠른 얼룩말은 잡히지 않고, 발이 느린 얼룩말이 먹힐 것이다. 그러나 사자에게 먹힌 얼룩말은 발이 느리고, 살아남은 얼룩말은 발이 빨랐다는 증거는 아무데도 없다. 이마니시는 사자에게 잡힌 얼룩말은 단지 운이 나빴을 뿐이고, 살아남은 얼룩말은 운이 좋았을 뿐이라고 생각한다. 실제로 사자는 무리 중에서 발이 느린 얼룩말만을 골라 습격하는 것같이 보이지 않는다. 사자는 순발력이 좋으나 지구력은 없으므로 맨 처음 눈에 띈 목표를 향해 단숨에 습격한다. 목표로 삼은 얼룩말을 쫓을 때는 비록 늦게 도망치는 얼룩말이 뒤에 있어도 사자는 목표를 바꾸지 않는다. 사자는 끝까지 처음에 노린 얼룩말을 쫓는다. 이러한 사실에서 알 수 있듯이 사자 눈에 띈 얼룩말은 단순히 운이 나빴을 뿐이다. 이마니시는 '적자생존'이 아니라 '운 있는 자 생존'이라고 표현함으로써 자연도태와 적자생존에 의한 **무방향인 진화**를 비판한다.[2)]

④ C-P-N-D 공진화의 예

콘텐츠(C)를 중심으로 하는 '콘텐츠산업 생태계는 콘텐츠(C), 플랫폼(P), 네트워크(N), 디바이스(D)를 문화 생태계로 묶고, 인적 창의성과 문화기술, 다양성, 문화적 축적이 요구되는 콘텐츠(C) 창작을 초점으로 하여 **플랫폼(P), 네트워크(N), 디바이스(D)** 등의 유통, 소비체제를 통합하는 방안이다. 따라서 C-p-n-d 중심의 콘텐츠산업 생태계가 조성되어야만 플랫폼 경쟁시대에서 SW 및 ICT서비스 경쟁력은 강화될 수 있다.

콘텐츠산업 생태계는 문화체육관광부의 주요 기능인 문화예술, 저작권, 문화기술 등을 매개로 하여 콘텐츠의 창조뿐만 아니라 유통체제까지도 포함하는 개념이며, 더 나아가 ICT 생태계(c-P-N-D)를 포괄하는 개념이다. 이는 콘텐츠(C) 생태계의 범주 내에 ICT 생태계(c-P-N-D)가 함께 포함되는 의미[3)]로서 통신, 방송 등 제 분야가 콘텐츠(C)를 중심으로 융합되고, 콘텐츠(C)를 중심으로 C-p-n-d가 결합되어 상호작용이 본격화되는 것을 의미한다.

C-P-N-D ICCT 생태계는 **상호 공진화**한다. Contents가 Youtube 등의 Platform을 바꾸는 예를 들 수 있다. 싸이 '강남스타일'이 유튜브 3가지를 바꿨다.[4)] 미국 매체

2) 「진화론이 변하고 있다」(1992) 중에서
3) 융합의 본격화 이전부터 정립되어 있던 가치사슬모델(c-P-N-D → C-p-n-d)이 변화하는 것이다.
4) [마이데일리 = 최지예 기자] 싸이의 '강남스타일'이 유튜브 문화를 3가지 변화시켰다!
출처:http://media.daum.net/entertain/enews/view?cateid=1033&newsid=20130716175513793&p=mydaily

MNR이 가수 싸이의 메가 히트곡 '강남스타일'에 대해 "1년 만에 유튜브 문화 3가지를 영원히 바꿨다(3 Ways 'Gangnam Style' Has Changed YouTube Culture Forever In Only a Year)"고 평했다.

MNR은 "1년 전 싸이의 '강남스타일'이 유튜브에 공개된 이후, 이는 유튜브에서 가장 많이 본 동영상이 됐을 뿐 아니라, 유튜브를 통해 세상을 바라보는 문화를 만들어냈다. 또 '강남스타일' 덕분에 K팝은 전성기를 맞이했고, 주요 미디어 역시 유튜브와, 유튜브 스타에 대해 비중있게 다루기 시작했다"고 보도했다.

'강남스타일'은 먼저 K팝의 전성기를 이끌었다. MNR은 "싸이는 '강남스타일'을 통해 전 세계적으로 자신의 영향력을 높였을 뿐 아니라, K팝을 세계 문화의 중심으로 견인했다. '강남스타일'이 신드롬을 일으킨 이후 지난해 유튜브 내 K팝 채널은 70억 건의 클릭수를 기록했다. 그 전에 비해 20억 건이 증가한 수치다"라고 전했다.

두 번째로 싸이의 '강남스타일'은 주요 미디어가 유튜브와, 유튜브 스타에 대해 더 비중있게 다루는 것에 일조했다. 신문은 "심지어 '굿모닝 아프리카'는 유튜브 스타인 제나 마블스의 하루를 인터뷰하며 집중 조명했다. 또 메인 엔터테인먼트 회사들은 이 같은 콘텐츠 제작에 투자하길 원한다"고 설명했다.

세 번째는 유튜브가 음악차트에서 많은 비중을 차지하게 됐다는 것이다. 일례로 영미권 중요 음악사이트 빌보드는 지난 2월 말부터 싱글차트 순위 집계 시 방송사의 방송 횟수와 유료 스트리밍, 음원 판매를 합산했던 방식에서 유튜브 조회수를 추가해 반영키로 했다. MNR은 "싸이는 '강남 스타일'의 글로벌 히트에도 불구하고 마룬5에 밀려 번번히 2위를 해야 했다. 이에 빌보드는 유튜브 성적을 반영하기로 결정했다"고 덧붙였다. 미국 IT 매체 '더 버지(The Verge)'는 "'강남스타일'을 시작으로 유튜브의 케이팝이 전성기를 누렸다"고 평했다.

싸이의 성공은 뮤직 비디오 강남스타일 등의 콘텐츠가 유튜브 등의 플랫폼을 통해 유통되어 시너지 효과를 극대화한 사례이다. 이해하기 쉬운 예를 들어보자. 만일 당신이 엄청 빠른 속도의 인터넷, 즉 네트워크를 가지고 있고, 1,000만 원 상당의 한정판 iPAD, 즉 디바이스를 가지고 있다고 하자. 하지만 이렇게 훌륭한 기기를 갖고 있더라도 좋은 콘텐츠가 없다면 별 효용이 없을 것이다.

⑤ C-P-N-D 창발성의 예

한편 수기로 적힌 소설이나 만화가 네트워크와 결합하면서 웹툰이라는 새로운 장르로써 창발적으로 부상했다. 웹툰은 2015년 국내시장의 3000억 규모를 차지할 것으로 예상되고 있다.[5] 2015년에는 국내 웹툰 시장 규모가 3천억 원에 육박할 것이라는 전망이 제기됐다.

22일 KT경제경영연구소의 최근 보고서에 따르면 작년 국내 만화시장 규모는 7천150억 원으로, 이 중 웹툰 시장은 14.0%인 1천억 원 규모인 것으로 추정된다. 보고서는 국내 웹툰 시장이 올해 1천500억 원, 내년 2천100억 원으로 성장한 뒤 2015년에는 2천950억 원 규모로 커질 것으로 예상했다. 전체 만화시장 점유율은 올해 20.0%, 내년 26.6%, 2015년 35.6%가 될 전망이다.

KT경제경영연구소는 웹툰을 통한 광고 매출액의 증가, 2차 저작권료 수입과 유료 웹툰의 판매 등이 웹툰 시장의 성장을 견인할 것이라고 설명했다. 웹툰은 영화 · 드라마 · 게임 등 다양한 미디어의 원천 콘텐츠로 활용되고 있으며 최근에는 공공기관과 기업 등에서 브랜드 홍보와 캠페인으로 웹툰을 활용하고 웹툰 캐릭터를 마케팅에 이용하는 등 시장이 확대되는 추세다.

또한 작년 영화화돼 개봉한 강풀 작가의 「26년」과 「이웃사람」이 각각 300만 명과 240만 명의 관객을 동원하며 흥행에 성공했고 'Hun' 작가의 「은밀하게 위대하게」 역시 최근 영화화돼 700만 명을 극장으로 불러들이는 등 웹툰 원작 영화의 성공 사례가 잇따르고 있다.[6]

5) KT경제경영연구소 보고서 "웹툰이 만화시장 35% 차지할 것"
6) (서울=연합뉴스) 김병규 기자

⑥ C-P-N-D 경로의존성의 예

디바이스로서의 스마트폰은 경로의존성으로 인해 처음 구매한 모델을 쉽게 변경하지 않는 경향을 보인다. 애플이 24일 세계 5개국에 출시한 아이폰4 구매자 가운데 77%는 기존 아이폰 사용자라는 조사결과가 나와 주목된다. 열성적인 유저를 기반으로 시장을 확대하는 애플 정책이 입증된 셈이다.

포춘 인터넷 판에 따르면, 시장 분석기관 파이퍼 재프리(Piper Jaffray)의 애널리스트 게네 먼스터(Gene Munster)와 그의 팀은 아이폰이 샌프란시스코와 뉴욕 등 미국 주요 도시에서 아이폰4를 구매한 사람 608명을 상대로 설문조사를 실시했다. 이 조사 결과에 따르면 아이폰4 구매자의 77%가 기존 아이폰 사용자였다. 먼스터는 이 조사를 2008년부터 계속해왔는데, 아이폰 사용자의 신제품 재구매율은 2008년 38%, 2009년 56% 등으로 점점 높아졌다. 이번 조사에서는 또 아이폰4 구매자의 16%가 서비스 사업자를 AT&T로 옮긴 것으로 나타났다. 작년 28%에서 크게 줄어든 것이다. 또 32GB 제품 구매 비중이 54%였다. 지난해 43%보다 높아졌다.

특히 아이폰4 구매자 가운데 28%은 이미 아이패드를 갖고 있었다. 또 아이패드를 갖고 있지 않은 사람 가운데 39%는 향후 12개월 안에 사기를 희망하고 있는 것으로 이번 조사결과 나타났다. 한편 먼스터는 24일부터 3일간 지난 15일의 예약 판매분을 포함해서 약 100~150만 대의 아이폰4가 판매될 것으로 추정했다.[7]

아이폰은 2011년 재구매율 83%의 충성도를 기록하였다[8]. 마찬가지로 네트워크 서비스도 한 통신사를 이용한 고객은 부대비용의 발생과 새로운 서비스 업체를 조사하는 시간적 비용으로 인해 이동률이 높지 않았다. 스마트폰을 고를 때 어떤 기준을 두고 고를까? 막연히 신제품에 끌려 사는 경우도 있겠지만 대체로 'OO가 불편해'라고 느끼는 순간 다른 제품에 눈이 가게 마련이다.[9]

---

7) 캘리포니아(미국)=이균성 특파원 gslee@inews24.com

8) http://news.inews24.com/php/news_view.php?g_serial=500942&g_menu=020300

9) [스마트폰] ④10명 중 7명 "운영체제, 쓰던 그대로~"최호섭 | 2013.09.06

「블로터닷넷」과 「오픈서베이」가 조사한 '스마트폰 구입행태에 대한 설문조사' 결과에 따르면, 실제 스마트폰을 구입하는 데 큰 영향을 끼치는 요소는 저마다 다른 것으로 나타났다. 화면크기, 더 빠른 프로세서, 새 운영체제 등 어떤 한 가지에 쏠리지 않는다. 다만 가장 많은 이들이 기기 변경의 충동을 받는 건 역시 '성능'이었다. "느리고 답답해서 못 쓰겠다"는 쪽이 많았다. 하지만 OS 때문에 기기 변경을 마음먹는 비중도 8.2%로 적지 않다. 최근 스마트폰을 바꿀 때 운영체제를 바꾸는 경우는 얼마나 될까? 응답자의 70.5%는 새 스마트폰을 구입하면서 운영체제를 바꾸지 않고 안드로이드에서 안드로이드로, iOS에서 iOS로 기기만 바꿨다. 대체로 한번 익숙해진 운영체제를 고집하는 것으로 볼 수 있다.

응답자 가운데는 역시 안드로이드를 쓰다가 또 다시 안드로이드를 구입하는 이들이 가장 많았다. 전체 응답자 가운데 56.1%로, 절반이 넘는다. 운영체제에 대한 충성도도 있겠지만 국내 시장이 「갤럭시」 시리즈를 비롯해 국산 제품의 시장 지배력이 유독 높기 때문인 것으로 보인다. 스마트폰을 구입할 때 가장 중요하게 보는 요소로 '제조사'를 꼽은 이들이 20%가 넘고, 성능 다음으로 제조사를 많이 고려한다고 응답한 것과도 연결되는 대목이다.

과열되는 C-P-N-D 시장에서 스마트폰의 성장과 함께 모바일 애플리케이션 마켓 이용이 급증하고 있다. 2011년 9월 모바일 애플리케이션 수는 앱스토어 60억 개, 구글 안드로이드 마켓은 50억 개, SKT T스토어가 17억 개이다. 또한 애플리케이션 누적판매량은 앱스토어 181억 건, 안드로이드마켓이 91억 건이고 T스토어가 4.8억 건에 달한다. 또한 스마트폰 애플리케이션 다운로드 수는 2009년에는 앱스토어가 66%를 차지하고 있고, 안드로이드마켓은 14.3%이었으나 2016년에는 앱스토어의 애플리케이션 다운로드 수가 28%로 급격히 감소하는 반면에 안드로이드마켓의 애플리케이션 다운로드 수는 53%로 급증할 것으로 예견되고 있다.

모바일 애플리케이션 마켓은 단말기, 애플리케이션 및 서비스를 결합하여 다소 폐쇄적으로 운영하는 애플의 앱스토어와 구글의 안드로이드 OS를 채택한 다수의 개방형 모바일 애플리케이션 마켓이 경쟁을 하고 있는 것이다. 기업이 신규고객을 획득하는 비용이 기존 고객을 유지하는 비용의 5배를 초과하기 때문에 기업의 생존과 수익성 향상에 걸림돌이 될 수 있다.

유무선 인터넷 서비스 분야에서의 지속적 이용 의도에 대한 선행연구에서 콘텐츠 풍부성, 브랜드 인지도, 이용자 습관 및 충성심을 지속적 이용 의도의 주요 결정 요인으로 제시하고 있다. 선행 연구에 근거해 볼 때 모바일 애플리케이션 마켓 이용자는 현재 이용하고 있는 서비스나 브랜드에 대한 애착을 형성하게 되면 **모바일 애플리케이션 마켓의 브랜드와 장기적 관계**를 유지할 것으로 본다.

이에 근거해 볼 때 이용자 충성도는 지속적 이용 의도의 직접적인 선행 요인이 될 것이다. 이용자 충성심을 확보하고 유지하는데 중요한 역할을 하는 요인으로 이용자 습관, 브랜드 인지도 및 모바일 애플리케이션 풍부성이 도출되었다. 정보기술을 수용한 후 기술을 경험하면서 습득된 이용자 습관은 지속적 이용 의도를 형성하는 데 중요한 역할을 하고, 나아가 이용자 충성심을 획득하고 유지하는데 기여할 것으로 본다.

그리고 강력한 브랜드 인지도는 브랜드가 연상될 때마다 모든 사람이 같은 것을 떠오르게 하여 습관적으로 서비스를 이용하게 하는 효과가 있다. 국내외 거대기업 중심으로 브랜드 경쟁을 하고 있는 모바일 애플리케이션 마켓에서도 브랜드 인지도는 이용자 습관에 강력한 선행 요인으로 작용할 것이다. 더불어 모바일 애플리케이션 마켓의 **브랜드 인지도**는 이용자 충성심을 확보하고 유지하는데 결정적인 역할을 하고 있다.

⑦ C-P-N-D 비선형 순환고리의 예

사람과 사람 간의 연결을 지원하는 기능을 가진 모바일 인스턴트 메신저(Mobile Instant Messenger: MIM)가 최근 온라인을 통한 인맥관리서비스인 SNS 기능을 추가하는 동시에 생태계를 형성하고 이러한 생태계의 경쟁력을 결정짓는 플랫폼의 역할까지 포괄하여 발전하고 있다. 즉 MIM 본래의 기능을 넘어서 플랫폼으로 진화하고 있는 상황이다. 특히 우리나라의 카카오가 이러한 **플랫폼화**의 대표적인 사례로 등장하고 있다.[10)]

카카오는 2009년 말 아이폰 출시를 시작으로 모바일 인스턴트 메신저(Mobile Instant Messenger: MIM)인 「카카오톡」을 2010년 3월에 출시하였다. 「카카오톡」은 2011년 4월 1,000만 회원 수를 확보하였으며, 2011년 6월 3,000만 명, 2012년 6월 5,000만 명, 2012년 12월 7,000만 명, 2013년 7월에는 1억 명을 도달했다. 특히 최근 해외 가입자가 빠르게 증가하면서, 회원 수가 급격하게 증가되고 있는 것으로 분석되고 있다. 특히 카카오 문화는, 기존 이동통신사업자의 **SMS와 PC 메신저의 역할**을 약화시키면서, 이들의 **경쟁재 또는 대체재**로 등장하였다. 「카카오톡」은 스마트폰 이용자에게 인기 있는 모바일 애플리케이션이며, 대표적인 커뮤니케이션 수단으로 자리 잡고 있다.

중개 부문은 **게임이나 채팅플러스**와 같이 타사의 모바일 앱을 카카오 플랫폼을 활용하여 이용자에게 중개하면서 얻은 수수료 매출이며, 광고부문은 플러스친구, 카카오플러스 등을 활용한 광고 관련 매출이다. 2012년 카카오의 사업영역별 **매출 비중**을 살펴보면 중개부문 67.5%, 광고부문 26.2%, 기타 6.3%이다.

기본적으로 카카오는 「카카오톡」이라는 MIM를 통해 충분한 가입자 확보한 후 이를 바탕으로 부가서비스 및 비즈니스 모델을 추가하고 있다. 카카오는 주로 **모바일 영역**에서 MIM인 「카카오톡」을 기본으로 서비스를 확대하고 있으나, 최근에는 **PC 기반**의 웹으로 그 영역을 확장하고 있다. 「카카오톡」 PC 버전이 출시됨에 따라, 모바일 인스턴트 메신저인 「카카오톡」이 PC 기반의 웹 영역으로 확장을 시작하고 있다. 카카오톡은 초기에 단순히 텍스트 파일만을 주고받는 메신저 서비스였으나, 무료 메신저라는 점을 내세우면서 가입자 수를 빠르게 증가시켜 갔으며, 이를 바탕으로 자사 중심의 생태계 구축과 리더쉽 확보에 주력하고 있다. 이와 같이 「카카오톡」은 무료의 단문 메시지 서비스를 기본으로 하여 많은 이용자와 이용시간을 확보하였으며, 이를 기반으로 게임·콘텐츠 영역에서 카카오게임, 카카오페이지, 카카오스타일 등의 서비스를 제공하고 있다.

10) 플랫폼으로 진화하는 카카오의 사례 분석과 시사점

마케팅 영역에서 「플러스친구」, 「선물하기」, 「아이템스토어」 등의 서비스를 제공하고 있으며, **소셜 영역**에는 「카카오톡」, 「카카오스토리」, 「카카오아지트」 등을 통해 사업 영역을 확장시키고 있다. 특히 카카오링크를 통해서는 모바일 앱과 웹을 자유롭게 「카카오톡」으로 연동시킬 수 있도록 오픈 API(Application programming interface)를 구축해 공개하고 있다.

2) 콘텐츠 생태계 분석틀

콘텐츠(C)를 중심으로 하는 '콘텐츠산업 생태계(C-p-n-d) 조성 · 강화안'은 콘텐츠(C), 플랫폼(P), 네트워크(N), 디바이스(D)를 문화생태계로 묶고, **인적 창의성과 문화기술, 다양성, 문화적 축적이 요구되는 콘텐츠(C)** 창작을 초점으로 하여 플랫폼(P), 네트워크(N), 디바이스(D) 등의 유통, 소비체제를 통합하는 방안이라는 것을 앞서 제시하였다. 그런데 **C-p-n-d** 중심의 **콘텐츠산업 생태계**가 조성되어야만 **플랫폼 경쟁시대**에서 **SW 및 ICT서비스 경쟁력**은 강화될 수 있다.

콘텐츠산업 생태계는 문화체육관광부의 주요 기능인 **문화예술, 저작권, 문화기술** 등을 매개로 하여 콘텐츠의 창조뿐만 아니라 유통체제까지도 포함하는 개념이며, 더 나아가 ICT 생태계(c-P-N-D)를 포괄하는 개념이다. 이는 콘텐츠(C) 생태계의 범주 내에 ICT 생태계(c-P-N-D)가 함께 포함되는 의미[11]로서 통신 · 방송 등 제 분야가 콘텐츠(C)를 중심으로 융합되고, 콘텐츠(C)를 중심으로 C-p-n-d가 결합되어 **상호작용**이 본격화되는 것을 의미한다.

IT 1단계 수준에서는 구 정보통신부가 IT 산업 그 자체의 발전을 위해서 상당한 역할을 한 것으로 보인다. 하지만 지금과 같은 IT 융합단계에서는 정보통신부의 단독 부처 논의는 정부 부처 간의 네트워크체계에서 많은 갈등을 야기하게 되며 이는 정

11) 융합의 본격화 이전부터 정립되어 있던 가치사슬모델(c-P-N-D → C-p-n-d)이 변화하는 것이다.

보사회를 넘어 문화와 창조의 시대를 지향해야 하는 시대적 패러다임과 일치하지 않는다.

문화의 문외한인 독임 부처가 콘텐츠까지 관장할 경우 C－P－N－D 생태계가 아니라 c－P－N－D 생태계로 전락될 우려가 다분하다. 이러한 의미에서 소문자 c로 표현하고자 한다. 이런 c(small c)－P－N－D ICT 생태계를 모두 전담하는 독임제 부처보다는 C(large C)－P－N－D ICCT(Information, Communication, Contents Technology) 생태계를 총괄하는 부처가 필요하다. 만일 ICCT 생태계를 총괄하는 부처로 통폐합되지 않을 바에는 디지털 콘텐트 영역은 현행대로 문화부에서 맡는 것이 바람직하다.

콘텐츠산업 생태계 조성 · 강화안의 장점은 다음과 같다. 첫째, 콘텐츠산업 생태계 조성으로 인해 콘텐츠(C), 플랫폼(P), 네트워크(N), 디바이스(D)를 하나의 문화콘텐츠 생태계로 통합 · 관리할 수 있어 콘텐츠가 성장할 수 있는 생태계 기반환경이 조성될 수 있다. 방송통신 융합현상이 심화됨에 따라 방송과 통신의 구분 및 네트워크－서비스의 수직적 결합을 전제로 한 현행 법체계는 콘텐츠 진흥의 공백 및 중복문제를 발생시킨다. 이를 위해 현행 법체계 개편과 더불어 개별 기관의 진흥기금을 통합 · 조정해야 한다.

문화예술분야, 저작권, 문화기술 등의 콘텐츠 창조업무와 방송통신위원회의 콘텐츠 제공사업인 유통업무 등이 상호 연계되어 새로운 콘텐츠 제작 지원 및 활성화, 이를 연계한 유통단계의 간소화 등의 정책효과가 발생할 것이다. 이는 콘텐츠 창작과 유통체제를 일원화할 수 있는 계기가 되며, 콘텐츠 경쟁력의 원천과 핵심 속성(창작자, 창조성)을 기반으로 하는 콘텐츠 창작자가 방송통신사업 제공자를 통해 적재적소에 방송통신 콘텐츠를 제공할 수 있는 유통구조가 조성될 수 있다.

둘째, 이질화되고 분권화된 대중사회로의 사회구조 변화는 그에 상응하는 정보, 지식, 경험들을 다양하게 창조하고 공급하는 새로운 문화콘텐츠 생태계를 요구하고 있다. 이는 기존 ICT 생태계가 강조하는 인터넷 중심의 플랫폼(P)부문이 아니라 다양한 문화콘텐츠(C)의 창작을 요구하는 것이며 이를 충족시킬 수 있다.

셋째, 방송통신위원회의 방송통신콘텐츠 및 방송통신사업은 일원화된 정책체계를 확립시키고, **방송통신산업 진흥정책의 활성화**에 기여할 것이다. 특히 문화콘텐츠를 매개로 하는 기존 방송사업, 인터넷멀티미디어 방송사업, 전기통신사업 분야의 고품질 콘텐츠 장르 개발에도 기여할 것이다.

또한 **활발한 콘텐츠(C)의 제작과 유통**은 플랫폼(P), 네트워크(N), 디바이스(D) 부분 등에 연쇄 파급효과를 가져오며 이는 콘텐츠의 해외수출을 강화시키는 기회로 작용할 것이다. 콘텐츠산업 생태계(C-p-n-d)는 콘텐츠 핵심인 **창작**이 **순수예술**과 함께 어우러진 **문화적 감수성**에서 발현되고 이를 토대로 방송통신산업의 경쟁력으로 이어질 것이며, 그 핵심기저인 문화콘텐츠(CC)가 그 역할을 수행할 것이다.

넷째, **문화미디어부**로 개편될 경우 콘텐츠산업 총괄부처로서의 콘텐츠의 생태계(창작과 유통) 조성과 유지기능을 최대로 살릴 수 있으며, 문화예술 · 저작권 · 문화기술을 매개로 하여 ICT 생태계의 조성과 발전에도 기여할 것이다. 따라서 **문화체육관광부**가 문화 콘텐츠(CC), 콘텐츠 플랫폼(CP), 콘텐츠 네트워크(CN), 콘텐츠 디바이스(CD) 분야에서 **정책조정과 정책 주도권**을 행사할 수 있을 것으로 보인다.

4. 제안

산업경제에서 문화경제로서의 패러다임의 급격한 이동은 문화 및 콘텐츠 수요를 증가시키는 계기가 되었다. 특히 콘텐츠의 산업적 측면이 강조되면서 그 자체로서의 가치뿐만 아니라 관련 산업으로의 연쇄효과를 통해 국가 경쟁력의 중심축으로 부상되고 있다.

C-P-N-D라는 가치사슬 구조는 산업이 연결되는 모습을 보여주는 하나의 틀이

기 때문에, 이를 고려하되 진흥 체계는 전체적인 틀과 부분별 발전 계획의 유연적인 조화가 필요하다. 이때, 가치창출의 핵심으로서 콘텐츠(C)는 다른 PND와는 상이하고 경쟁력의 원천으로서 특수한 문화적 요소와 특성을 지니기 때문에, 이를 고려하여 다른 구조들을 연결하는 허브 기능으로써 진흥체계를 마련하는 것이 매우 필요하다.

영국의 창조산업 발전에서도 나타나듯이, 국민소득 2만 불이던 '97년 'Creative Britain' 비전 하에 창조산업을 육성하여 경제 도약에 성공, 6년 후 국민소득 3만 불, 9년 후 4만 불에 달하고 일자리를 40만 개 창출하였다.

방송과 통신의 융합현상이 진행됨에 따라 콘텐츠를 얼마나 많이 보유하고 있으며, 우수한 창조력을 바탕으로 한 유익하고 흥미로운 콘텐츠를 얼마나 개발할 수 있는가에 좌우되기에 창의적인 지식활동과 문화 활동을 보장하고 새로운 콘텐츠 자원을 확보할 수 있는 방안이 마련되어야 할 것이다.

또한 콘텐츠는 산업적 측면뿐 아니라 우리 사회 전체의 문화수준 향상과 맥을 같이 한다고 볼 수 있으며, 콘텐츠는 상상력 · 창의성 등 문화적 가치에 기반하고 있으므로 문화정책의 큰 틀에서 콘텐츠 진흥정책을 추진하여야 한다.

문화예술과 콘텐츠 · 저작권 · 신문 · 방송 · 출판 등의 미디어 정책을 종합적으로 관장하는 문화부, 방송사업 · 통신(네트워크) 정책을 관장하는 방통위, IT 기기 · IT 산업 진흥 및 SW 진흥 등을 관장하는 지경부, 그리고 게임 이용 규제와 음반심의 등을 관장하는 여성부 등의 업무 범위와 영역 등을 고려하여, 콘텐츠 생태계를 구성하는 C-P-N-D 요소 전체를 포괄하는 정부조직 설계는 신중한 접근이 필요하고, 국가경쟁력의 제고라는 측면에서 가장 좋은 대안이 무엇인가를 고려해야 할 것이다.

이를 통해 콘텐츠가 성장할 수 있는 영국의 사례와 같은 '창조산업 생태계' 구축이 가능하다. 이를 위해 우리나라의 콘텐츠정책은 콘텐츠의 기본 속성을 고려하여 사회문화적 역량 강화를 위한 중 · 장기적 '콘텐츠산업 생태계'를 조성 · 발전시키고, 그 기능을 통합해야 한다. 콘텐츠의 산업적 측면과 사회문화적 역량강화라는 양 측면을 균형있게 발전시키기 위해 '콘텐츠산업 생태계'는 필수적이다.

콘텐츠의 핵심요소인 4C, 즉 문화예술(CA), 문화산업(CI), 문화기술(CT), 저작권(Copyright), 그리고 미디어를 유기적으로 연계시키는 콘텐츠 중심의 창조산업 콘텐츠 생태계를 구축하는 거버넌스 시스템에 대한 고민도 필요하며 따라서 이제는 SOC 투자보다는 문화콘텐츠 등에 좀 더 많은 투자를 해야 할 것이다.

제 12 장

지역사회개발 거점으로서 골목 축제문화 재조명

제 12 장

지역사회개발 거점으로서 골목 축제문화 재조명[1)]

1. 마을을 통해 문화 활동을 창조하다

현대사회에서 자본주의의 성장과 함께 인류사회에 커다란 변화를 가져온 것은 도시의 발달이다. 그러나 도시의 발달은 산업적 발전이라는 긍정적인 변화뿐 아니라 전통적 지역사회의 커뮤니티로서의 기능상실이라는 부정적인 영향도 야기하였다. 특히 자본주의가 고도로 발달한 현대사회에서의 문제 중 대표적인 것이 지역사회를 통한 이웃 간 교류의 단절이기도 하다.

전통적 마을의 기능은 생태학으로 표현될 수 있으며 이것은 유기체와 환경 간의 관계를 통하여 환경과 유기체가 상호 균형을 이루며 성장하는 과정을 중요시하는 반면, 현대사회에서는 개개인의 기능이 자본주의와 상업화 혹은 인간소외현상 등으로 '개인과 지역사회 간의 상호 관계성'이 파괴되는 악 순환적인 인과관계 속에 지역 구성원들의 역할이 제 기능을 수행하기 어렵고 상호 단절되어 인간성을 발휘되지 못하는 현상이 당연시되는 풍조가 마치 현대사회를 대표하는 하나의 현상으로 설명되기도 한다.

1) 곽미정(Kwak, Mi Jung)

그렇다면 청소년이 속한 지역사회에서 어떤 피드백의 순환고리를 재발견할 수 있으며, 어떠한 의사소통이 새로이 구현될 수 있는가 그리고 각각 구성원에 대한 생태체계 내에서의 역동성은 어떻게 발휘될 수 있을 것인가? 근본적으로 '체계'란 상호 새로운 개체를 형성하는 방식으로 상호 관련되어 전체를 구성하는 요인들의 집합체이므로 전체는 개인의 합보다 크다는 전제 조건하에 시너지 효과를 발휘하는 사회체계로 기능해야 할 것이다. 이에 지역사회의 한부분의 변화가 다른 체계에 영향을 주는 방식으로 개방되고 투과성 있는 경계로 '체계의 건강한 문화와 에너지 흐름'이 환경과의 상호교환 속에서 구현되어야 할 것이다.

이러한 문제에 대하여 Jim Ife(2005)[2]는 지역사회개발을 통한 사회의 활성화를 논하면서 "의사전달이 사회 활성화의 중요한 요인"이라고 언급하고 있다. 그는 "성공적인 사회 활성화를 가져오는 능력은 반성적이며 그러므로 실천접근을 통하여 지역사회활동가의 이해 및 분석을 통하여 가능하다"고 언급한 바 있다. 즉, 지역사회를 통한 구성원 간의 열정과 정보전달력, 민주성, 구성원의 지지, 장기간의 전념, 행동가의 관계망, 윤리적 측면, 전문적 실천, 미디어의 활용 및 지역주민과의 합의와 같은 것들이 이를 위하여 고려될 필요가 있다고 짐 아이프는 언급하고 있다.

그러나 일반적으로 많은 현대인들은 지역사회참가를 통한 개인의 의견 표현과 참여 및 활동의 기회가 적고, 긍정적이고 발전적인 사회자본의 경험을 지역사회를 통하여 체감할 수 있는 시간은 너무나 적다.[3] 그렇다면 개인의 반성의 촉구 차원을 넘어 지역사회는 과연 지역사회 참여를 통한 **행복증진**과 같은 기회에 대한 고민에 대하여 어떻게 접근할 수 있을 것인가?

이에 대하여 생태학적 지역사회를 통한 실천활동을 중심하고 있는 각종 지역주민들의 임파워먼트(empowerment)의 과정은 중요하다. 지역의 조직화, 주민참여와 주체화, 다양한 연대 및 네트워크의 구축, 지역사회의 문화생산과 캠페인, 환경개선 등을 통하

2) Jim Ife, 「지역사회개발」, 인간과 복지, 2005, p.52.

3) 박희봉, 「사회자본」, 조명출판사, 2010, p.25.

여 지역문화의 장(場)을 성공적으로 넓혀간 바 있다.

구체적으로 주민참여를 위한 활동으로는 도봉 사랑거리 음악회와 지역주민 결의대회, 아이사랑 모임 등의 개최를 통하여 지역 안에서의 대안을 모색하며 실천한 바 있다. 이는 다양한 지역주민의 특성을 파악하고 회원 간의 결속력을 통하여 자발적인 활동이 될 수 있도록 다양한 참여활동을 시도한 것에서 그 노력의 성과를 짐작하게 한다.

또한, 일본에서는 이와 유사한 성공사례로 마치즈쿠리(まちつくり)[4]의 주민참가형 지역사회실천의 예를 통하여 종합형 지역 스포츠클럽 활동을 비롯하여 자원봉사활동 등의 자발적 지역활동 등을 이끌어내는 것에 성공하였으며 이러한 주민참여가 토대가 되어 또 하나의 경쟁력있는 사회자본을 창출하였다. 일본 마치즈쿠리(まちつくり)의 예에서 특이할 점은 관광사업으로 본고장 상품의 개발 등이 다이나믹한 지역시장을 통해 이루어졌다는 것이며, 마을 전체가 개방사회의 원리를 통하여 지역사회의 상품적 가치의 질을 높였다는 것이었다. 또한, 무엇보다 중요한 특징은 일본 마치즈쿠리(まちつくり)의 발전방향이 주민 뿐 아니라 방문자들의 문화 및 삶의 욕구도 함께 중요시하였다는 것이다.

그렇다면 우리나라의 지역적인 마을의 특성 파악과 문화 활동의 운영은 어떻게 발휘되고 적용되어 변화될 수 있을 것인가? 그 출발점은 항상 과거 및 현재의 실상을 담은 지역사회의 특징을 파악하는 것에서부터 출발하여야 한다. 그리고 이러한 변화를 위해 가장 선행되어야 하는 것은 문화에 대한 각종 담론들이 가능한 의사소통의 장(場)에서 나타나야 한다는 것이다.

그동안 지역의 문제는 주로 지역의 안위문제나 쾌적한 환경을 위한 공원조성 혹은 자동화 시스템과 같은 범주의 담론 정도에 그치고 있었던 것이 사실이다. 물론 그것은 스포츠센터나 각종 교육활동의 실시 그리고 마을회관이나 편의시설 확충 등을 통

4) 일본에서 펼쳐진 지역사회운동의 한 형태이며 본 논문에서 논보고자 하는 지역사회문화 활동을 통한 지역사회개발의 잠재적 가능성을 살펴보고자 한다.

해서도 이루어질 수 있다. 하지만 멀리 떠나지 않고도 우리가 속해있는 이 도시생활의 향유 가운데에서도 자연과 어우러져 생태체계 내에서 문화를 향유하고자 하는 욕구나 혹은 좀 더 친밀한 커뮤니케이션의 욕구 등이 있을 수 있고 혹은 이웃 주민과의 소통의 욕구도 있을 것이다. 그렇다면 이러한 다양한 욕구들은 어떠한 방법을 통해서 좀 더 충족되고 실현될 수 있는 것인가 이것은 더 많은 숨겨진 고민과 노력의 실천 과정을 요하고 있다.

1) 마포구 연남동 골목축제의 새로운 관점

본 장에서는 우리나라에서 진행된 마을 만들기의 노력의 사례로 마포구의 연남동 아트 페스티벌의 의의를 살펴보고, 이러한 활동이 가지는 지역사회의 활성화에 갖는 함의와 이를 통하여 형성될 수 있는 시너지 효과의 한 축으로서 사회적 자본의 역할로 가지는 지역사회 문화활동의 장이 청소년 문화에 가지는 함의를 알아보고자 한다.

(1) 마포구 연남동 아트 페스티벌

2016년 10월 14일과 15일 양일 동안 마포구 연남동 골목의 인근의 거리에서 경암소극장, 경의선 숲길 공원과 연남동 커뮤니티센터 등을 포함하는 연남동 일대에서 '제1회 연남골목 아트페스티벌'이 개최된 바 있다. 이틀간 진행된 이번 지역문화행사의 취지는 **'꿈이 있는 연남, 예술로 통하는 골목'**을 지향하는 것으로, 유명 인사들이 지역을 방문하여 지역문화를 통한 통합을 지지하였으며, 지역문화를 통하여 연극 · 영화 · 무용 · 음악 · 전시 · 연주회 · 거리 공연 등의 다양한 문화행사를 지역을 찾은 사람들과 함께 지역사회에서 펼쳐지는 마을 문화의 장(場)으로 개최하였다.

연남골목 아트페스티벌의 가장 큰 특징은 '예술가와 지역민이 함께 어우러져 또 하나의 문화를 창출하고 문화를 향유하며 새로운 골목문화를 만들어낸다'라는 문화 활동의 목표를 결실로 이룬 것이다. 즉, "골목은 상호 사람들의 만남을 문화로 이어나감으로써 또 다른 삶을 창조할 수 있는 장이 되어야 한다"는 것이다. 한편으로는 "골목이 살아야 마을이 산다는 것"을 강조하였다. 또한, "지역주민들이 연남동 골목에서 만나 생태체계와 조화되어 스며드는 것에 예술가들의 열정과 문화의 공유가 지역주민을 함께 즐길 수 있도록 한다"는 것임에 주안점을 두었다.

지역문화행사인 마포구의 연남골목 아트페스티벌은 다양한 행사가 지역사회를 통하여 지역주민이 함께하는 문화를 마을을 찾는 사람들이 접할 수 있는 기회를 제공하여 생활 속에 열리는 문화의 향연이 될 수 있도록 하였다. 이러한 지역사회의 행사가 가지는 함의는 예술인들이 일반인과 소통하는 기회를 통하여 재능을 기부하고 시너지 효과를 창출하여 일반인과의 문화적 간극을 좁히고 지역의 고유성을 살려 새로운 트랜드로 소통과 화합 그리고 마을의 가치를 부상하도록 하는 기능을 담당하였다는 것에 의의가 있다.

또한 예술인들과 일반인이 함께 아이디어의 확장하여 건물의 옥상에서 펼쳐지는 '옥상 영화제'를 통하여 만남을 가지고 상업영화가 아닌 새로운 장르의 영화를 지역사회인이 문화를 통하여 함께 접할 수 있는 기회를 마련하며, 차고를 통해서 '창고 전시회'를 제공하여 편견을 깨고 창고가 재미있고 흥미를 가지는 기능을 할 수 있다는 새로운 접근을 가능하게 하였다.

그 밖에도 거리의 퍼포먼스를 통하여 다양한 거리축제로서의 행위예술이 이루어졌으며, 렉처 콘서트는 새로운 각도로 햄릿을 일반인이 접할 수 있도록 하였다. 이러한 형식의 다양한 문화축제는 골목을 이용하여 골목을 걷는 색다른 맛을 통해 접근하여 골목에 대한 향수를 문화로 승화시킨 아이디어로 펼쳐졌다.

즉, 소박하지만 인간의 삶이 일상생활 속에 스며들어 자연과 생태 속에 함께하는 인간에 대한 사랑과 꿈이 문화를 통하여 표현됨으로써 하나의 새로운 문화트랜드로서 지역사회의 문화로, 생태체계와 조화를 이루며 지역을 통한 청소년 문화로 자리잡을 가능성을 보여주고 거리의 활성화가 지역사회의 골목의 활성화를 통하여 표현될 수 있음을 보여주었다.

이것은 지역이 문화를 통하여 하나가 될 수 있는 가능성뿐 아니라 생태예술(Eco-Art)로 현장을 '골목'을 통해 재현하여, '골목'에 대하여 새로운 의미를 부여하고 아름다운 만남을 지역사회를 통해 구현한 좋은 지역사회의 활동으로 평가될 수 있으며 나아가 지역을 통한 소통과 만남과 청소년문화 활성화의 가능성을 보여주고 있다.

문화공연을 이끈 주요한 테마는 "골목이란 마을과 마을의 사이의 기능뿐 아니라, 골목이 있어야 마을이 완성되며 골목을 통하여 사람과 사람, 사회, 자연이 함께 만나 세상으로 향하는 Bottom-up 방식의 문화활성화의 본보기"가 될 수 있다는 생각에서 비롯되었다. 이러한 문화활동은 가족과의 산책, 친구와의 산책, 혹은 혼자 거리를 걷더라도 문화로 승화되어 문화를 통하여 사람들이 모이고 소통하여 함께 어우러져 단절되고 상실된 현대사회에서 지역사회가 새로운 역할을 담당할 수 있는 가능성을 보여주고 있다.

(2) 지역사회의 문화 활성화의 논의

현대사회에서 지역사회의 문화 활성화사업은 아직도 미약한 상태를 벗어나지 못하고 있으며 그 방향에 대한 아이디어를 제시하지 못하고 있는 것이 사실이다. 또한 급격한 산업화와 도시화, 정치와 행정의 중앙집권으로 인하여 지역사회의 해체 및 시민의식의 약화, 지역 연대의식의 상실 등이 지역문화 활성화의 문제였던 것이 사실이다.

이에 현대사회에서 각종 문화 활동 지원사업이 도입되고 운영 중에 있으나 그 운영현황은 지역적 특성을 반영하는 커뮤니티 활성화에 대한 기본적인 인식과 이해의 부족으로 민주적이고 자율적 활동의 문화의 장이 되지는 못하는 경향이 있었다. 그러나 지역사회 문화 활성화를 위한 심도있는 활동은 궁극적으로 건강한 지역사회의 문화형성에 도움을 주며 지역 내 다양한 주민들의 문화참여를 보장하는 움직임에 힘을 실어 지역주민들의 문화적 삶의 질을 제고해 줄 수 있는 기능이 있다.

즉, 마치즈쿠리에서 모색되고 있는 사업들은 마을주민들이 공동체를 통하여 개인과 집단의 생산적 논쟁을 존중하여 균형점을 찾고자 했던 노력을 통하여 실제로 바람직한 마을운동으로 이어지며 마치즈쿠리(まちつくり)[5]의 참가와 리더십 그리고 자립과 파트너십으로 이어지기도 하면서 새로운 문화를 창출하였다.

지역사회 활성화의 구축은 궁극적으로 지역사회의 역량을 강화해 나가는 꼭 필요한 작업이며 지역사회의 긍정적 변화를 위해서는 무엇이 필요한가 어떠한 점검이 필요한가에 관한 논의가 반드시 필요한데, 이를 위한 접근은 지역주민 스스로 인식을 변화시키고 지역사회의 문화에 대한 기대 및 인식의 변화를 통해 건강한 지역사회 문화를 유지하는 능력을 함양하는 것에서부터 진정한 새 문화 활동이 시작될 수 있다.

그러나 기존의 방식이 우선시 된다면 제도권 내에서의 전통적 기반의 관점에서 벗어날 수 없을 것이다. 따라서 지역사회구축(community building)은 다양한 방식으로 실천되어야 하며 지역주민 스스로가 자부심을 가질만한 지역사회의 유형 및 무형의 자산들을 찾아내고 육성하는 것을 강조하는 강점기반의 접근방법이 되어야 한다.[6]

결국 마을 활성화를 통한 문화사업의 목적은 전체론적 관점에서 건전하고 기능적인 지역사회를 이루기 위하여 논의되어야 하는데 이를 위하여 고려되어야 할 것은 Jim Ife(2005)에 의하면 '생태학적 관점, 사회 정의 관점, 지속가능성, 다양성, 다문화'와 같은 다양한 이슈들에 대한 고려가 유용하게 활용될 수 있을 것이다.

즉, 통합적이고 균형잡힌 연구의 접근 방법으로 Jim Ife(2005)에 의하면 지역사회 문화 개발의 핵심은 아래로부터의 변화의 관념을 통한 문화적 접근으로 보았다. 그는 지역사회 주민 스스로가 자신의 욕구를 알고 충족할 방법을 결정하며 자율적이고 독립적인 지역사회를 실천해나가는 것이므로 이를 실천하기 위해서 지역사회 및 지역의 문화존중이 필요하며, 문화는 고정적인 것이 아니라는 인식으로 가치와 현실이 끊임없이 변화하고 있다는 것을 인정해야 할 필요가 있다고 하였다.

5) 일본의 지역사회운동으로 주민의 민주적 참여와 의사의 결정이 반영된 대표적 지역사회운동의 성공사례로 꼽히고 있다.
6) Jim Ife, 2005, 전게서, p.45.

따라서 지역사회의 문화를 존중하고 외부의 자원에 의존하지 않는 '지속성과 고유성'을 실천하기 위해서는 지역의 특성을 발견하고 존중하고 지역주민의 기술을 활용하는 것이 강조되어야 한다는 것이다. 이를 위해서는 지역사회의 절차를 존중하며 주민이 연대적인 활동이 중요하고 지역사회를 통한 다원주의의 실천으로 아래로부터의 변화의 기초가 중요하다는 Jim Ife(2005)의 주장은 마을 문화 활동의 역동성 분석에 앞서 먼저 다음과 같은 것들이 고려해볼 사항들로 제시되고 있다.

① 사회계획의 차원

사회계획이란 지역사회 주민이 스스로의 욕구를 정의하고 그를 충족시키기 위해 구상하는 여러 가지 활동의 과정과 절차를 의미하고 있다. 그러므로 기존의 서비스 및 자원과 문화를 최대한 효율적으로 조정하고 활용하는 방법의 모색을 의미하는 것으로 정의될 수 있다.

② 사회적 상호작용의 실제적 질

사회개발은 지역사회 내에서 이루어지는 '사회적 상호작용의 실제적 질'에 초점을 두고 진행될 수 있다. 실제로 지역사회생활의 경험을 통하여 다양한 상호작용이 일어나며 지역사회를 통해 삶의 질 향상을 가져올 뿐 아니라 정치 · 경제 · 사회적인 성과를 도출할 수 있어야 지역의 건강한 문화가 창출될 수 있다.

③ 참여문화의 차원

문화개발에 있어서의 문화적 전통은 유지에 그치지 않고 다양한 문화 활동에 대한 참여에 중점을 둔다. 따라서 지역주민 스스로 혹은 방문자들과 함께 어우러져 참여하는 활동이 되도록 지역의 특색있는 문화를 개발하고 이를 실현하여 건전한 지역사회 문화를 육성하는데 일조하는 것이 중요하다.

④ 인격과 정신적 개발의 장

지역사회개발은 인격적 정체성의 개발과 밀접하게 연관되어 있으며, 이는 인격적 가치를 지향하여, 보다 풍요롭고 충만한 삶을 영위할 능력의 개발이 이루어져 지역사회에 대한 소속감과 일체감이 지역을 통하여 기능할 수 있도록 하는 것이 중요하다. 이러한 공간을 통하여 건전한 청소년문화가 창출된다.

⑤ 환경개발의 차원

지역사회는 환경 속의 인간이라는 개념을 토대로 하는 개념이다. 따라서 물리적 환경의 보호는 마을의 고유성을 살리는 훌륭한 기초자원이 될 수 있으며 문화 활동의 토대가 된다.

⑥ 마을주민의 역량강화

지역사회에서 생태학적 차원과 사회 정의적 입장을 적용하여 본다면, 지역주민의 평등과 능력고취, 구조적 불리의 극복, 욕구를 재정의하고 마을의 공동활동을 통하여 이를 충족시킬 지유, 권리의 정의와 그의 보장 등에 기초한 사회에서 진정한 청소년문화가 구현될 수 있다.

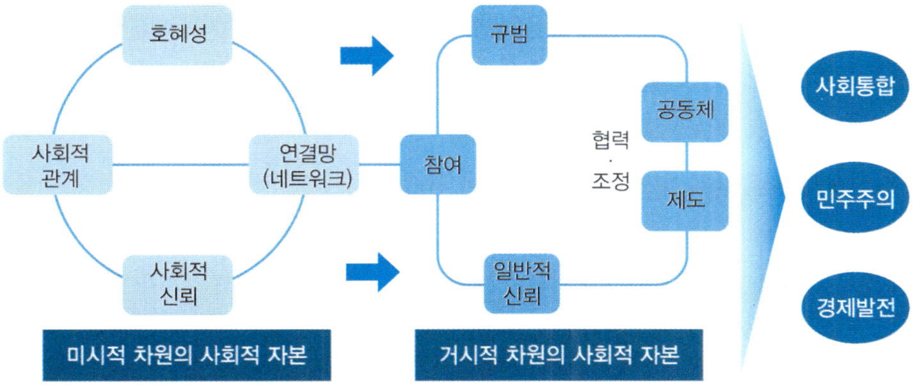

[그림 12-1] 지역사회의 성장을 통한 기대환류-사회적 자본의 기제 및 상호연계성

출처 : 조권중, 「서울시 중장기 사회적 자본 증대방안 연구」, 서울시정개발연구원, 2010, p.78.

이에 대하여 창출될 수 있는 사회적 자본의 효과와 정책적 이슈에 대한 틀을 다음과 같이 제시할 수 있다.

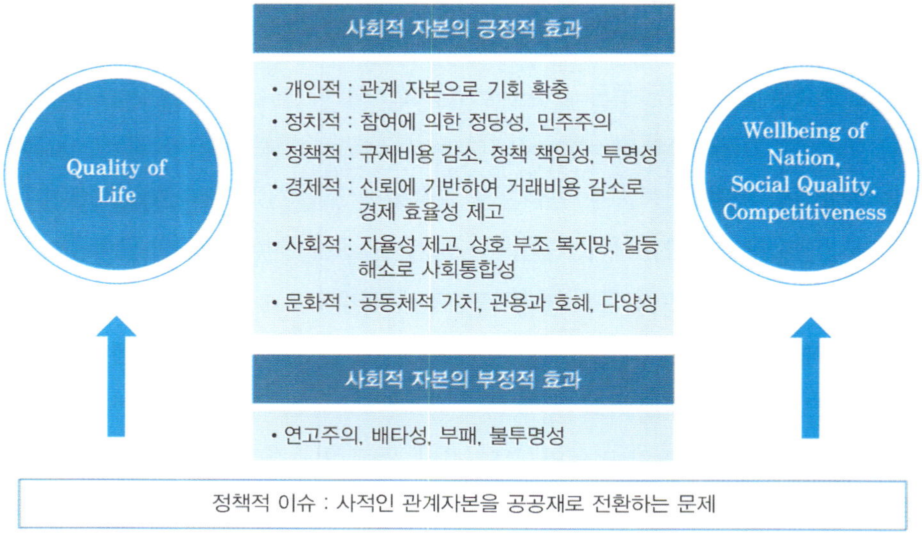

[그림 12-2] 사회적 자본의 효과와 정책적 이슈

출처 : 조권중, 「서울시 중장기 사회적 자본 증대방안 연구」, 서울시정개발연구원, 2010, p.79.

2) 사회적 자본과의 관계

청소년문화의 발달은 지역사회로부터 시작된다. 지역사회는 건강성에 기여할 뿐 아니라 지역사회의 발전에 기여하며 집단의 결속력을 증대하고 개인의 발전을 도모한다. 사회적 자본은 사회자본(social capital)이란 뜻으로 인적 및 물적 자본과 같이 지역사회에서 일어나는 행위나 일의 효율성 증대를 통하여 개개인과 연계되어 생산성을 증진시키는 역할을 한다.[7][8]

7) 허장 · 정기환, "농촌마을의 발전과 새로운 리더십", 「농촌사회」, 제13권 제1호, 한국농촌사회학회, 2003, pp.51-83.

8) 성도경 · 박희봉 · 장철영, "사회자본과 거버넌스 증진을 위한 정부와 시민사회의 역할", 「대한정치학회보」, 제12권 제1호, 대한정치학회, 2004, pp.419-437.

사회자본은 정부의 일방적인 또는 주도적인 사고방식에서 벗어나 지역이 지니는 사회적인 가치와 신뢰 그리고 네트워크 및 규범 등을 통칭하며 사회자본이라는 내재적 역량을 발현하고 시너지적인 발전을 예견하는 것으로, 지역 스스로 갖는 역량발현을 통하여 인프라 구축 위주의 정부의 한계를 극복하고 사회적 자본과 청소년문화발전에 대한 효율성 및 정당성을 위한 핵심가치로 부상하고 있다.[9)]

사회적 자본이 가지는 장점으로, 지역사회(community) 발전은 사회적 자본의 형성을 효율적으로 이루어지게 한다. 사회자본이 충분한 지역사회에서는 목표달성을 위한 집단행동이 용이하고,[10)] **신뢰**(trust), **정보**(information), 그리고 **결속**(solidarity)과 지역민들의 **상호연계**를 견고하게 하는 역할을 한다.[11)]

따라서 사회적 자본은 지역사회의 건전한 문화력 향상을 위하므로 개개인 간의 상호 신뢰와 협력을 고양하고 지역사회를 통한 문화활동사업에서 청소년들의 지지 및 참여를 확보하여 사회 및 경제적 활성화에 중요한 역할을 담당하도록 하는 것이 바람직하다.

3) 마포구 연남동 골목축제와 지역사회 활성화의 함의 진단

지역사회 문화 활동의 거점의 역할로 지역 축제로 연남동 골목축제 '야프'에 대한 함의를 살펴보고자 한다. 즉, 각 지역사회의 다양한 문화 활동은 마을의 고유성, 지속적 발전가능성, 민주성, 생태체계와의 조화, 문화 및 소통과 자원배분 등에 적절한 활동이 될 수 있다.

9) Narayan, D. & Pritchett L., Cents and Sociability: Household Income and Social Capital in Rural Tanzania. World Bank. Environment Department. Washington. D.C., 1996, pp.52-66.

10) Krishna, A. How Does Social Capital Grow? A Seven-Year Study of Villages in India. The Journal of Politics, vol.69 no4, 2007, pp.941-956.

11) Petersen, Dana M., The Potential of Social Capital Measures in the Evaluation of Comprehensive Community-Based Health Initiatives. American Journal of Evaluation, vol.23 no.1, 2002, pp.55-64.

이것은 지역 문화 활동의 활성화와 안정적인 문화 사업의 정착과 청소년들의 사회적 자본 형성에 도움을 주는 활동으로 자리 메김 될 수 있다. 또한 오늘날의 시장화 · 분권화 · 기업화 · 네트워크화 · 국제화의 특성이 가져올 수 있는 폐단으로부터 전통적 지역사회를 대체하는 새로운 지역사회의 문화를 구축하는 데 도움이 될 수 있다.

또한 올바른 지역사회를 경험하기 어려웠던, 종래의 사회인식을 개선하고 올바른 지역사회의 나아갈 방향을 제시함과 동시에 차세대가 우리 지역사회의 진정한 의미를 살려나가고, 사회적인 시너지 효과의 발현을 통하여 지역사회의 문화 형성이 나아갈 방향을 도출하는 것에 대한 함의를 가지고 있다.

지역사회문화의 개발 핵심은 무엇보다 지역사회의 청소년들의 욕구를 파악하고 충족시킬 방법을 결정하며 이를 위하여 자율적으로 문화 형성해나가는 것으로부터 시작되어야 한다. 이를 위해서는 다음과 같은 것이 고려되어야 한다.

(1) 지역문화에 대한 지식의 필요성

지역청소년문화의 지식의 존중 개념은 그 지역을 가장 잘 아는 사람은 바로 지역사회의 청소년이며 청소년이 주체가 되어야 한다는 개념을 전제로 하고 있다. 또한 지역지식에 대한 존중은 지역사회를 잘 아는 사람들을 중심으로 하여야 하며 이는 모든 지역 문화 활동 개발실천에 있어 본질적인 선행요인이 되어야 한다.

즉, 지역인이 주체라고 할 만한 사람이란 결국 지역사회의 욕구와 문제뿐 아니라 지역사회가 가지고 있는 강점과 지역사회의 독특한 특성을 파악하고 있는 지역사회의 청소년이며 마을 구성원일 것이다.

따라서 마을 사람과 청소년이 하나의 주도적인 주축이 될 수 있으며 문화를 통하여 하나의 소통의 장이 마련되어야 한다. 그러나 기존의 실증주의 패러다임은 증명되고 객관적이고 과학적이며 측정 가능한 지식만을 중시한 나머지 창발적이며 창조적이고 창의적인 아이디어의 창출은 그 의미를 발휘하지 못하는 경향이 있어왔다.

(2) 하향식(top-down) 조직의 극복

그동안 하향식 전달방식은 마을의 고유성을 고려하지 못하는 폐단이 되어왔던 것이 사실이다. 이는 지배적 가치와 세계관을 반영하여 보편적 지식의 우월성을 과시하는 것처럼 인식되는 경향이 있었으나, 현대사회에서는 마을 문화의 고유성과 정체성이 세계화보다 중요한 설득력을 얻고 있으며 이에 따른 상향식 방식의 마을 문화 활성화 방안이 보다 중요한 관점으로 대두되고 있다.

따라서 향후 지역 문화 활성화 개발 접근법은 먼저 지역사회 내에서 중요한 이슈와 다양한 문화를 찾아, 그 지역의 문화와 고유성을 살리는 지혜와 경험이 접목되는 요인을 확인하고 검증하는 작업이 필요하다.

아울러 외부의 전문가는 오히려 마을 자체의 활성화를 위한 지역의 조력자가 되어야 하며 외부적 전문지식은 지역사회의 문화 활성화를 위한 존중과 더불어 일하는 과정 속에 보다 풍부해질 수 있도록 함께 어우러지고 녹아져야 한다.

(3) 지역 문화 활성화에 대한 존중의 인식

지역사회 문화 활동가와 전문가 간의 상호존중 및 조율의 필요성은 많은 행사 및 기획을 통하여 확인될 수 있으며 이에 참여함으로서 청소년문화의 경영과 행정과 기획활동의 모든 것을 배울 수 있다. 즉, 문화적 가치 및 생태체계를 고려한 인권 등의 점검이 무엇보다 선행되어야 하며 지역사회의 활동가는 지역 문화의 중요성을 깊이 인식하고 이를 지역사회의 변화를 위한 초기의 시발점으로 활용할 수 있는 방안을 모색하여야 한다.

즉, 문화는 고정적이지 않으며 가치와 현실도 끊임없이 변화하여 지역사회의 전문가는 문화변동의 과정과 함께 움직이며 함께 지원하여야 한다는 것으로, 이는 고정적인 시각과 대조되는 것이다. 또한 문화는 획일적 단일 형태가 아니며 지배적인 문화가치보다는 다양한 문화적 가치를 전제로 하여 역동적인 하나의 구심점을 형성할 수 있는 공동체의 맥락을 파악해내야 한다. 이를 위해서는 문화적 다원주의를 전제로 하는 지역사회의 존중이 필요하다.

이때 지역문화의 존중은 생태학적 차원의 전체를 고려하며 환경을 고려하는 작업으로부터 마을의 고유성에 접근하게 된다. 이것은 기존의 세계화와 국가를 통한 정책의 방향과는 다른 관점으로 마을과 지역이 보다 주체적인 자리에서 활동하는 것에 대한 중요성을 함의하고 있다. 따라서 지역사회는 지역사회 내의 유용한 자원을 찾아내 창의적으로 개발하며 이에 활용될 수 있는 강점과 산출된 자원을 지역사회의 자율성과 주체성을 토대로 다양하고 독립적인 지역사회를 건설하고 유지할 수 있는 방안의 논의를 통하여 이루어져야 한다.

우리나라의 북촌 한옥마을에서 볼 수 있듯이 지역사회의 활동은 지역이 주체가 되는 지역 기술의 존중이기도 하며 다른 한편으로는 주민의 능력의 고취의 역할을 강조하는 것이다. 만일 이러한 자원이 지역의 내부에서 충전된다면 지역사회의 주체성과 고유성 및 지역사회의 사회자본의 수준을 강화하는데 실질적인 기여를 할 수 있다. 따라서 지역사회의 청소년문화 개발에 대한 성공은 다양하게 산재해 있는 지역사회의 자원을 어떻게 공유하고 활용하여 구심적 역할을 통하여 그 시너지 효과를 발현하느냐에 달려있다.

(4) 지역 절차의 존중 및 연대활동의 중요성

지역사회의 활동가는 지역사회 문화 활동에 앞서서 그 지역사회에서 진행되는 일이 어떠한 절차에 의하여 어떠한 점이 고려되어야 하는지, 법률적 절차 등에 대하여 숙지하고 접근하는 것이 지역사회의 활동에 있어서 다양한 이해관계에 놓인 집단들에 대하여 대처하는 길이 될 것이다. 예를 들어 앞서 제시한 마포구의 마을 활동도 추진하고자 하는 사업이 전통을 존중하는 범위 내에서 지역사회에서 사용되는 법률이나 절차 통하여 설득력을 얻어갈 수 있도록 하는 노력이 선행되어 진행되었다.

그러므로 핵심적인 결정은 실질적인 참여자들의 권리이기도 하나 이것은 인근 다른 이해관계자들의 협력을 전제로 하며 모든 지역사회개발 사업의 핵심요소는 지역사회와의 연대에 있으므로 관련 지역사회의 행정적 격차의 범위 안에서 올바른 '어젠다'가 형성되고 이에 따라 지역사회활동가는 지역사회와 더불어 활동할 수 있어야 한다.

따라서 지역사회의 전문가는 지역사회를 통한 경험을 통하여 함께 성장하여야 하며 이러한 출발은 다수의 다양성을 포용하는 활동 안에 스며들어 결국 지역사회문화를 통한 자원의 개발을 보다 풍성하게 하는 것에 기여할 수 있어야 한다. 이를 지지하고 있는 문화다원주의는 지역사회 내의 다양한 이해관계에서 또 하나의 이해를 통하여 다양한 관계를 흡수하고 건강한 상호작용을 가능하게 하며 다양한 이해세력을 충족시킬 수 있는 최선의 방법으로 건강한 타협점을 도출하고 권력의 분산과 다양성이 자연스럽게 구현될 수 있도록 하는 올바른 생활양식의 체득을 가능하게 한다.

이러한 다원주의의 입장은 지역사회의 계급 · 성 · 인종과 같은 구조적인 요인이 상호 동등하다는 전제하에 올바른 사회의 변화 및 생태학적 사회정의를 실현하도록 하는 것에 도움이 되며 현대사회에 형성된 어젠다에 대하여 충분하고 다각적인 문화 활성화 방안을 제시하는 데 기본적인 시각으로 작용할 수 있다. 이에 다원주의적 시각은 민주적 활동 및 지역화된 문화 활동에 있어 바람직한 방향을 설정하는 것에 도움이 될 수 있을 것으로 전망된다. 이러한 사고는 기존의 세계관이나 단선적인 세계관을 부정하여 다양한 실재들의 다원성이 다양한 현장에 적용되고 재규정됨을 강조하고 있다.

이는 기존의 모든 사물에 논리적인 질서를 부여하고자 하는 통합적 담론에서 나아가 진보와 합리의 개념 위에 다원적 가치를 상위에 두는 개념이기도 하다. 즉, 하나의 최선책이 존재한다는 사고보다 모든 일에는 다양한 경로의 대안들이 존재하고 있음을 제시하는 것이다.

이러한 개념은 지역사회의 개발에 기여하며 주체적인 자기성찰과 능력고취를 가능하게 하며 마을 만들기의 새로운 시너지 창출에 활용될 수 있다. 또한 진정한 상대주의적인 관점을 수용하여 다양한 개인적 해석을 존중하고 세계화의 일률화된 지향보다는 상호 공존을 위한 다양한 방법을 모색하게 하여 궁극적으로 지역사회주민이 자발적으로 지역사회에 참여하고 지역사회의 문화를 실천하게 한다.

이는 지역사회의 문화 활동의 활성화와 발전에 있어서 권력의 일부 집중을 부정하고 평등성을 지향하고 자율성을 견지하며 환경과 인간과의 조화를 중요시하는 개념과도 부합되며 교육적 효과가 크다. 따라서 지역사회 문화 활동의 개발을 위한 아래로부터의 변화, 또는 아래로부터의 실천이라는 관념은 지역지식과 기술, 문화, 자원 및 절차를 중시하는 태도를 통하여 각종 활동을 실천하기 위한 중요한 기반이 될 것이다.

이를 위하여 지역사회의 문화 활동가는 기존관념을 재조직할 수 있는 새로운 사고체계를 통하여 성찰적인 자세를 가지고 지역사회의 무한한 자원을 통합하고 가치를 발견하며 무력한 주민들의 능력을 고취하고 이를 기반으로 청소년 및 지역사회주민들의 경험과 결합을 통하여 문화의 새로운 장을 형성해나가는 데 능력을 발휘해나가야 할 것이다.

4) 제언

지역사회의 문화 활성화 방안은 지역사회의 자원을 고려한 자체적인 역량강화와 지속적인 발전이 상당 정도 전제가 되어야 한다. 즉, **지역사회자원을 활용한 이슈와 문제 정의 그리고 의식향상과 조직화**는 지역의 내부적이고 외부적인 사회 및 경제적 위상을 높이고, 지역사회의 문화와 환경을 고려한 인격적이며 정신적인 개발로 발전하는 것에 있어서 중요한 선행 요건이 된다는 것이다. 또한 이것은 지역사회의 욕구와 문제를 재규명하고 필요한 기관을 설립하거나 프로젝트를 개발하는 등의 절차적 욕구와 사회적인 맥락에서 지역사회의 문제정의와 개발과정의 이해를 돕는 구조적 이슈 등을 고려할 때에 있어서도 선행적으로 생각해보아야 할 요인이 되어야 함을 제시한 바 있다.

그런데 이를 위해 어떻게 지역사회의 참여적 문화 활동으로 가능하게 할 것인가가 중요한 논점인데, 이에 마포구의 연남동 골목축제는 그에 관한 중요한 함의를 제시하고 있다. 그 이유는 지역사회 주민들의 문화 활동이 자신들의 고유문화를 되찾고 의식을 향상시키며 지역적 통합과 경제적·독립적 영역 등에 많은 선순환적인 영향을 줄 수 있는 활동으로 자리매김 될 수 있기 때문이다.

이러한 활동은 지역주민들의 인격적 상호작용을 자연스럽게 도모할 뿐 아니라, 지역사회의 보호 그리고 지역사회기반의 휴먼서비스의 전제조건을 제공할 수 있으며, 삶의 의의와 가치를 찾는 인격적 성장과 개발에도 도움을 줄 수 있는 무한 잠재력을 가지고 있다.

다시 말해 지역의 문화적 지역 고유화는 지역자본의 이익과 시장개척에 중요한 역할을 하며 지역사회의 문화적 다원성에 있어서도 중요한 역할을 기능할 수 있고 마을과 지역을 통한 청소년문화를 형성하여 건강성을 도모할 수 있다.

더구나 앞서 살펴본 지역사회의 문화 형성과 자율성 그리고 아래로부터의 변화를 통한 평등적 사회에도 기여하는 바가 크다. 물론 이러한 **지역문화의 참여와 활성화**에는 지역사회 주민의 **의식고양과 결속력, 조직화 자원의 활용** 등이 선행되어야 하며 이를 발견할 수 있도록 지원하는 전문가의 역할안배 등도 중요하다는 것도 간과해서는 안 될 것이다.

또한 무엇보다 중요한 것은 이러한 지역사회의 주체적 활동이 현대사회에서 소멸되어가는 지역의 문화와 정체성과 사회적 자본의 창출을 가능하게 한다는 것이다. 즉, 문화자원을 통한 지역사회의 주체성과 사회적 유대감의 형성은 상기 지역사회발전을 통합적으로 아우르는 것에 있어 중요하게 고려될 수 있는 매개체가 될 수 있다. 이와 같은 것은 보다 광범위하게 정의되는 사회적 자본창출에도 심대한 영향을 미치며, 현재 활발히 추진되고 있는 각종 마을의 문화 만들기의 중심 이슈에서도 적용될 수 있을 것이다.

이에 마포구 연남동 골목축제는 이러한 문화자본의 창출이 지역으로 하여금 사회 · 경제적으로 주체적이며 독립적인 지역사회로 거듭남에 있어 그 중추적인 역할을 할 수 있는 잠재력을 보다 구체적으로 확인할 수 있다. 이러한 사실은 지역적인 것이 곧 세계적이라는 의미의 중요성을 깊이 간파하는 것이다.

그러므로 향후 지역사회의 고유의 문화를 발견하는 안목을 기르고 시장성 그리고 이를 통한 사회적 자본의 창출은 지역사회의 연대에 있어서 중요한 이슈가 될 것이며, 개인과 청소년과 지역과 사회를 연결하는 의미있는 연결망으로 기능하는 고유의 자생수단이 될 수 있다는 것에 주목하는 것이 필요하다. 나아가 지역공동체를 위한 네트워크의 형성은 혈연이나 성별 혹은 인종의 구조적인 선입견에서 오는 분열과 편견 그리고 불평등을 극복하는 건강한 사회문화에 한발 더 가까이 접근할 수 있도록 하는 매개체가 될 수 있을 것이다.

이제 우리 지역사회는 보다 복합적이고 다원적인 지역사회 문화의 개발개념을 고민해야 할 때이며, 이를 통해 문화의 가치와 지역사회개발의 가능성 구현을 모색해야 할 때이며, 이러한 시점에서 문화가 담당하는 역할은 향후 더욱 지대할 것이다.

2. 창조혁신력과 과학기술력 국제비교를 통한 문화행정의 논의

1) 문화행정의 논의

시대의 변화에 따라 과거 군사적 제국주의나 경제적 제국주의 시대에 강조되어온 국방력이나 경제력 등의 하드파워(hardpower)적인 요소뿐 아니라 창조혁신력, 국정관리력(governance power), 교육력(education power), 과학기술력(technology power), 문화력(cultural power), 사회자본력(social capital power), 그리고 변화대처력(change readiness power) 등의 소프트파워(softpower)적 요소가 현대사회에서 더욱 중요한 시대가 되었다(Nye, 2004; 황성돈 외, 2014).

이에 본 장에서는 창조혁신력 지표에 관하여 한, 중, 미, 일, 러 등 G20의 비교를 토대로 하여 이에 대한 문화 행정력의 가능성을 진단해보고자 한다. 문화행정은 그 어느 분야에 비하여 창조력이 기반이 되어야 하는 분야이다.

우리나라의 현재 '찾아가는 문화서비스'는 이러한 다양한 창의력과 함께 다양한 컨텐츠를 공유하고자 하는 움직임을 담고 움직여가고 있다. 그런데 콘텐츠를 만들어 내는 것 중에서 가장 핵심적인 것이 바로 창조혁신력이다(최창현 · 정시구, 2015; 최창현, 2015 재인용). 이에 본문에서는 창조혁신력에 대한 국가 간 비교, 분석을 통하여 우리나라의 문화행정력의 전망에 대하여 논해보고자 한다.

2) 창조혁신력을 통한 문화행정 바라보기

(1) 우리의 문화행정은 창조력을 바탕으로 하고 있는가

창조성(Creative)이라는 것은 고유성(Originality)을 전제로 유용(Useful)함을 동시에 가지고 창출될 때 사회적으로 널리 활용될 수 있다. 문화가 풍부한 사회는 창조적이고 창조적인 사회는 다양한 문화가 존재한다. 그렇다면 어떠한 사회가 창조혁신적 사회인가? Richard Florida(2002)는 사회의 창조성은 그 사회를 구성하고 있는 구성원의 창조성이 이를 결정한다고 하였다. 그는 이에 대하여 사회의 창조적 구성원을 창조적 계층(Creative class)이라고 언급하고, 여기에 연구원 · 엔지니어 · 교수 · 언론인 · 예술가 · 음악가 · 디자이너 등 창조적인 활동에 종사하는 사람들이 포함된다고 하였다(최창현, 2015 재인용). 또한 그는 선진국 경우 노동인구의 약 30%가 이에 해당한다고 추정한 바 있다.

그는 창조적 인재가 좋아하는 사회의 특성은 **다양성(diversity), 개방성(open)이며 관용성(tolerant)**이 존재하는 사회로서 이러한 사회에 좋은 인재가 모여서 기술혁신을 주도하여 창조적인 사회를 만든다고 주장하였다.

이에 Florida와 Richard(2002)는 창조혁신 사회의 조건으로 관용(Tolerance), 과학기술력의 기술(Technology), 재능(Talent)의 개념을 통하여 사회의 창조력을 측정하기 위한 3T를 제시하고 있다(최창현, 2015 재인용).

이를 토대로 G20 국가 중에서 한국은 2009년 11위에서 2014년 8위로 올라갔고, 중국은 10위를 유지하고 있으며 일본은 4위에서 7위를 차지하고 있음을 알 수 있다. 이를 통하여 알 수 있는 것은 우리나라의 창조성 지수는 동아시아의 주요 국가에 비하여 결코 낮은 등수가 아님을 알 수 있을 것이다.

〈표 12-1〉 **국제창조성지수(Global Creativity Index)순위 국별 비교**

국가	창조력(GCI) '14 순위	창조력(GCI) '09 순위
ARGENTINA	18	19
AUSTRALIA	3	5
BRAZIL	13	15
CANADA	5	3
CHINA	10	10
FRANCE	6	7
GERMANY	4	6
INDIA	14	14
INDONESIA	17	19
ITALY	11	8
JAPAN	7	4
KOREA	8	11
MEXICO	12	17
RUSSIA	19	16
SOUTH AFRICA	15	12
SPAIN	9	9
TURKEY	16	13
UNITED KINGDOM	2	2
UNITED STATES	1	1

출처: Martin Prosperity Institute; 최창현(2015) 재인용.

프랑스 경영대학원 인시아드(INSEAD)와 세계지적재산기구(WIPO)가 141개국의 대상으로 분석한 국제혁신지수(Global Innovation Index)가 평가한 한국의 국제혁신지수를 살펴보면 18위(주요 5개국 중 2위)이며 능률성 점수를 고려하면 95위(5개국 중에서는 3위)에 그친 것을 통하여 우리의 국제혁신력이 능률적으로 적용될 때, 즉, 행정력을 바탕으로 하여 조직화 될 때에는 다양한 창조성이 문화 및 공공의 영역으로 들어올 가능성을 입증하였다. 이를 제시하면 다음과 같다.

〈표 12-2〉 5개국 국제혁신지수(Global Innovation Index)

Nation	GII score	rank	Input score	Rank	Output score	rank	Efficiency score	Rank
China	44.6	35(4	45.1	46	44.1	25	0.9	14(1)
Japan	52.2	22(3	62.8	14	41.6	33	0.6	112(5)
Korea	53.3	18(2	62	16	44.5	24	0.7	95(3)
Russia	37.1	62(5	43.7	52	30.6	72	0.6	104(4)
UnitedStates	60.3	5(1	69.1	3	51.4	12	0.7	86(2)

출처: 최창현(2015) 재인용.

(2) 과학기술력을 통한 문화행정의 발전 가능성

오늘날 각종 다양한 문화콘텐츠의 개발은 과학기술을 전제로 하는 경우가 많다. 각종 컴퓨터 그래픽이나 전자정부의 힘, 그리고 다양한 사회적 교류를 바탕으로 하는 사회적 자본력은 새로운 IT의 발전과 더불어 한층 우리 곁에 가까이 다가와 있다. 과학기술력의 정의는 본래 과학기술 지식뿐 아니라 정보의 창출과 흡수, 확산 및 활용능력을 전제로 하며 오늘날 다양한 분야의 과학기술력은 각종 산업을 촉진시켜 세계적 경쟁력의 기반이 되었다.

이에 대한 우리나라의 문화행정의 발전 가능성은 이미 한류로 인정받는 토대 위에서 더욱 성장할 가능성을 열어두고 있는 것을 간과하면 안 된다. 즉, 과학기술력, 정보창출력, 정보의 확산력 및 정보의 활용력의 힘(Power)은 한 나라의 문화력을 통하여 국제적인 힘을 발현할 수 있는 원동력이 될 수 있다.

이에 대하여 2008년 한국의 IMD 국가경쟁력의 세부 영역의 분야에서 과학인프라는 5위, 기술인프라는 14위를 차지하였는데 인프라 분야의 하위영역으로는 기본 인프라 · 기술 인프라(20개 항목) · 과학 인프라(21개 항목) · 보건 · 환경, 교육 등 5개 부문으로 구성되어 있음을 알 수 있다. 이 중 기술 인프라의 발과 응용, 기술협력, 연구개발설비 해외이전, 자격을 갖춘 엔지니어, 숙련노동자 조달, 특허 및 저작권보호 등이다(이상환, 2012: 185-186, 최창현, 2015 재인용).

그런데 중요한 것은 이러한 인프라에 대한 경쟁력이 문화행정에 발휘될 경우 창출될 수 있는 무한한 시너지 효과이다. 이에 대하여 솔로우는 생산성은 노동과 자본보다 연구개발이나 지식의 획득 및 활용 능력에 달려 있다고 하였다(최창현, 2015 재인용). 이에 대하여 스코트 외의 연구결과에 따르면 공공연구개발 투자의 수익율은 연 20~67%에 이르고 전체적으로는 기초연구에 대한 투자수익율은 연 28%에 달하는 것으로 나타났으며 민간 연구개발 투자의 경우에는 수익율이 더 높게 나타났다(최창현, 2015 재인용).

이러한 현상은 문화행정에서 이미 제3의 영역의 중요성이 지적된 바 있으며 민간의 기업문화를 공공행정이 도입해야 한다는 이론이 지속적으로 각 영역에 도입되고 있는 것이 사실이다. 이는 정부의 민간위탁의 형식뿐 아니라 정부의 주도로 현재 문화체육관광부 등에서 실시하고 있는 다양한 사업과 법제처에서 실시하고 있는 다양한 공개 기획안의 채택 등을 통하여 다양한 문화산업이 정부의 사업으로 수렴되고 있으며 산업화 및 콘텐츠화될 수 있도록 정부가 이를 촉진하고 권장하고 있다.

〈표 12-3〉 **과학기술력의 측정 지표**

과학기술력	지식/정보 창출력	연구개발 인력, 연구개발 투자(총액, GDP 비중), 과학기술논문, 미국특허
	지식/정보 확산 · 흡수력	국민의 교육수준, 정보 유통 인프라, 지적재산권 보호제도
	지식/정보 활용력	규제제도의 질, 벤처자본의 가용성, 외국인 직접투자 총액의 GDP 비중, 첨단기술제품 수출 비중

출처: 최창현(2015) 재인용.

이에 대하여 우리나라의 과학기술력을 G20 국가에 관하여 〈표 12-3〉의 지표를 적용하여 평가한 결과, 한국은 평가 대상의 20개국 중에서 7위로 나타났다. 이는 한국의 공공영역을 통한 연구개발투자가 기여하고 있는데, 우리나라는 문화체육관광부라는 공공 포털사이트와 법제처의 나라장터를 통한 민간기업의 참여촉진과 함께 박근혜 정부의 교육기관을 통한 학생창업의 권장 및 각종 아이디어의 공모를 통하여 민간 및 창의성의 영역을 공적으로 수렴하는 역할을 지속적으로 펼치고 있다.

이러한 현상은 한국의 연구개발 투자의 규모가 비교대상국 중 7위인 것을 통해서도 알 수 있으며 이와 같은 현상은 GDP 비중으로는 2위임을 알 수 있다. 특히 한국의 미국 특허등록 건수는 전체 4위이며 한국의 정보통신 기반과 인터넷 가입율은 전체의 2위로 한국의 인터넷을 통한 사회적 확산 및 각종 IT 기반의 사회 자본력은, 한국의 과학기술의 지식 및 정보가 빠르게 사회적으로 흡수 및 확산될 수 있음을 증명하였다.

이러한 바탕이 '문화혁신'에 작용한다면 그 시너지 효과는 매우 지대할 것으로 전망된다. 우리나라의 문화행정의 범위는 다양한 예술적 활동으로도 나타나고 있다. 현재 대진대학교가 실시하고 있는 찾아가는 문화공연서비스는 정부의 추진사업의 일환으로 채택되어 실시되고 있으며 이를 통하여 문화를 향유하는 사회계층을 다양화하고 문화적인 공감대를 아우르며 넓히려는 노력이라고 볼 수 있다.

또한 다양한 민간 예술인들이 주축으로 실시되는 문화의 장으로 연남동 골목축제, 2016년 국제연기페스티벌(GAF)는 연합 예술활동이 지역사회의 축제의 장으로 확산되고 있기도 하며 다양한 극단이 함께 문화를 지역사회와 공유하며 지역사회인과의 소통과 어우름을 시도하기도 하고 있다. 예를 들어 지역축제로 YAF를 통한 축제는 행정적으로 축제 프로그램의 확정, 프로그램이 진행될 지역사회의 장소 섭외, 운영계획과 운영진의 배치, 디자인 사업과의 연계, 각종 인쇄물 산업 및 협찬사업을 통하여 문화의 만남의 장을 확대해나가고 있으며 이를 통하여 공공사업으로서의 잠재력과 민간의 만남과 소통, 그리고 미래 산업으로서의 성장가능성을 함께 체감하고 있다.

이는 우리나라의 과학기술력의 평가 결과가 문화산업으로 발돋움할 잠재력을 증명하고 있으며, 각종 영화산업의 도입과 예술의 부흥은 우리나라의 문화행정이 코리아 드림을 세계적으로 펼칠 수 있는 한국 문화사업의 가능성을 보여주는 것이다. 또한 이러한 문화사업은 또한 상호 긍정적인 시너지 효과를 통하여 각종 산업의 부흥을 예견하게 하는데, 이것은 우리나라가 IT 강국으로 향후 보여주게 될 성장가능성이 각종 문화산업을 통하여 문화행정이 나아갈 길을 제시하는 데에 대한 논의 및 함의점은 매우 크다고 할 수 있다.

〈표 12-4〉 G20 2014 과학기술력 평가 결과

	지식/정보 창출능력		지식/정보 확산/흡수능력		지식/정보 활용능력		과학기술력		
	표준지수	순위	표준지수	순위	표준지수	순위	표준지수	순위	'09
Argentina	45.70	18	42.66	16	38.71	20	44.19	19	19
Australia	47.71	9	60.86	2	56.49	5	51.00	9	8
Brazil	46.87	13	47.34	11	46.86	13	46.94	13	18
Canada	48.40	8	59.75	5	58.52	3	51.62	6	6
China	52.22	4	42	17	56.21	6	51.28	8	9
France	49.74	5	56.93	8	57.58	4	51.99	5	5
Germany	52.53	3	60.65	3	51.75	8	53.63	3	3
India	46.68	14	34.19	20	45.17	15	44.58	17	13
Indonesia	45.41	19	33.15	19	49.51	11	44.19	20	20
Italy	47.83	10	49.94	10	44.24	17	47.60	11	11
Japan	59.87	2	60.39	4	51.54	9	58.70	2	2
Korea	49.23	7	59.51	6	54.18	7	51.52	7	7
Mexico	45.75	17	43.81	15	49.86	10	46.07	15	15
Russia	47.39	11	44.88	14	42.10	18	46.22	14	14
Saudi Arabia	45.38	20	45.56	12	47.54	12	45.732	16	12
South Africa	45.85	16	45.01	13	54.10	16	46.96	12	16
Spain	47.35	12	52.67	9	46.38	14	48.003	10	10
Turkey	46.05	15	41.03	18	40.55	19	44.47	18	17
United Kingdom	49.57	6	57.9	7	59.14	1	52.25	4	4
United States	80.35	1	61.53	1	58.79	2	74.29	1	1

* 표준지수는 소수점 2자리에서 절삭
출처: 최창현(2015) 재인용.

그런데 다음의 〈표 12-5〉에서 보듯이 창조혁신력은 혁신력, 창조력, 과학기술력 등의 지표로 구성되며 따라서 이러한 다양한 영역은 각종 교육 및 산업, 그리고 문화에 적용되어 그 시너지는 매우 클 것으로 사료된다. 즉, 각종 영역의 혁신과 창조는 무한한 산업과 지식의 흡수와 확산을 통하여 활용될 때 다양한 제3의 산업이 활성화될 수 있으며 이는 공공과 민간, 그리고 문화와 행정이 함께 할 때 나타날 수 있는 창조적 산업의 기반이 될 것이다. 이것이 바로 우리가 예견하는 복잡계(Complex theory)의 창발적인 선순환 고리로 발전할 수 있는 토대가 되며 우리나라의 문화행정의 무한한 성장 가능성의 지평을 열어갈 수 있을 것으로 전망한다.

〈표 12-5〉 **창조혁신력(Creativ Innovation Power) 지표의 구성(제안)**

창조혁신력	혁신력(GII)	기관·인적 자원, 연구·사회기반시설, 시장환경, 그리고 기업환경 등의 4부문의 투입 혁신지수
		지식과 기술 결과물·창의적 결과물 등 2가지 부문의 산출 혁신지수
	창조력(GCI)	기술지수(Technology)
		재능지수(Talent)
		관용지수(Tolerance)
	지식 창출력 (Knowledge Creation)	과학기술논문
		연구개발인력
		연구개발투자(총액, GDP기준)
		미국특허
	지식 확산·흡수력 (Knowledge Spread)	국민 교육 수준
		정보 유통 인프라
		지적재산권 보호제도
	지식 활용력 (Knowledge Utilization)	규제제도의 질
		벤처자본의 가용성
		외국인 직접투자 총액의 GDP비중
		첨단기술제품 수출 비중

출처: 최창현(2015) 재인용.

3) 문화력과 국가경쟁력

(1) 문화력

한편 문화력의 측정은 문화에 대한 국민호감도, 문화호감도, 문화산업(E&M)경쟁력지수, 체육 경쟁력 지수 및 관광(T&T)경쟁력 지수의 적용을 통하여 측정될 수 있다. 결국 문화는 국가의 브랜드 파워로 문화력은 국가경쟁력의 토대가 된다. 다음은 문화산업(E&M) 경쟁력, 관광(T&T) 경쟁력에 중점을 두고 측정한 자료이다. 이를 살펴보면 조사대상 G20 국가 중에서 미국 1위, 영국 2위를 비롯하여 일본 5위로 나타났으며 중국 10위, 이탈리아와 프랑스는 6위로, 한국은 13위로 나타났다. 한국의 경우에는 문화산업에서 한류의 영향이 문화경쟁력을 높이는 선순환 효과가 있었을 것으로 추정된다. 이를 토대로 지속적인 경쟁력 강화가 필요하며 그에 따른 국가경쟁력에 대한 논의가 필요하다. 다음은 이에 대한 자료로 문화력에 대한 우리나라의 비교자료로 문화의 상대적 평가를 가늠할 수 있다.

〈표 12-6〉 한국의 문화력 현황(2015년)

국가명	종합점수 및 순위		해당 국가 국민호감도		해당 국가 문화호감도		문화산업(E&M) 경쟁력지수		체육 경쟁력지수		관광(T&T) 경쟁력지수	
	지수	순위	점수	순위	점수	순위	점수	순위	점수	순위	점수	순위
ARGENTINA	38.06	15	46.58	11	44.06	13	43.97	19	42.53	17	38.70	15
AUSTRALIA	46.90	9	62.89	2	48.48	11	46.48	11	47.02	10	57.89	7
BRAZIL	41.99	11	52.01	10	47.27	10	47.27	8	44.33	11	42.42	14
CANADA	47.52	8	65.30	1	47.41	12	47.41	7	42.83	15	59.87	6
CHINA	43.27	10	35.71	18	55.02	9	55.02	3	69.98	2	44.01	12
FRANCE	50.11	4	56.04	8	50.22	1	50.22	6	50.01	7	60.50	5
GERMANY	50.53	3	58.25	5	52.18	4	52.18	4	50.31	6	62.00	1
INDIA	37.50	16	44.16	13	45.56	14	45.56	14	42.08	18	37.49	18
INDONESIA	32.50	19	35.71	18	29.63	19	44.47	16	41.93	19	35.97	19

Italy	48.47	6	60.47	3	63.06	2	47.23	9	47.54	8	52.61	10
Japan	50.05	5	58.05	6	55.40	8	60.88	2	47.32	9	57.00	8
Korea	38.99	13	37.72	17	37.14	18	46.72	10	51.28	5	52.87	9
Mexico	38.91	14	45.77	12	42.59	15	44.99	15	42.68	16	44.14	11
RUSSIA	41.11	12	41.75	14	55.99	7	45.60	13	59.51	4	38.43	16
SOUTH AFRICA	35.28	18	39.13	15	37.58	17	44.19	17	44.03	13	37.91	17
SPAIN	48.17	7	58.05	6	57.47	6	45.71	12	44.33	11	61.89	2
Turkey	36.48	17	38.32	16	38.91	16	44.16	18	43.06	14	43.81	13
United Kingdom	51.38	2	58.86	4	60.26	3	50.68	5	63.25	3	61.81	3
United States	58.70	1	55.23	9	59.97	5	87.27	1	75.97	1	60.68	4

(2) 문화력과 국가경쟁력의 관계

다음은 문화력과 국가경쟁력의 관계를 분석한 결과이며 한 국가의 국가경쟁력은 문화력 수준과 밀접한 관계가 있음을 알 수 있다. 그러므로 문화산업과 그에 대한 콘텐츠의 활성화는 국가의 경쟁력과도 연결될 수 있음을 알 수 있다. 이 과정에서 문화의 상호교류 현상은 콘텐츠와 문화 전통이 지역과 국가 간의 문화력의 접목으로 새로운 장르와 산업이 창출되는 **융·복합현상**이 나타나고 있다는 것이며 다양하게 확장된 콘텐츠 산업을 통하여 문화영역도 활성화되고 있다.

〈표 12-7〉 문화력과 국가경쟁력의 관계(2015)

국가명	문화력 순위	문화력 점수	문화력 '09	국가경쟁력 순위	국가경쟁력 점수	국가경쟁력 '09
ARGENTINA	15	38.06	48.58	19	3.79	3.87
AUSTRALIA	9	46.90	56.24	6	5.08	5.2
BRAZIL	11	41.99	51.26	16	4.34	4.13
CANADA	8	47.52	56.66	5	5.24	5.37
CHINA	10	43.27	68.32	9	4.89	4.7
FRANCE	4	50.11	58.53	6	5.08	5.22
GERMANY	3	50.53	62.46	2	5.49	5.46
INDIA	16	37.50	48.49	18	4.21	4.33
INDONESIA	19	32.50	43.53	10	4.57	4.25
ITALY	6	48.47	60.42	13	4.42	4.35
JAPAN	5	50.05	55.65	3	5.46	5.38
South Korea	13	38.99	49.84	8	4.96	5.28
MEXICO	14	38.91	48.61	17	4.27	4.23
RUSSIA	12	41.11	55.32	14	4.37	4.31
SOUTH AFRICA	18	35.28	45.63	15	4.35	4.41
SPAIN	7	48.17	55.95	11	4.55	4.72
TURKEY	17	36.48	46.51	12	4.46	4.15
UNITED KINGDOM	2	51.38	60.3	4	5.41	5.3
UNITED STATES	1	58.70	65.21	1	5.54	5.74

* 국가경쟁력 지표로는 2014-2015와 2008-2009 WEF의 국제 경쟁력지수(GCI)를 사용함
* 문화력은 2009와 2015년도 한반도선진화재단 국력연구 자료를 인용함

4) 제언

본 장에서는 그동안 발표되었던 우리나라의 창조혁신력의 자료를 토대로 하여 우리나라의 문화행정의 성장가능성에 대하여 논해보고자 하였다. 우리나라는 그동안 수

직적이며 폐쇄적인 사회구조로 인하여 아이디어에 대한 수용이 낮았던 것이 사실이다. 그러나 우리나라의 문화행정의 발전 가능성은 매우 크다.

사람들은 문화를 통하여 하나가 되며, 서로 소통하고 이해하며 공감하고 성장한다. 문화의 역할은 창조성을 기반으로 하므로, 문화가 활용될 수 있는 영역은 공공과 민간의 협력, 창조적 아이디어의 도출, 화합과 지역사회의 활성화를 촉진한다.

이러한 가능성은 정체된 생각을 움직이고 사회를 유연하게 하며, 보다 살기 좋은 사회의 상호작용, 새로운 사회적 자본의 창출 등 무한한 가능성을 열어준다. 이것은 그동안 공공과 문화가 함께 하지 못할 때에는 생각하지 못했던 다양성을 촉진하며 각종 콘텐츠산업의 발전 가능성을 열어주는 성장지표가 될 것이다.

따라서 본 장에서는 그동안 우리가 알고 있었던 자료를 토대로 하여 문화행정의 가능성에 대하여 성찰해보고자 하였다. 한편으로 생각해 볼 것은 자료를 통한 회의적 생각보다는 오히려 성장과 도약의 가능성을 점치는 하나의 중요한 계기가 될 수 있다는 점을 착안하여 활용하여 작성되었다.

이러한 현상은 일찍이 김성수(2010)가 글로벌적 관점에서 본 한류문화에 대한 재평가에서도 제시한 바 있으며, 박장순과 변동현(2010)도 한류의 신화구조와 문화 이데올로기로부터 그 가능성을 제시한 바 있었다. 따라서 이제 우리사회는 창조혁신적 과제를 안고 있으며 그에 대한 전망은 다양한 영역이 함께 기술적으로 문화적으로 융복합될 때 청소년의 창조혁신사회는 한층 앞당겨지리라 확신한다.

참고문헌

강경심(2011). 고등학교 기술 · 가정 교과서의 진로교육단원 내용분석. **대한가정학연구, 49**(8), pp.113-124.

강선미(1998). 비행 청소년과 일반 청소년의 성역할 정체감과 공격성. 고려대학교 석사학위 논문.

강선보(1997). 죽음에 관한 교육적 논의. 고려대학교 사범대학교 사대논집 21.

강선보(2003). 실존주의 철학에서 본 죽음과 교육. 교려대학교 교육문제연구소. 교육문제연구, 제19집.

강은영 · 신성만 · 홍민지 · 김일수(2012). 마약류사범 재활센터 치료 · 재활교육 프로그램 개발 연구. 형사정책연구.

강주희 · 박지혜 · 전종설(2011). 피학대경험이 청소년의 음주에 미치는 영향. **청소년복지연구, 13**(1).

강진령 · 유형근(2000). **집단괴롭힘**. 학지사.

강진숙(2010). 청소년미디어보호 자율규제제도에 대한 인식 연구. **한국언론학보, 54**(5).

강혜승(2006). 수원 청소년 자살예방센터를 찾아서. 서울신문.

고윤순(2006). 부모의 참여정도와 치료종류가 알코올과 약물남용 청소년의 치료결과에 미치는 영향. **한국아동복지학, 22**, pp.161-190.

고효진 · 김대진 · 이홍표(2000). 청소년 자살위험성 예측척도의 타당화 연구(1). **신경정신의학, 39**(4).

곽미정 · 문신용(2010). 시민의식 영향요인 연구: 청소년자원봉사활동의 동기, 진로 성숙도, 학업스트레스를 중심으로. **시민사회와 NGO, 8**(2), pp.111-141.

구본용(2005). 위기(가능) 청소년 지원모델 개발 운영방안. 2005수원시 청소년심포지움 수원시 위기청소년의 실태 및 지원방안.

권병덕(2002). 참여연대 설문조사와 사례로 본 청소년아르바이트 실태. 청소년 노동의 실태와 문제 토론회. 참여연대사회인권팀.

권용웅(2007). 문제해결요법이 중 · 고등학생의 학업스트레스와 학업에 미치는 효과. 성균관대학교 대학원 박사학위논문.

권지은(1998). 청소년 비행관련 변인에 대한 메타분석. 숙명여자대학교 아동복지학과 석사학위논문.

금명자 외(2006). 다문화 가정 청소년(혼혈청소년) 연구: 사회적응 실태조사 및 고정관념 조사. 한국청소년상담원.

김경애(2010). 협동학습과 강의식 수업을 복합적으로 적용한 수업이 중학교 과학 학업성취도에 미치는 영향. 아주대학교 교육대학원 석사학위논문(미간행).

김경자(2007). 다문화 가정 아동의 심리적 문제와 학교적응. 진주교육대학교 교육대학원 석사학위논문.

김경준 · 김지혜 · 류명화 · 정익중(2006). 청소년 유형별 복지욕구 실태와 지원방안(연구보고 06-R10). 한국청소년정책연구원.

김경준 · 최인재 · 조흥식 · 이용교 · 이상균 · 정익중(2005). 청소년 복지정책 현황과 개선방안 연구. 한국청소년개발원.

김경희(2007). 중학생의 진로의식과 진로상담에 관한 연구. 금오공과대학교 석사학위논문(미간행).

김기헌 · 안선영 · 장상수 · 김미란 · 최동선(2009). 아동 · 청소년 생활패턴에 관한 국제비교연구. 보건복지가족부.

김기헌 · 임희진 · 장근영 · 김혜영 · 황옥경(2011). 제5차 청소년정책기본계획 수립을 위한 연구(연구보고 11-R41). 한국청소년정책연구원.

김기환 · 전명희(1999). 청소년 자살의 특성과 유형에 관한 연구. **한국아동복지학**.

김남수(2000). 사회과교육에서의 생명교육에 관한 연구. 서울교육대 교육대학원 석사학위논문.

김남숙 · 정진경 · 박광배(1997). 한국 성역할 검사의 수정점수 및 분류기준 산출. **한국심리학회지: 사회 및 성격, 11**(2).

김동련 · 김명엽(2010). 방송통신상 청소년보호를 위한 법제개선에 관한 연구. **입법정책, 4**(2).

김명식 · 이임순 · 이창선(2007). 한국판 BDI-II의 타당화 연구1: 여대생을 대상으로. **한국심리학회지: 임상, 26**(4).

김미영(2007). 학교체계가 중학생의 학교폭력에 미치는 영향. **한국청소년연구, 18**(2).

김복주(2007). 영상매체를 이용한 학습효과에 대한 비교연구. 예원예술대학교 석사학위논문(미간행).

김성경(1997). 가출소녀를 위한 사회복지 서비스 연구. 한국여성개발원.

김성이 · 조학래 · 노충래(2004). **청소년복지학**. 집문당.

김순규(2008). 청소년 자살에 영향을 미치는 위험요인과 보호요인, 보호요인의 매개효과를 중심으로. **정신보건사회사업**, 29.

김승권 외(2008). 아동 · 청소년정책 5개년 기본계획(안). 보건복지부.

김승권 외(2010). 2009년 전국다문화가족실태조사연구. 한국보건사회연구원.

김영순(2007). 청소년의 학교폭력에 영향을 미치는 요인에 관한 연구. **에니어그램연구, 4**(1).

김용석(1999). 국내외 알코올사용장애 선별도구의 비교를 통한 한국성인의 알코올사용장애에 관한 역학조사. **한국사회복지학**, 37.

김용석(1999). 청소년의 문제성 음주와 정신증상에 관한 연구. **정신보건과 사회사업**.

김용석 · 모선영 · 최현정 · 이자영(2008). 아동, 청소년의 정서행동문제 현황과 지원방안에 관한 연구. 보고서.

김유경 외(2008). 다문화 시대를 대비한 복지정책 방안연구: 다문화가족을 중심으로. 한국보건사회연구원.

김은경(2006). 21세기 소년사법 개혁의 발전방향과 과제. 형사정책연구소식, 제98호.

김은경 · 이동원(2003). 범죄청소년의 문제행동 예방과 대책연구. 한국청소년개발원 · 한국형사정책연구원.

김인희(2011). 집단상담 진로탐색프로그램이 시각장애 중학생의 자아개념과 진로성숙도에 미치는 효과. 이화여자대학교 교육대학원 석사학위논문(미간행).

김일환(1996). 교육개혁안에 따른 초등학교 진로교육 실천방향. **진로교육연구, 5**, pp.47-66.

김장희 · 김계현(2007). 초등학생의 직업역량 육성에 대한 초등학교 교사들의 인식. **아시아 교육연구, 8**(3), pp.81-114.

김재엽 · 최선희(1998). 청소년 스트레스가 폭력비행에 미치는 영향. **사회과학논집**, 제29권.

김정민 · 박준희(2007). 비행성향 청소년의 우울 및 공격성 감소를 위한 인지행동집단상담 프로그램 개발과 효과. **한국가정관리학회지, 25**(4).

김정옥(2006). 의사소통훈련프로그램이 청소년의 대인갈등 대처양식에 미치는 효과. 공주대학교 교육대학원 상담심리전공 석사학위논문.

김종양(2003). 비행청소년 선도를 위한 경찰의 대응방안에 관한 연구. 한국경찰학회보, 제6호.

김종오 · 성용은(2006). 유해환경이 청소년비행에 미치는 영향에 관한 실증적 연구. **한국범죄심**

리연구, 2(20).

김종운 · 박성실(2011). 대학생의 정서지능, 진로장벽, 진로결정 자기효능감이 진로결정에 미치는 영향. **진로교육연구, 24**(4), pp.209-229.

김준호 · 박정선(1993). 청소년 가출과 비행의 관계에 관한 연구. 한국형사정책연구원.

김지선(2006). 청소년범죄의 발생 및 처리실태. 형사정책연구소식, 제98호.

김지혜(2003). 가출청소년의 비행경험에 관한 해석적 연구. **한국사회복지학**, 제54권.

김지혜(2005a). 가출청소년의 비행화 과정 연구. 서울대학교 사회복지학과 박사학위논문.

김지혜(2005b). 가출청소년의 노동시장 참여와 비행. **한국청소년연구, 16**(2).

김진숙 · 강진구(2000). 청소년 문제유형 분류체계 개발 연구Ⅳ. 한국청소년상담원.

김창은(1990). 자기표현훈련프로그램이 대인불안 및 자아존중감에 미치는 효과. 한국교육대학교 대학원 석사학위논문(미간행).

김춘경 · 김미화(2005). 문학을 활용한 상호작용 놀이치료 프로그램이 우울아동의 일상생활 스트레스, 무망감, 자살구상 및 자존감에 미치는 효과. **놀이치료연구, 9**(1).

김충기(1987). **직업교육과 진로교육**. 교육과학사.

김충기(1995). 교육개혁에 따른 고등학교 직업 · 진로교육의 방향. **기술교육연구, 4**, pp.60-78.

김충기(2000). **진로교육의 이론과 실제**. 교육과학사.

김학수(2007). 비행청소년의 재범방지를 위한 경찰기관과 청소년관련 기관의 연계방안 연구. 중앙대학교 석사학위청구논문.

김향초(1998). **가출청소년의 이해**. 학지사.

김향초(2004). 가출청소년 보호대책의 필요성. 청소년보호위원회, 2004 가출청소년 보호대책 토론회 자료집, 2004.

김향초(2007). 가출청소년에 대한 이해. 청소년쉼터 전문상담사 워크숍. 한국청소년쉼터협의회.

김현수(2003). 가출청소년 개입에서의 새로운 서비스 패러다임 개발을 위하여. 서울시립 신림청소년쉼터 5주년 기념 workshop 자료집. 서울시립 신림청소년쉼터.

김현수 · 김병석(2008). 자살생각과 그 관련변인들 간의 구조적 관계 모형 검증. **한국상담심리학회, 20**(2).

김현수 · 김정환(2011). 청소년 보호를 위한 유해매체물 규제방안. **문화 · 미디어 · 엔터테인먼트법, 5**(1).

김현실(2002). 청소년의 성격 특성, 가정 역동적 환경 및 자살시도간의 관계. **대한간호학회지, 32**(2).

김현실(2005). 청소년의 자살시도 예측 요인-수도권과 광역시 거주 청소년을 대상으로. **아동간호학회지, 11**(1).

김혜선(2010). 인터넷을 활용한 진로정보탐색 프로그램이 중학생의 진로의사 결정유형, 진로정체감 및 진로결정 자기효능감에 미치는 효과. 계명대학교 교육대학원 석사학위논문(미간행).

김효창(2006). 성인자살의 특성과 자살유형에 관한 연구. **한국심리학회지: 사회문제, 12**(1).

김희주 · 공은경 · 이수정(2005). 소년사법처리 절차에 있어 경찰의 역할: 미국선도경찰관을 통한 한국의 소년보호정책. **한국공안행정학회**, 제20권.

남민(1997). 청소년 자살. **대한의사협회지**, 453.

남수정(2011). 고교생의 진로교육의 현황 및 진로역량과의 관계연구. **청소년학연구, 18**(11), pp.83-304.

남승구 · 정국현 · 이은석(2007). 청소년의 집단따돌림, 자살생각에 있어서 생활체육참가의 긍정적 효과에 관한 연구. **한국스포츠사회학회지, 20**(3).

노기숙(2004). 진로탐색 집단상담 프로그램이 중학생의 진로성숙과 진로결정 자기효능감에 미치는 효과. 홍익대학교 교육대학원 석사학위논문(미간행).

노상우 · 송영미(2002). 청소년 자살충동의 요인 분석. **교육논총**, 제22집.

노호래(2005). 청소년범죄자에 대한 경찰단계의 다이버젼. 법학연구, 제19호.

류은영(2007). 진로탐색 집단상담 프로그램이 인문계 고등학생에게 미치는 영향 분석 -의사결정유형, 진로태도성숙도 및 진로결정 자기 효능감을 중심으로-. 중앙대학교 석사학위논문(미간행).

류진숙 · 현은민(2006). 청소년의 정서지능과 스트레스 대처방식: 일반청소년과 비행청소년의 비교. **한국가정관리학회지**, 제24권 1호.

류창열(2005). **기술교육원론**. 충남대학교출판부.

문성도(1995). 파출소장 훈방권의 법적 근거. 경찰대논문집 제15권.

문성원(2002). 인터넷 자살 사이트에 의해 매개된 자살: 사례 중심의 탐색적 연구. **한국심리학회지: 상담 및 심리치료, 14**(2).

문용린 외(2006). **학교폭력 예방과 상담**. 학지사.

문용린 · 곽윤정(2000). **EQ를 높이려면 이렇게 하자**. 대교출판사.

민무숙 · 김인순(1999). 여학생 비행실태와 학교의 대응방안. 한국여성개발원.

민수홍 · 박기석 · 박강우 · 기광도 · 전영실 · 최병각 공역(2004). **범죄학이론**. 나남출판.

박경(2005). 청소년의 아동기 학대경험과 자살사고간의 관계에서 문제해결과 사회적 지지의 중재효과. **한국심리학회지: 학교, 2**.

박광배 · 신민섭(1991). 고등학생의 지각된 스트레스와 자살 생각. **임상심리학회지, 10**(1).

박금혜(2004). 가출청소년 조기발견방안. 청소년보호위원회, 2004 가출청소년 보호대책 토론회 자료집.

박병금(2006). 청소년의 자살생각에 관한 생태체계요인 탐색. 충북대학교 박사학위논문.

박병금(2007). 청소년 자살생각 관련요인: 자아존중감과 우울의 매개효과를 중심으로. **한국생활과학회지, 16**(3).

박상기 · 손동권 · 이순래(2003). 형사정책. 형사정책연구원.

박순희(2000). 중학생의 내외 통제성 및 학업 성취도와 진로성숙도와의 관계 연구. 동국대학교 석사학위논문(미간행).

박영숙 · 김영임 · 박연환(1998). 대학생과 고등학생의 성역할 정체감과 성 고정관념에 대한 비교조사. **한국학교보건학회지, 11**(1).

박영신(1990). 고등학생의 죽음에 대한 태도에 관한 연구. 공주대학교 교육연구소 교육연구.

박영신 · 김의철 공역(1997). **자기효능감과 삶의 질**. 교육과학사.

박우현(2001). 훈방권과 기소편의주의: 파출소장의 훈방권을 중심으로. **경찰종합학교 교관논문집**, 제16집.

박은성(2009). 진로탐색 집단상담 프로그램이 여고생의 자아정체감과 진로 결정 자기 효능감에 미치는 효과. 전남대학교 석사학위논문.

박은아(2005). 청소년의 진로 및 진로교육에 대한 인식. 목포대학교 석사학위논문.

박재우 · 윤지영 · 김태석 · 김수진 · 김대진(2007). 한국판 니코틴 의존 증후군 척도의 표준화와 금연 예측 인자로서의 유용성. **신경정신의학, 46**(1).

박종효(2007c). 집단따돌림(왕따)에 대한 이해: 발달경향과 정신건강과의 관련성. 청소년연구.

박지영(2006). 또래 상담자 훈련프로그램이 중학생의 공감적 이해와 의사소통에 미치는 효과. 부산대학교 교육대학원 석사학위논문.

박채연 · 안준호 · 방수영 · 최삼욱(2010). 한국어판 Cigarette Dependence Scale-12(CDS-12)의

신뢰도와 타당도 연구. **중독정신의학**, 14(1).
박현선(2001). 비행청소년의 공격성 대체를 위한 다중 모델적 개입의 효과. **한국아동복지학**.
박현선 · 이상균(1998). 청소년기 문제 예방을 위한 학교-가정 연계프로그램 개발-학교기반의 부모교육 프로그램을 중심으로. **한국사회복지학**, 35.
방은령(2001). 청소년보호와 육성에 관한 제도개선방안. **청소년복지연구**, 3(1).
배영광(2013). 장애대학생의 장애정체성과 낙인이 진로성숙에 미치는 영향: 자기효능감의 매개효과. 건국대학교 석사학위논문.
서미경(2011). 여성 흡연의 현황 및 정책과제. 보건복지포럼, 172, 5.
소광희(1999). **생명존중과 교육**. 문화과학사.
소년범수사시 전문가 참여제 운영관련 워크샵 자료집(2007). 경찰청 · 한국심리학회.
손은령 · 이순희(2011). 국내 진로 집단지도 및 집단프로그램의 연구동향과 후속 연구과제. **교육 연구논총**, 32(2), pp.129-147.
손진희 · 홍지영(2008). **청소년 따돌림 문제의 이해와 대처**. 학지사
송광섭(2003). 경미사건의 효율적 처리방안. **형사법연구**, 제19호.
송영미(2000). 청소년 자살 충동요인과 예방교육에 관한 연구. 전북대 교육대학원 석사학위논문.
송은경(1994). 고등학생의 성역할 정체감과 진로의사결정 유형간의 관련 연구. 숙명여자대학교 석사학위논문.
신민섭 외 역/Thomas Marra 지음(2006). **변증법적 행동치료: 개인 치료 현장에서 실제적이고 포괄적인 안내서**. 시그마플러스.
신민섭(1993). 자살기제에 대한 실증적 연구: 자기도피척도의 타당화. 연세대학교 심리학과 박사학위논문.
신민섭 · 박광배 · 오경자(1991). 우울증과 충동성이 청소년들의 자살 행위에 미치는 영향. **한국심리학회지: 임상**, 10, pp.286-297.
신민섭 · 박광배 · 오경자 · 김중술(1990). 고등학생의 자살 성향에 관한연구. **한국심리학회지: 임상**, 9(1).
신성만 · 권정옥 · 손명자 옮김/ William R. Miller, Stephen Rollnick(2006). **동기상화상담: 변화준비시키기**. 시그마프레스.
신영화(1999). 학대받는 아내의 능력고취를 위한 집단사회사업실천의 효과성. 서울대학교 대

학원 박사학위논문.

신익현(1996). 인력개발 정책과 학교 진로교육의 방향. **진로교육연구**, 6, pp.35-65.

신임선 · 장윤옥(2012). 커리어포트폴리오형 및 교사주도형 진로탐색 프로그램이 중학생의 진로 성숙도와 진로정체감에 미치는 효과. **한국가정과교육학회지, 24**(1), pp.85-104.

안경애(2002). 초등학교 실과 교육과정에 반영된 진로교육 내용분석. 안양대학교 대학원 석사학위논문.

안동현 · 김세실 · 한은선(2004). **주의력결핍 장애아동의 사회기술훈련**. 학지사.

안세지 · 김세일 · 강은주(2012). 중학생 진로집단상담 프로그램의 활동내용 분석. **인문학논총**, 29, pp.345-386.

안창규(2003). **Holland 진로발달검사 실시요강**. 한국가이던스.

양계민 · 조혜영(2010). 청소년 방과후 아카데미 프로그램에 대한 효과성 인식이 참여청소년의 심리사회적응 및 학업성취요인에 미치는 영향. **청소년복지연구, 12**(1), pp.61-92.

양돈규 · 성옥련(1998). 부모갈등과 사회적 지지가 청소년의 우울과 비행에 미치는 영향. 한국심리학회.

양미경 · 김소연 · 여성희(2005). 제 7차 중학교 과학 교과서에 제시된 진로교육 관련 내용분석. **한국생물교육학회, 33**(3), pp.338-349.

양숙미(2000). 정신지체 성인자녀의 부모를 위한 역량강화집단 프로그램개발과 효과. 서울대학교 대학원 박사학위논문.

양희산(2001). 대학교 진로교육 프로그램의 개발과 활용. **진로교육연구**, 14, pp.67-77.

양희진(2005). 중학생의 진로교육 인식조사 및 중학교 3학년 과학 진로교육 프로그램 개발. 이화여자대학교 석사학위논문.

오영재 · 백경숙 · 조선화(2001). 뉴밀레니엄 시대의 청소년복지론. 양지원 연구총서, 2-302.

원혜욱(2001). 가출로 인한 청소년범죄의 유형 및 대처방안. **형사정책, 13**(2).

원혜욱(2006). 소년비행 예방을 위한 입법정책. **형사정책, 18**(2).

원호택(1997). 청소년의 집단 따돌림의 원인과 지도방안. 청소년상담연구보고서, 29, 청소년대화의광장.

유선희(2003). 중학생들의 학교폭력에서 여학생과 남학생의 상호 가해, 피해 정도에 관한 연구. 경희대학교 교육대학원 상담심리전공 석사학위논문.

유성경(2000). **청소년의 가출**. 한국청소년상담원.

유성경 · 이소래 · 송수민(2000). 청소년비행예방 및 개입전략 개발을 위한 기초연구. 한국청소년상담원.

육동은(2005). 중학교 교사들의 진로교육 인식조사 및 중학교 1학년 과학진로교육 프로그램 개발. 이화여자대학교 석사학위논문.

윤현영(2004). 가출청소년 보호시설의 발전방안. 청소년보호위원회, 2004 가출청소년 보호대책 토론회 자료집.

윤현영 · 강진구(2005). 가출청소년 쉼터 실태조사. 한국청소년쉼터협의회.

윤혜인(2003). 실업계 고등학생들의 영어 학습 향상을 위한 정의적 특성연구. 홍익대학교 교육대학원 석사학위논문.

윤혜인(2005). 실업계 고등학생들의 영어 학습 향상을 위한 정의적 특성연구. 홍익대학교 교육대학원 석사학위논문.

이광숙(2003). 능력증강교육 프로그램이 비행청소년의 능력증강과 정신건강에 미치는 효과. 전남대학교 박사학위논문.

이동원(2006). **한국의 청소년비행 동향과 요인**. 한국학술정보.

이동형 · 이승연 · 신현숙 역(2011). **괴롭힘의 예방과 개입**. 학지사.

이민희 · 이장현 · 오해섭 · 신순갑(2006). 학교폭력 대책을 위한 지역사회 네트워크의 실천적 운영에 관한 연구. 한국청소년개발원.

이백철 · 김현중 · 송성자(2000). 비행청소년의 사회재적응 훈련프로그램 개발연구. 한국청소년개발원.

이상균(2000). 청소년의 학교비행에 대한 생태체계적 영향 요인. **사회복지연구**, 제15호.

이상균(2002). 청소년 흡연행위의 결정요인. 사회복지리뷰.

이석연(1992). 검사의 불기소처분의 헌법적 통제를 위한 시론: 기소편의주의에 대한 반성적 측면에서. **법과사회**, 제6호.

이성식(1995). 역할담당 감정으로서의 수치심과 청소년 비행: 상징적 상호작용모델의 검증을 중심으로. **한국사회학**, 제29집(가을호).

이성식(2005). 사이버상의 청소년에 대한 일반이론의 검증. **한국공안행정학회**, 제21호.

이수정(2007). 경찰단계에서의 범죄소년 다이버젼을 위한 비행성 평가절차의 재범예측력 연구. **한국심리학회: 사회 및 성격, 21**(2).

이수정 · 전주희(2007). 성범죄자의 위험유형 별 처우 방안 연구. **한국심리학회: 사회 및 성격,**

21(3).

이영대(2002). 제7차 교육과정과 진로교육강화방안. **경제교육연구**, 8, pp.221-241.

이영자 · 이종숙(1999). **방과후 정서지능 계발 프로그램**. 교육과학사.

이용교(2004). **디지털 청소년 복지**. 인간과 복지.

이용교 · 홍봉선 · 윤현영(2005). 청소년보호시설 설치 및 운영기준 마련에 관한 연구. 청소년위원회.

이윤호 · 김지연(2006). 최근 소년사법의 경향에 따른 소년범에 대한 효과적인 대응방안 모색. 한국공안행정학회보, 제22호.

이은진(2005). 가치관 명료화 프로그램이 비행청소년의 가치 명료도에 미치는 영향. **한국간호과학회: 대한간호학회지**, 제35권 제7호.

이인재(2006). **저소득층 가정 청소년 탈빈곤 정책에 관한 연구: 한국사회의 신빈곤**. 한국 도시연구소 엮음. 한울 아카데미.

이재창(1994). 진로교육 발전방안 탐색에 관한 연구. **한국진로교육학회**, 2, pp.80-119.

이정연 · 김진희(2005). 비행청소년의 자아성장프로그램의 효과. **한국가족관계학회**, 제6권 제1호.

이춘화 · 방은령 · 윤옥경(2005). 청소년보호시설 · 단체의 역할 정립방안 연구. 한국청소년개발원.

이춘화 · 윤옥경(2003). 여자 청소년 문제행동 예방과 대책연구. 한국청소년개발원.

이태곤(2009). e-커리어포트폴리오를 활용한 진로교육 프로그램이 초등학교 고학년 아동의 진로의식성숙에 미치는 효과. 동아대학교 교육대학원 석사학위논문.

이해경(2002). 인터넷상에서 청소년들의 폭력게임 중독을 예측하는 사회심리적 변인들. **한국심리학회지: 발달**, vol. 4.

이현림(2007). **진로상담**. 양서원.

이희순 · 김희진 · 윤성혜 · 천성문(2010). 중학교 기술 · 가정교과와 연계한 진로교육 프로그램의 구안과 적용. **직업교육연구, 29**(3), pp.247-263.

임미옥 · 정연옥(2010). 교과통합 진로교육 프로그램이 초등학생의 진로성숙도와 자아존중감에 미치는 영향. **한국실과교육학회지**, 2, pp.379-398.

임용수(1995). 학교 진로교육 체제의 조직과 운영방안: 진로교육 강화를 위한 사회체제 접근의 탐색적 고찰. **진로교육연구**, 4, pp.36-59.

임은미 · 장선숙(2002). 인터넷을 활용한 진로정보탐색 프로그램이 중학생의 진로성숙도에 미치는 영향. **청소년상담연구, 10**(2), pp.161-174.

장석민(1994). 미래사회에 대비한 진로교육의 방향. **진로교육연구**, 2, pp.1-25.

장석민(2001). 진로교육목표 및 내용 체계화연구. 한국직업능력개발원.

장재정(1988). 중년 여성의 성역할정체감과 심리적 건강에 관한 연구. 고려대학교 박사학위논문.

전경숙(1999). 가출청소년 보호시스템구축방안. 한국청소년개발원.

전경숙(2006). **청소년문제론**. 교육과학사.

전은경(1992). 고등학생의 성역할정체감과 정신건강에 관한 연구. 숙명여자대학교 석사학위논문.

정기선 · 민수홍 · 이희길(2001). 가족과 청소년비행. 자녀안심운동서울협의회.

정미경 · 안남규(2001). 초등실과교과에서의 진로교육 내용분석에 관한 연구. **대구 교육대학교 초등 교육연구논총, 17**(3), pp.103-125.

정소희(2006). 가족구조, 부모양육행동 및 청소년비행: 모자가정과 부자가정의 비교를 중심으로. **사회복지연구**, 제30호.

정수진 · 류창임(2009). 중학교 기술교과 교육과정에서의 진로교육 내용분석. **기술교육연구, 28**(1), pp.25-42.

정영진(1996). 학생 개개인의 다양성을 중시하는 진로교육 방안. **과학과 교육**, 4, pp.221-233.

정윤경 · 이지연 · 김나라(2005). 중 · 고등학생용 커리어포트폴리오. 한국직업능력 개발원.

정진경(1990). 한국 성역할 검사(KSRI). **한국심리학회지: 사회, 5**(1).

조성심 · 주석진(2010). 체험활동중심 진로교육 집단 프로그램이 고등학생의 진로 준비행동에 미치는 효과분석. **진로교육연구, 23**(3), pp.41-64.

조아미(2002). 청소년의 성별과 성역할정체감이 진로관련 변인에 미치는 영향. **한국 심리학회지: 상담 및 치료, 14**(1), pp.91-108.

조아미(2002). 청소년이 지각한 사회적 지지가 게임중독에 미치는 영향. 한국복지학회 춘계학술대회.

조영승(1999). 청소년학 총론. 한국청소년학회.

조용선(2009). 중학생을 위한 컴퓨터 시뮬레이션 활용 학교집단 상담프로그램 개발. 한국 교원대학교 대학원 박사학위논문.

조은경 · 양은석(2003). 수상캠프 프로그램이 보호관찰 대상 청소년의 긍정적 자기개념 향상에 미치는 영향. **한국발육발달학회지**, 제11권 제1호.

주장훈(2006). 중학교 학생 · 교사의 진로인식 및 진로교육 실태분석. 강원대학교 석사학위논문.

지승희 · 이은경 · 이지은 · 최수미 · 정찬석(2001). 청소년비행예방 및 개입전략개발을 위한 종단연구 Ⅰ. 한국청소년상담원.

진미경(2000). 대학생의 진로결정수준과 진로준비행동에 따른 진로유형화와 심리적 변인과의 관계. 숙명여자대학교 대학원 석사학위논문.

차훈진(2005). 경찰의 회복적 사법 제도에 관한 연구. 한국경찰학회보, 제9호.

최균식 · 임경희(2010). 진로탐색 프로그램과 영상매체 진로교육이 고등학생의 진로성숙도에 미치는 효과 비교. **상담평가연구, 3**(2), pp.31-45.

최말옥(2002). 정신장애인의 임파워먼트 증진을 위한 자기옹호프로그램의 효과. 부산대학교 대학원 박사학위논문.

최미경(2006). 능력증강교육프로그램이 중학생의 자기효능감과 대인관계 기술에 미치는 효과. 경성대학교 석사학위논문.

최봉주 · 김희정(2010). 영상매체를 활용한 중학생의 진로자기효능감 향상 집단 상담 프로그램 개발. **중등교육연구, 58**(2), pp.127-156.

최운선(2005). 학교폭력 관련변인에 관한 메타분석. **한국가족복지학**, 제10권 2호.

최윤진 · 구창모 · 정문성(1990). 청소년 문제행동 진단을 위한 조사 연구(2).

최정인 · 박미진 · 유계식(2001). 대학생의 진로결정수준과 진로탐색 자기효능감과의 관계. 아주대학교 학생상담센터.

최종숙(2007). 학교에서의 위기청소년 지원에 관한 연구. 한서대학교 아동청소년복지학과 석사학위논문.

최지나 · 이용진(2012). 정보통신 기술과 생활 단원에서 진로교육 수업자료개발. **대한공업교육학회**, 37, pp.145-164.

최창욱 · 김정주 · 조영희(2005). 청소년 갈등해결프로그램 개발 및 효과 연구. 한국청소년개발원.

최해림 · 김영희(2000). 한국상담자의 성역할정체감 유형의 분석 연구. **한국심리학회지: 상담 및 심리치료, 12**(2).

하진의(2003). 대학생을 위한 진로탐색 프로그램 개발. **백록논총, 5**(2), pp.229-251.

한준상(2002). **집단따돌림과 교육해체**. 집문당.

홍봉선 · 남미애(2000). **청소년복지론**. 양서원.

황성만(2007). 진로교육 프로그램이 초등학생의 자아개념과 진로성숙에 미치는 효과. 국민대학교 교육원 석사학위논문.

황순길 · 이은경 · 권해수 · 박관성(2001). 청소년 가출과 성매매 실태분석. 청소년 위기, 어떻게 해결할 것인가. 한국청소년상담원.

교육과학기술부(2010). 청소년 정신건강 증진메뉴얼: 중학생용.
국가청소년위원회(2005). 2005년도 청소년 유해환경접촉종합실태조사.
_______________(2006). 2006년도 청소년 유해환경접촉종합실태조사.
_______________(2006). 청소년 동반자 프로그램 활동 매뉴얼.
_______________(2007). 2007년도 청소년쉼터 운영지침.
_______________(2007). 정책점검회의자료.
법무부(2006). 청소년보호관찰사례연구집.
법무연수원(2000). 소년범 처리절차.
법무연수원(2004). 범죄백서.
법무연수원(2006). 범죄백서.
법원 행정처(2006). 사법연감.
보건복지가족부(2005). 자살 예방 5개년 종합대책-세부추진계획.
보건복지가족부(2007). 국내 자살원인 실태조사 및 자살 예방체계 구축에 관한 연구.
보건복지가족부(2008). 2008 정신보건사업안내.
보건복지가족부(2008). 청소년백서 2007년.
서울YMCA(1991). 청소년연구조사 활동보고서. 서울 YMCA 청소년 상담실.
서울YMCA 청소년쉼터(1997). 청소년의 가출과 가정과의 관계에 대한 조사연구.
서울YMCA 청소년쉼터(2003). 서울 YMCA 청소년 거리 이동 상담.
서울시 소아청소년광역정신보건센터 www.youthlove.or.kr
서울시 정신보건네트 www.seoulmind.net
식품의약품안전청(2008). 단약 동기증진 프로그램 매뉴얼 개발 연구 보고서.
참여연대(2002). 청소년노동의 실태와 문제 토론회. 참여연대사회인권팀.
청소년대화의광장(1998). 학교폭력: 그 현실과 대책. 학술세미나자료집.
청소년백서(2006). 국가청소년위원회.
청소년보호위원회(2004). 청소년자살의 원인과 실태.
한국청소년개발원 편(2006). 청소년문제론. 교육과학사.

한국청소년상담원(2000). 위기청소년 실태조사 연구. 한국청소년상담원.

한국청소년상담원(2002). 청소년심리학.

한국청소년상담원(2005). 청소년기관편람.

한국청소년쉼터협의회(2002). 전국 가출청소년 실태조사 및 상담사례 연구.

한국청소년쉼터협의회(2006). 가출청소년 및 청소년쉼터 실태조사.

Abrams, Laura Sue. (2000). *Social Context, Gender, and Youth Development: An Exploratory Study of Sociocultural Variations Among At-Risk.* Adolescent Girls. Unpublished doctoral dissertation. University of California at Berkeley.

Baldwin, J. H., Rawlings, A., Marshall, E. S., Conger, C. O., & Abbott, K. A. (1999). Mom empowerment, too!: A program for young mothers involved in substance abuse. *Public Health Nursing, 16*(6), pp. 376-383.

Bandura, A. (1982). Self-efficacy mechanism in Human Agency, *American Psychologist, 37,* pp. 122-147.

Bandura, A. A., & Wood, R. E. (1989). Effect of perceived controllability and performance standards on self- regulation of complex decision making, *Journal of Personality and Social Psychology, 56,* pp. 805-814.

Bandura, Albert. (1977). *Social Learning Theory. Englewood Cliffs*, New Jersey: Prentice-Hall.

Batsche, G. M., & Knoff, H. M. (1994). Bullies and their victims:Understanding a pervasive problem in the schools. *School PsychologyReview, 23*(2), pp. 165-174.

Bem, S. L. (1974). The Measurement of Psychological Androgyny. *Journal of Consulting and Clinical Psychology, 42*, pp. 155-162.

Betz, N. E., & Hackett, G. (1981). The relationship of career-related self-efficacy expectations to perceived career options in college women and men. *Journal of Counseling Psychology, 28,* pp. 399-410.

Brennan, T., F. Blanchard, D. Huizinga & D. Eliott (1975). *The Incidence and the Nature of Runaway Behavior*. Behavioral Research and Evaluation Corporation.

Bruno, K., England E., & Camblias, C. (2002). *Social and Emotional Learning Program for Elementary School Students* : A Pilot study. Pennsylvania :Evaluative Report.

Burn, S. M. (1996). *The Social Psychology of Gender*. N. Y. Mc Graw-Hill.

Campos, J. J., Mumme, D. L., Kermoian, R., & Campos, R. G. (1994). *A functionalist perspective on the nature of emotion. In N. Fox(Ed.), The development of emotion regulation*. Monographs of the Society for Research in Child Development, (59), pp. 284-303.

ChangHyeon, Choi, Yongwhan Lee (2011). *The Efficient Reorganization of the Contents related Industries*. The Hansun Foundation.

Cook, E. P. (1985). *Psychological Androgyny*. New York: Pergamon Press.

Coopersmith, S. (1967). *The antecedents of self-esteem.* W. H. Freeman.

Cungsik, Jung (2010). *The Reorganization for the IT Industries*. Korean Society and Public Administration Studies, (21), 3.

English, C. J. (1973). Leaving Home: *A Typology of Runaways. Society, 10*(5).

Freire, P. (1970). *Pedagogy of the oppressed.* The Continue Publishing Corporation.

Garbarino, J., Shellenbach, C. J. & Sebes, J. M. (eds.). *Troubled Youth, Troubled Families: Understanding Families At Risk for Adolescent Maltreatment*. New York: Aldine Publishing Company.

Ginzberg, E. (1951). *Career Maturity Inventory Theory to General Theory.* New York: Columbia University Press.

Gribbons, W. D., & P. R. Lohnes. (1964). Relationship among measures of readiness for vocational planning, *Journal of Counseling Psychology. 41,* pp. 13-20.

Grolnick, W. S., Bridges, L. J., Connell, J. P. (1996). Emotion Regulation in two-year-olds : Strategies and Emotional Expression in Four Contexts. *Child Development, 67*, pp. 928-941.

Harren, V. A. (1979). A model of career decision-making for college students, *Journal of vocational behavior, 14*, pp. 119-133.

Heimer, K. (1989). Sex, Interaction, and Delinquency. Ph.D. dissertatation, University of Wisconsisn-Madison.

Hermann, H. (1997). An investigation of the relationship of teacher language to social competence of preschool children in accredited and non-accredited early childhood programs. Unpublished Doctoral Dissertation, America University.

Hirschi, Travis. (1969). Causes of Delinquency. Berkeley, CA: University of California Press.

Homer, L. E. (1973). Community-Based Resource for Runaway Girl. Juvenile Justice, 23.

Jung, Won. (2012). The Policy Implications of the foreign Cases of the ICT Governance, Proceedings of KAPA.

Jungsuk, Kang, et al. The Study on the ICT Governance suitable to the Smart Age, KIPA Report. (2011).

Kaufamn, J., & Cicchetti, D. (1989). Effects of maltreatment on school-age children's socioemotional development : Assessment in a day-camp setting. Development Psychology, 25, pp. 516-524.

Kipke, M. D., Simon, T. R., Montgomery, S. B., Unger, J. B., & Iversen, E. F. (1997). Homeless youth and their exposure to and involvement in violence while living on the streets. Journal of Adolescent Health, 20(5).

Kliewer, W. (1991). Coping in middle childhood : Relations to competence, type A behavior, monitoring, blunting, and locus of control. Developmental Psychology, 27, pp. 689-697.

Kurtz, P.S., Jarvis, S. V., & Kurtz, G. L. (1991). Problems of homeless youth: Empirical findings and human services issues. Social Work, 36(4).

Kwan, Chi-fai. (2000). "Gender, Identity, and Suicidality: A Study of Adolescents in Macau." Unpublished doctoral dissertation. The Chinese University of Hong Kong.

Lazarus, A. A. (1971). *Behavior therapy and beyond*. New York : Mcgraw-Hill.

Lazzo, D. A. (1993). The relationship between undergraduates' locus of control and career development, *Journal of College Student Personal, 34*(3), 227.

Lee, JongYeoul, The Age of Convergence, The Direction of Creative Governance, The Association of Cultural Administration Studies, 2012.

Lent, R. W. & Hackett, G. (1987). Career self-efficacy :Empirical status and future directions. *Journal of Vocational Behavior, 30,* pp. 347-382.

Matsueda, R. L. (1992). Reflected appraisals, parental labeling, and delinquency: Specifying a symbolic interactionist theory. *American Journal of Sociology, 97*(6).

Matthews, G., & Zeinder, M. (2000). *Emotional intelligence, adaptation to stressful encounters, and health outcomes*. In R. Bar-On & J. D. A.

Matthews, G., Zeinder, M., & Roberts, R. D. (2002). Can Emotional Intelligence Be Schooled? : A Critical Review. *Educational Psychologist, 37*(4), pp. 215-231.

Miller, D., F. Hoffman, and R. Duggan (1980). *Runaways Illegal Aliens in Their Own Land*. N.Y.: Praeger Publishers.

Mudrak, P. M. (2000). *An Investigation of the Relationship Between Personality Disorders and Gender Roles among Adolescents*. Unpublished doctoral dissertation. The Kent State University.

Parker(eds.), *Handbook of emotional intelligence*(pp. 459-489). New York: Jossey-Bass.

Parsons, F. (1909). *Choosing a vocation.* Boston: Houghton Mifflin Company.

Roberts, A. R. (1987). *Runaways and Non-runaways: An Exploratory Study of Adolescent and Parental Coping*. IL: The Dorsey Press.

Rogers, C. R. (1961 a). *On becoming a person*. Boston: Houghton Mifflin Company.

Rogers, C. R. (1970 b). *Carl Rogers on encounter groups*. Harper & Row.

Schonert-Reichl, K. A., & Muller, J. R. (1996). Correlates of help-seeking in adolescence, *Journal of Youth and Adolescence, 25,* pp. 705-732.

Sherer, M., Maddux, J. E., Mercandants, B., Prentice-Dunn, S., & Jacobs, B. (1983). The self-efficacy scale: construction and validation, *Psychological Reports, 51,* pp. 663-671.

Springer, D. (2001). *Runaway Adolescents: Today's Huckleberry Finn Crisis*. Brief Treatment and crisis Intervention, 1.

Stryker, S. (2002). *Symbolic Interactionism: A Social Structural Version*. NJ: The Blackburn Press.

Super, D, E. (1953). A Theory of vocational development, *American Psychologist, 8*, pp. 185-190.

Super, D. E. (1957). Applications of self-efficacy theory to the understanding and treatment of career indecision, *Journal of Vocational Behavior. 22*, pp. 63-81.

Super, D. E. (1976). *Career educational and the meaning of work monographs on career education.* U. S. Office of Education.

Sutherland, E. H. (1947). *Principles of Criminology(4th ed.)*Chicago: J. B. Lippincott

Company.

Taylor, M. C. & J. A. Hall. (1982). "Psychological Androgyny: Theories, Methods, and Conclusions." *Psychological Bulletin, 92*, pp. 347-366.

Tipton, R. M., & Worthington, E. L. (1984). The Measurement of generalized self-efficacy: A study of construct validity, *Journal of Personality Assessment, 48*, pp. 545-548.

Tyler, K. A., Hoyt, D. R., & L. B. Whitbeck (2000). The effects of early sexual abuse on later sexual victimization among female homeless and runaway adolescents. *Journal of Interpersonal Violence, 15*(3).

Wallerstein, N., & Bernstein, E. (1988). Empowerment education: Freire's ideas adapted to health education, *Health Education Quarterly, 15*(4), pp. 379-394.

Wilson, F. R. & E. P. Cook. 1984. Concurrent Validity of Four Androgyny Instruments. *Sex Roles 11*, pp. 813-837.

Wonhee, Jung (2012). *The policy Implications of the Foreign Cases of the ICT Governance*, The Proceedings of the Summer Kapa.

저 / 자 / 소 / 개

■ 곽미정

상명대학교에서 2013년 행정학 박사학위를 취득한 이후, 경기대학교에서 2015년 사회복지학 박사학위를 취득하였다. 그 밖에 단국대학교 행정학 학사, 한양대학교 사회학 석사, 성신여자대학교에서 사회복지학 석사학위를 취득하였다. 사회복지개발원의 수석연구원으로 활동하였으며, 현재 김포대학교 보건복지과 교수로 재직 중이다. 주요 관심 분야는 사회복지실천, 행정 및 정책 분야이다. 주요 저서로는 노인복지론(2016)과 주요 논문으로는 "청소년 임파워먼트 프로그램의 효과성 분석"(2014) 외 다수가 있다.

■ 김명수

2006년 대구대학교에서 "한국 청소년복지정책의 결정요인 분석"에 관한 연구로 행정학 박사학위를 취득하였으며, 대전광역시청소년활동진흥센터장, 청소년수련활동인증위원, 한국청소년진흥센터협회장, 대전광역시청소년육성위원회 부위원장, 한국청소년학회 이사 등을 역임하였으며, 현재는 한남대학교 사회문화행정복지대학원 청소년지도학과 교수로 재직 중이다. 주요 관심 분야는 사회복지정책, 청소년육성제도 및 청소년활동, 청소년복지 등이다. 주요 논문으로"청소년복지정책의 변천과정과 결정요인"(2006)외 다수가 있다. 1996년부터 청소년 실천 현장인 청소년활동 분야에서 일해 왔으며, 2019년 청소년육성유공자로 국민포장을 수상하였다.

■ 노상은

경기대학교 일반대학원 사회복지학 박사를 취득하고, 현재 오산대학교 실용사회복지과 교수로 재직 중이다. 주요 관심분야는 사회복지행정 및 지역사회복지이며, 주요활동으로는 경기도사회복지공동모금회 배분평가실행위원, 오산시지역사회보장협의체 위원장 및 사회복지협의회 상임이사를 맡고 있다. 저서로는 상담 이론과 실제 외 다수가 있다.

■ 이영희

1990년 충남대학교에서 "노령층 농촌부녀자 생활실태와 복지방안에 관한 조사연구"로 경제학 석사, 경제학박사(2000), 청주대학교에서 "사회복지기관장의 서번트리더십이 사회복지사의 직무만족 및 조직몰입에 미치는 영향"으로 사회복지학박사(2007)를 취득하였으며 2000년부터 대전과학기술대학교 보건복지과 교수로 재직 중이다. (사)한국자원봉사인재개발원 이사장, 한국자원봉사실천학회 회장, 등급판정위원회 위원장, 장애인수급심의위원회 위원장 등을 역임하였으며, 저서로는 사회복지개론, 노인요양기초 및 실습, 사회복지조사론, 사회복지법제론, 사회복지정책론, 사회복지행정론 등이 있다.

장기수

동국대 행정대학원에서 사회복지학 석사를 받았다. 그 밖에 명지대학교 경영학사 사이버대학교 상담학과 상담심리 학사, 평택대학교 군 상담학과 수료, 상명대학교 사회복지 최고경영자 과정수료, 한국 사이버 평생교육원 문학사 청소년학 전공 등을 하였으며, 사회복지법인 더 해피박스 본부장, 두원공과대학교 의료복지행정과 복지 분야 강의 활동을 하였다. 연구실적으로 군복무 부적응자 그린캠프 참여가 우울증 감소에 미치는 영향(논문), 청소년 육성(정책) 청소년교육(학교교육) 비교 활성화 방안 사례연구 등이 있으며, 현재 경민대학교 효충사관과 교수로 재직 중이다.

전대성

전대성은 서울대학교 대학원 도시 및 지역계획 석사, 명지대학교에서 사회복지학석사를 취득하고 단국대학교에서 행정학박사를 취득하였다. 현재 경북전문대학교 사회복지학과장으로 재직 중이며, 관심 분야로는 정신건강, 사회복지실천, 인간행동과 사회환경, 노인복지 분야이며, 주요 저서로는 사회복지법제론, 정신건강론, 아동생활지도 등 다수의 저서가 있다.

현영렬

연세대학교 사회사업과 졸업 후, 동경도립대학교 사회복지과 석사를 거쳐 서울시립대학교 대학원에서 사회복지학 박사를 취득하고, 현재 서정대학교 평생직업교육처장과 성인학습지원센터장을 맡고 있고 사회복지 행정과 교수로 재직 중이다. 저서로는 아동복지론, 사회복지개론, 사회복지실천론, 사회복지실천기술론 외 다수가 있다.

홍희석

숭실대학교에서 2007년 사회복지학석사학위를 취득하고, 현재 김포대학교 교수로 재직 중이다. 사회복지공동모금회 평가지원단으로 활동하고 있다. 주요 관심 분야는 사회복지행정이며, 주요 활동으로는 사회복무요원 교재(2008)와 지역아동센터 교육 매뉴얼을 개발(2010)한 바 있다. 1998년부터 사회복지실천현장에서 노인복지, 지역복지분야에서 활동하였으며, 2010년 사회복지 유공자로 장관상을 수상하였다. 주요 논문으로 "노인의 여가만족이 성공적 노후에 미치는 영향에 따른 지방자치행정의 개선방안" 등을 연구하였다.

청소년문화론

1판 1쇄 인쇄 — 2020년 2월 25일
1판 1쇄 발행 — 2020년 2월 28일

저　　자 - 곽미정 김명수 노상은 이영희 장기수 전대성 현영렬 홍희석
발 행 인 - 강철원
발 행 처 - 양성원
주　　소 - 경기도 파주시 검산로 173번길 29-20
전　　화 - 031-946-3861(代)
팩　　스 - 031-946-3864
이 메 일 - tnwpub@naver.com
홈페이지 - tnwpub.co.kr
출판등록 - 2015년 8월 31일 제 2015-000211 호

ISBN 979-11-6126-278-9

정가 19,000원